世界に学ぶ
ミニ・パブリックス
くじ引きと熟議による民主主義のつくりかた

OECD（経済協力開発機構）Open Government Unit　著

日本ミニ・パブリックス研究フォーラム　訳

学芸出版社

本書は、OECD事務総長の責任の下で発行されています。ここで表明された意見や採用された議論は、必ずしもOECD加盟国の公式見解を反映するものではありません。

　本書および本書に含まれる全てのデータや地図は、いかなる領土に対する地位や主権、国際的な境界線や境界の画定、そして、いかなる領土、都市、地域の名称にも影響を与えるものではありません。

　イスラエルに関する統計データは、イスラエルの関連当局から提供され、その責任のもとに作成されています。OECDによるこのようなデータの使用は、ゴラン高原、東エルサレム、ヨルダン川西岸のイスラエル入植地の国際法上の地位を害するものではありません。

トルコによる注記

　本書における「キプロス」に関する情報は、キプロス島の南部に関するものです。この島には、その機関のみでトルコ系キプロス人とギリシア系キプロス人双方を代表する政府機関はありません。トルコは北キプロス・トルコ共和国（TRNC）を承認しています。国連の枠組みの中で永続的かつ公平な解決策が見出されるまで、トルコは「キプロス問題」に関する自国の立場を維持します。

OECDと欧州連合の全加盟国による注記

　キプロス共和国は、トルコを除くすべての国際連合加盟国から承認されています。本書に記載されている情報は、キプロス共和国政府の実効支配下にある地域に関するものです。

Originally Published in English and French under the titles:

"Innovative Citizen Participation and New Democratic Institutions: Catching the Deliberative Wave"

"Participation citoyenne innovante et nouvelles institutions démocratiques: la vague délibérative"

© OECD, 2020.

© 世界に学ぶミニ・パブリックス—くじ引きと熟議による民主主義のつくりかた, Japanese language edition, Organisation for Economic Co-operation and Development, Paris, and Gakugei Shuppansha, Kyoto 2023.

Please cite this publication as:

OECD (2020), Innovative Citizen Participation and New Democratic Institutions: Catching the Deliberative Wave, OECD Publishing, Paris, https://doi.org/10.1787/339306da-en.

ISBN 978-92-64-83762-1 (print)

ISBN 978-92-64-72590-4 (pdf)

Photo credits: Cover © Joao Marcelo Martins via Unsplash.

Corrigenda to publications may be found on line at: www.oecd.org/about/publishing/corrigenda.htm.

はじめに

　政策決定の複雑さが増し、最も差し迫った政策的な諸課題に対して解決策を見出すことができなくなっている。こうした状況の中、政治家、政策立案者、市民社会組織、そして市民は、21世紀において公共的な意思決定をいかに行うべきかについて、熟考する必要に迫られている。共通の基盤を見つけ、行動を起こすための新しい方法が必要とされているのである。価値観が問題の根底にあり、トレードオフや長期的な解決策が求められる諸問題に関して、このことはとくによく当てはまる。OECDはこれまでも、公共的な意思決定に市民が参加することによって、よりよい政策を実現し、民主主義を強化し、信頼を築くことができることを裏付けるエビデンスやデータを蓄積してきた。本書ではとくに、抽選代表による熟議プロセスに焦点を当てる。これは、意思決定の場への参加をさらに進め、十分な情報を得た市民の意見や集合知に対して開かれたものに生まれ変わろうとする民主主義の諸機関による、幅広い取り組みの一環である。

　この文脈において、社会のあらゆる部分から一般の市民を集め、政策上のさまざまな複雑な課題について熟考し、参加者全体で提言をまとめる取り組みは、ますます多くの人々の期待と関心を集めるようになっている。「熟議の波」は、過去数十年にわたって盛り上がりをみせてきた。国や自治体などあらゆるレベルの政府が、市民議会や市民陪審、市民パネルを始めとする抽選代表による熟議プロセスを活用してきた。これらのプロセスにおいては、対象となる社会の縮図をつくる形で無作為に選出された市民が、十分に情報提供を受けた上で政府機関に対して提言を行うため、ファシリテートされた熟議を通じて、多くの時間をかけて学習し、協力して活動する。

　ある問題についての判断材料を吟味するための慎重で開かれた議論としての熟議と、抽選代表を選ぶため実施される無作為抽出により実現される代表性、公共的な意思決定への結びつきという意味での影響力という原則の組み合わせは、多くの点で新しいことではない。これらの原則の組み合わせは古代アテネ

の民主主義に起源があり、歴史を振り返ってみると、200～300年前までは用いられていたものである。今日、こうしたプロセスが革新的なものとして立ち現れているのは、現在、それらが代議制民主主義の制度を補完するために応用されているからである。

　本書は、抽選代表による熟議プロセスの利用が拡大する中、市民による熟議を制度化するための優れた実践方法や選択肢について、政策立案者の指針となるエビデンスを提供する。世界中の公共的意思決定に熟議プロセスがどのように利用されているかを分析した、初めての実証的な比較研究である。OECDでは今回、1986年から2019年10月の289件（うち282件はOECD加盟国のもの）のケーススタディから収集されたデータに基づき、また国際的なアドバイザリーグループと協力して、12の異なる熟議プロセスのモデルを特定し、「成功した」プロセスの条件が何であるかを評価し、良い実践のための指針を作成し、市民の熟議を制度化するための3つの道筋を検討した。本書における研究とアクションに向けた提案は、革新的市民参加に関するOECDの活動の一環であり、2017年の「オープンガバメントに関する理事会勧告」の第8条および第9条の実施に関する指針を各国に与えようとするものである。

　公共的な熟議を公共的な意思決定に組み込もうとする努力が盛んになされるようになっているのは、代議制民主主義の構造を状況に適応させるための変革期の始まりを示しているといえるだろう。世界中の民主主義機関は、議題を設定し、市民に影響を及ぼす公共の意思決定を行うにあたって、市民自身に現在よりもさらに直接的な役割を与える形で変革を始めている。本書は、広範なデータと分析に基づいて、これらのトレンドに関して生まれつつある国際的な知識基盤の形成に貢献するとともに、公的機関が良い実践をし、市民による熟議を制度化するための道筋を検討するのに寄与しようとするものである。

謝　辞

　本書は、OECDパブリックガバナンス局（GOV）（局長：マルコス・ボントゥーリ）が、アレッサンドロ・ベラントーニ（GOVのオープン・イノベーティブガバメント部の部長代理およびオープンガバメント・ユニット長）の戦略的な指揮のもとに作成した。本書の編集は、オープンガバメント・ユニットにおいて革新的な市民参加に関する活動を担当しているクラウディア・シュワリーツが行った。イエヴァ・チェスナリティーテは、本書の作成全体を支援し、データの収集とデータクリーニング[訳注1]、有効なデータの確定を主に担当した。アメリア・ゴッドバーとロクサナ・グラバノフは、出版用の原稿作成と原稿の質の管理を担当した。アレッサンドロ・ベラントーニは、すべての章について重要なコメントを提供した。

　本書のためのデータ収集は、デモクラシー R＆Dネットワークの構成員の協力によって進められた。デモクラシー R＆Dは、熟議の実践の企画運営や研究、普及に取り組んでいる組織・団体と個人の国際的ネットワークである。デモクラシー R＆Dの構成員らは、それぞれの熟議プロジェクトに関する詳しい情報をOECD事務局に提供するため、惜しみなく時間を割いてくださった。

　熟議プロセスの実践指針に関する第5章と、制度化に関する第6章は、官民学の各分野で指導的な立場にある実践家らでつくる2つの国際諮問グループによる実質的な協力を得て執筆した。

　第5章の諮問グループに参加したのは次の各氏である。Yago Bermejo Abati（スペイン／デリバラティバ）、Damian Carmichael（オーストラリア／産業・科学・エネルギー資源省）、Nicole Curato（オーストラリア／熟議民主主義とグローバルガバナンスセンター）、Linn Davis（米国／ヘルシー・デモクラシー）、Yves Dejaeghere（ベルギー／ G1000）、Marcin Gerwin（ポーランド／気候市民会議センター）、Angela Jain（ドイツ／ネクサス研究所）、Dimitri Lemaire（ベ

訳注 1：データクリーニング：調査票を回収した後、調査票の記入内容を点検し、重複しているデータを取り除いたり、回答の誤りや不備を修正したりする作業。

ルギー／パティシティズ）、Miriam Levin（英国／デジタル・文化・メディア・スポーツ省）、Peter MacLeod（カナダ／MASS LBP）、Malcolm Oswald（英国／市民陪審CIC）、Anna Renkamp（ドイツ／ベルテルスマン財団）、Min Reuchamps（ベルギー／ルーヴァン・カトリック大学）、Iain Walker（オーストラリア／ニューデモクラシー財団）。

　第6章の諮問グループに参加したのは次の各氏である。Bjφrn Bedsted（デンマーク／デンマーク技術委員会）、Yago Bermejo Abati（スペイン／デリバラティバ）、Terrill Bouricius（米国／元議員・無所属の政治学者）、Lyn Carson（オーストラリア／ニューデモクラシー財団）、Nicole Curato（オーストラリア／熟議民主主義とグローバルガバナンスセンター）、Yves Dejaeghere（ベルギー／G1000）、Mahmud Farooque（米国／アリゾナ州立大学）、Doreen Grove（英国／スコットランド政府）、Brett Hennig（英国／ソーティション財団）、Dominik Hierlemann（ドイツ／ベルテルスマン財団）、Angela Jain（ドイツ／ネクサス研究所）、Dimitri Lemaire（ベルギー／パティシティズ）、Miriam Levin（英国／英国政府）、Peter MacLeod（カナダ／MASS LBP）、Arantxa Mendiharat（スペイン／デリバラティバ）、Min Reuchamps（ベルギー／ルーヴァン・カトリック大学）、David Schecter（国際ネットワーク／デモクラシーR&D）、Graham Smith（英国／ウエストミンスター大学民主主義研究センター）、Jane Suiter（アイルランド／ダブリンシティ大学未来メディア・ジャーナリズム研究所）、Nivek Thompson（オーストラリア／デリバラティブリー・エンゲージング）、Niamh Webster（英国／スコットランド政府）、Antoine Vergne（フランス／ミッシオン・ピュブリック）。

　OECDは、実務家や公務員、研究者、デザイナーらの国際的ネットワークであるOECD革新的市民参加ネットワーク（ICPN）と協働してきた。ICPNのメンバーには2度にわたって終日の会合に出席いただいた。2019年6月の会合ではリサーチ・クエスチョンの特定にご協力いただくとともにデータ収集の情報源についてご示唆をいただき、2020年1月の会合では本書の初期的な調査結果について幅広い角度からご指摘やご助言を頂戴した。これら2度の会合の開催にあたっては、英国王立芸術・製造・商業振興協会（RSA）と選挙改革協会（ERS）、

オープン・ソサエティー財団（OSF）のご支援を頂いた。ICPNの全構成員の名簿は、本書の調査方法に関する付録に掲載した。

　本書の作成にあたっては、Kent Aitken、Carlotta Alfonsi、Karine Badr、Éric Buge、Nicole Curato、Marco Daglio、Natalia Domagala、Laurie Drake、Karin Fuller、Felipe González-Zapata、Doreen Grove、Lauren Howard、Claire McEvoy、Matt Ryan、Teele Pehk、Mariana Prats、Arturo Rivera-Perez、Graham Smith、David Schecter、Jane Suiter、Piret Tõnurist、Barbara Ubaldi、João Vasconcelos、Benjamin Welbyの各氏からの思慮に富むコメントを参考にさせていただいた。

　本書を査読していただいたオープンガバメントに関する作業部会に、OECD事務局から感謝の意を表したい。

Contents　目次

Chapter 1 熟議とガバナンスの新しい姿

Chapter 2 熟議プロセスの様々なモデル

Chapter 3 熟議プロセスをめぐる世界のトレンド

Chapter 4 成功する熟議プロセスとは？
ーエビデンスから考える

Chapter 5 公共的意思決定のための熟議プロセス成功の原則

Chapter 6 民主主義を再構築する ―なぜ、どのように熟議を埋め込むか

読者への手引き

　ここでは、熟議のプロセスと制度についてはOECDで初めてとなる本書を作成するにあたって使用した主要な用語や概念および調査の方法について、読者が理解するうえで助けとなるように短い解説を加えておく。調査方法についての詳しい説明は付録Bに掲載した。

　本書中では、多くの場合、抽選代表による熟議プロセス（representative deliberative process）を略して熟議プロセス（deliberative processes）と呼んでおり、これはミニ・パブリックス（deliberative mini-public）と同義である。抽選代表による熟議プロセス（ミニ・パブリックス）とは、ある社会を広く代表するように無作為選出された人々のグループが、ファシリテートされた熟議を通じて、相当の時間にわたり学習・協働し、参加者全体で政策立案者への提言を取りまとめることである。

　熟議機関（deliberative institutions）とは、法的な仕組みによって公的な意思決定の手続きに組み込まれた市民の熟議の形態をいう。

頻出するキーワードの定義
ステークホルダーの参加と市民参加

　OECD「オープンガバメントに関する理事会勧告」（2017年）では、次の通り定義している。

- **政策サイクル（policy cycle）**：①政策の優先順位の特定、②実際の政策文書の起草、③政策の実施、④政策の実施状況の監視と影響の評価を含む。
- **ステークホルダー（stakeholders）**：あらゆる利害関係者や影響を受ける当事者。年齢やジェンダー、性的指向、宗教、政治的所属に関係なく、すべての個人と、政府および非政府組織、市民社会、学界、メディア、民間部門の機関・組織を含む。
- **ステークホルダーの参加（stakeholders participation）**：政策サイクルや

サービスの設計・提供にステークホルダーが参加するためのあらゆる方法を指し、次のものを含む。

▶情報提供（information）：政府が情報を生み出し、ステークホルダーに提供するという一方通行の関係を特徴とする、初歩的な参加のレベル。ステークホルダーからの求めに応じての情報提供と、政府による「先を見越した」情報発信の取り組みの両方が含まれる。

▶協議（consultation）：情報提供よりも高いレベルの参加であり、ステークホルダーが政府に対して意見を述べ、その逆も行われるという双方向的な関係を伴う。この協議は、あらかじめ定義された問題に関して意見を求めるものであり、プロセスの成果に対する評価に加えて、関連する情報の提供が必要である。

▶関与（engagement）：ステークホルダーが、政策サイクルおよびサービスの設計・提供のすべての段階を通じて協働する機会や必要なリソース（情報やデータ、デジタルツールなど）を与えられている状態。

　抽選代表による熟議プロセス（representative deliberative processes）は、その設計の仕方次第で、協議または関与に分類される。抽選代表による熟議プロセスは、ステークホルダーの参加の一種である市民参加の一形態であると考えられている。こうした事例において市民は、熟議プロセスの中で、主たる参加者ではないステークホルダーから議論の材料となるエビデンスを得たり、ステークホルダーに対して質問したりすることにより、意見を述べたり意思決定に関与したりする力を獲得する。

●ディベートと対話、熟議

　本書において熟議（deliberation）とは、集団内部での熟議ではなく公共的な熟議を指し、また個々人の内面での熟慮ではなくグループでの熟議を指す。すなわち、人々の間での共通の基盤を見いだす必要性が、ここでの熟議の肝である。熟議とは何かを理解するには、まず、熟議をディベートや対話と区別することが重要である（表1）。

・ディベート（debate）の目的は、他者を説得し、最終的には大多数の人に自分の立場を納得させることである。勝ち負けのある状況であり、参加者が

考えを変えることに前向きになるよりも、自身が元々持っている見解を維持することを促すような誘因が働く。

- **対話**（dialogue）は、「よりゆったりとした礼儀正しいやりとりと、傾聴による理解の共有、関係性の構築」（Carson, 2017）を通じて、ディベートの弱点を克服するのを助ける。対話においては、意思決定よりも、敬意を持ったやり取りに重点が置かれる（Bone et al., 2006）。
- **熟議**（deliberation）には、対話とディベートの両方が含まれ、4つの重要な特徴がある。

  ▶ 第1に、「さまざまな選択肢に沿って物事を実行した場合にそれぞれ想定される結果と、他者の意見の両方を慎重に検討する」（Matthews, 1999）ことを意味する。

  ▶ 第2に、熟議には多様な視点を反映した、正確で適切な情報が必要である。複数の専門家が招かれて異なる立場を主張するような場合には、ディベートの要素も含むことになる。

  ▶ 第3に、「解決策を検討し、決定を下すための評価基準が広く共有されており、その評価基準は、他者の意見がどのように異なっていても考慮に入れることができる」（Bone et al., 2006）

  ▶ 最後に、参加者は提案された解決策にこれらの評価基準を適用し、トレードオフを考慮し、グループでの意思決定に至るための共通点を見出す必要がある（Carson, 2017; Bone et al., 2006）。

　熟議とディベートの根本的な違いは、目的の観点からみると、熟議のように合意を求めるものであるか、ディベートのようにゼロサム的なものであるか、というところにある。このため、対話は熟議の本質的な要素である（Yankelovitch, 2001）。熟議を成功させるには、熟練したファシリテーション、「また、グループが自らの決定を下すのに十分な、困難な状況に陥ったときに、グループが自ら解決策を見出しうまく活動できるようにするのに十分な」（Carson, 2017）ファシリテーションが必要である。

表1 ディベートと対話、熟議の特徴

ディベート	対話	熟議
競い合う	やりとりする	じっくり考える
論争する	議論する	選択する
意見を売り込む	関係を構築する	選択を行う
多数派となることを追求する	理解する	共通点を探る
説得する	理解を求める	共通の基盤を探る
自らの主張を貫く	立場を越えて通じ合う	選択を行うために考える
固い構造	ゆるい構造	柔軟な構造
表現する	聴く	学ぶ
速い	ゆっくり	ゆっくり
明確にする	明確にする	明確にする
勝ち・負け	意思決定はしない	共通の基盤
何らかの立場や行動指針についての主張がある場合や、勝つことが目的である場合に最も有効	特定の成果を求めずに、何かについて語り合いたい場合に最も有効	何らかのテーマや問題に対する最善のアプローチについて、意思決定したり、意思決定のための基準を得たりする必要がある場合に最も有効

出典：Bone et al.（2006）

●熟議民主主義と参加民主主義

　熟議民主主義と参加民主主義という用語は、同じ意味で使われることがあり、政策立案者や、この分野の学術的な議論に詳しくない人にとっては、まぎらわしく感じられるかもしれない。ここでは、本書の記述を明確なものとするため、両者の間の類似点と相違点を簡単に確認する。さらに詳しく知りたい方は、カーソンとエルスタブによる研究ノート（Carson and Elstub, 2019）を参照されたい。

・**熟議民主主義**（deliberative democracy）とは、政治的決定が市民の間での公正で合理的な議論の結果であるべきだと主張する、多岐にわたる政治理論である。ギャスティルとレヴィーンによる『熟議民主主義ハンドブック』（Gastil and Levine, 2005 津富・井上・木村監訳 2013）では、「熟議民主主義は、人種や階級、年齢、居住地域にかかわらずすべての人々が、公共的な意思決定に直接影響を与える熟議に参加することにより、ガバナンスにおける市民の声を強化する」と主張している。この理論は、1980年代に学術的な文献において支持を集めるようになった（Mansbridge, 1980; Habermas, 1981など）。

• 参加民主主義（participatory democracy）は、熟議民主主義よりも少し長い歴史がある。政府による意思決定への参加の拡大を求めた1960年代の活動家の運動（公民権運動、女性解放運動など、Pateman（1970）を参照）がきっかけとなって広まった。その後の参加民主主義に関する研究では、市民の参加能力を高めなければならず、そのためには参加をより意味のあるものにするための民主主義機関の改革が必要であるという考え方が中心となっている（Pateman, 2012）。

熟議民主主義と参加民主主義の主な共通点としては、いずれも「選挙で代表者を選ぶことを越えて、政治的意思決定に市民が直接関わることを意味する。したがって、どちらの民主主義へのアプローチも、現在の民主主義システムを批判的に吟味し、強化することによって改革しようとするものである」（Carson and Elstub, 2019）とされる。熟議民主主義と参加民主主義の主な相違点は、参加者の数や、参加の形態、参加者の選出方法にある。これらの違いについて簡単にまとめたのが、表2である。

研究者の間では、熟議民主主義と参加民主主義を組み合わせる方法も提案されている（Elstub, 2018; Bouricius, 2013; Schecter and Sullivan, 2018）。例えば、最初の段階では誰でも参加できる、広範な参加の機会を設けて提案を作成し、その後、より小規模な、抽選代表による市民のグループで焦点を絞った熟議を行ってそれら提案を検討し、最終的な提案について合意して決定する、といった方法がある。

表2 熟議民主主義と参加型民主主義の主な相違点

	参加者の数	参加の形態	参加者の選出方法
熟議民主主義	多数の人々の間では深い熟議を行うことが難しいため、比較的小規模な（しかし社会全体を代表する）人々のグループ。	熟議による。参加者があるテーマについて十分な情報を得て、異なる視点を考慮に入れて「積極的に合意できるのはどのようなことか」についての公共的な判断（意見ではない）を下す。	典型的には、無作為選出と層別選出を組み合わせたシビック・ロッタリーを用いて、市民を代表する会議体をつくる。それにより、多様な視点を考慮に入れるとともに、強力な利害集団の代表者による乗っ取りの危険にさらされないようにする。
参加民主主義	多数の人々、理想的には特定の決定に影響を受けるすべての人々。参加の幅広さが目的である。	政治のあらゆる側面において、参加を希望するすべての市民がより多く参加すること。政治に関与する機会の多様性を大切にするとともに促進すること。	できるだけ多くの人が参加の経験を共有できるように、参加者は自薦によって参加する。

出典：Carson and Elstub（2019）の記述に基づき、著者作成。

●その他の重要な用語の定義

- **無作為選出（random selection）**：本書において無作為選出は、国勢調査などのデータに基づいて、対象となる地域の人口統計学的な構成とほぼ一致するよう、代表となる参加者を選出する、無作為抽出を含む参加者募集のプロセスを短縮して述べた用語として用いる。

- **市民（citizen）**：本書では、市民という語を頻繁に用いるが、それは最も広い意味で「ある特定の場所の住民」を指す。特定の場所とは、文脈によって、村や町であったり、市や地方、州、国であったりする。ここでは市民という語を、「ある国家の、法的に認められた国民」という、より限定的な意味では用いない。したがって、本書における市民は「人びと」と同義である。

- **制度化（institutionalisation）**：熟議の制度化とは、熟議の諸活動を共同体の意思決定の仕組みやプロセスを定めた決まりの中に、法制化する形で組み込むことである。それには、政治状況の変化に関係なく継続性を確保できるよう、法律や規制の基本的枠組みをしっかりと整えることが必要である。制度化については、第6章で詳述する。

調査方法

　本書のためのデータ収集は、文献調査と、熟議に関する実践家の国際的ネットワークであるデモクラシーR&Dへのデータ提供の呼びかけ、OECDの「オープンガバメントのためのツールキットと事例ガイド」のプラットフォームを通じての公募により行った。[注1]

　事例の収集はOECD加盟国に限定しなかったが、非OECD加盟国では7件の事例しか得られなかった。これらの事例については、主要なトレンドを記述した第3章の冒頭で言及しているが、本書のそれ以外の部分での実証分析は、比較可能性の観点から、OECD加盟国の282事例のデータに基づいている。調査方法についてのさらに詳しい説明は、付属資料Bを参照されたい。

　各国における抽選代表による熟議プロセスについて収集した情報を分析したところ、3つの中核的な特徴が非常に重要であることが明らかになった。これ

注1：OECDの「オープンガバメントのためのツールキットと事例ガイド」プラットフォームには、次のサイトでアクセスできる。https://www.oecd.org/gov/open-government-toolkit-navigator.htm

は、この分野の多くの研究者による研究成果に見られる知見とも一致している。そのため、これらの特徴を、本調査において収集・分析対象とするかどうかを決定するための3つの基準とした。

1. **熟議（deliberation）**：熟議には次のことが必要である。多様な選択肢を慎重に吟味すること、そのために正確で適切な情報が提供され、視点の多様性が確保されていること。意思決定に至るための評価の枠組みが共有されていること。そして、参加者はそれらの評価枠組みにおいて共有されている基準を適用して、トレードオフについて検討したり、全体での意思決定を導くため共通の根拠を見出すこと（例えば、Matthew, 1999；Carson, 2017；Bone et al., 2006を参照）。

2. **代表性（representativeness）**：無作為抽出によって、国勢調査や類似のデータを参照しつつ、対象となる地域の人口統計学的な構成とおおむね一致するよう代表的な集団を選び出すこと。

3. **影響力（impact）**：意思決定者が提言に対して応答し、提言に基づいて行動することに同意すること（例えば、Farrell et al., 2019やCarson and Elstub, 2019を参照）。

熟議とは、証拠を慎重に吟味しつつ、長い時間をかけて慎重に熟慮し、ファシリテートされた議論を行うことを指す。熟議には時間が必要だという現実を、熟議プロセスの運営に反映させるために確立されたのが、丸1日は会議時間を確保するという原則である。この基準は、OECDの革新的市民参加ネットワークとの議論を経て決定した。[注2]

また、革新的な参加の形を模索することが本調査の主な目的であるため、人口統計学的に階層化された無作為選出（専門的には「ソーティション（sortition）」と呼ばれる）を用いていることも、全ての事例に共通する要素としている。ソーティションの実践は古代アテネにまでさかのぼり、歴史上、さまざまな時期に世界中の多くの場所で使用されてきた。したがって、ソーティションそれ自体は新奇なものではないが、それが現代に新たに蘇りつつあるの

注2：OECD では、革新的な市民参加に関する取り組みの一環として、実践家やデザイナー、学者、研究者、公務員、学芸員らの国際ネットワークと協働し、調査研究のテーマや範囲を設定し、調査研究と並行してコメントや情報提供を受け、これらの重要な関係者のグループの間の連携を強化してきた。

だ。無作為選出は、参加者の代表性や多様性、包摂性など、ステークホルダーの参加を設計する上での主要な課題を克服するのに役立つ。

　最後に、本書では、公共的な意思決定に直接結びつかない、純粋に学術的または実験的な目的で行われた熟議プロセスは除外した。ある政策課題について最終的に意思決定を行う政府機関とのつながりは、誰が参加しようと考えるということや、募集に対する応諾率や、参加後の脱落率など、多くの要因に影響を与える。これらの連鎖反応的な影響のうち、最初のものは特に重要である。というのも、公共的な意思決定のための熟議プロセスが、市民参加の他の形態と比較して特に有益なのは、一つには、自薦によって特定の階層がアンバランスに多く参加するという偏りをなくす効果があるためである。意思決定権を持つ人・組織とのつながりをなくすと、参加の意味が薄れ、そのテーマに強い利害・関心を持つ人だけが参加する可能性が高くなる。実験の応諾率が平均より低く、脱落率が高いのもこのためだと思われる。だからといって、実験が、研究など他の目的にも役立たないというわけではない。しかし、そのようなケースを本書に含めると、ガバナンスへの利用に関する分析や結論をゆがめると考えた。

　本調査の対象とするのは、2019年10月末までに完了している事例とし、その時点で進行中の事例は比較可能性の観点から対象としなかった。それぞれの事例を、60個の基準（付録B参照）に照らして分析した。

● **データの限界**

　本書のデータは、2019年3月〜10月のデータ収集期間中に、OECD事務局が確認することができ、なおかつ前述した最低限の基準を満たした事例をできるだけ多く集めたものである。このデータベースには、期限日以前に実施された有効な事例であるにもかかわらず収録漏れとなっているものが存在することはありえるし、その可能性は高い。これは、何か特定の事例を除外しようとしたためではなく、無知によるものである。ある程度、英語圏とフランス語圏の事例に偏っていることは明らかであるが、それらの国以外にも調査の範囲を広げるよう努めてきた。言語上の制約によって事例を取りこぼしている可能性もありうる。OECDでは、今後の研究においてこれらの不均衡に対処すべく、革新的市民参加ネットワークの会員を拡大しているところである。

Bone,Z.,Crockett,J.,& Hodge,S. (2006), "Deliberation Forums: A Pathway for Public Participation",in R.J.Petheram, & R.Johnson (Eds.), *Practice Change for Sustainable Communities: Exploring Footprints, Pathways and Possibilities* (pp.1-16), Beechworth, Australia: The Regional Institute Ltd., https://researchoutput.csu.edu.au/en/publications/deliberation-forums-a-pathway-for-publicparticipation,accessed on 11 November 2019.

Bouricius, Terrill G. (2013), "Democracy Through Multi-Body Sortition: Athenian Lessons for the Modern Day", *Journal of Public Deliberation* 9(1): Article 11, https://www.publicdeliberation.net/cgi/viewcontent.cgi?article= 1220&context=jpd, accessed on 11 November 2019.

Carson, Lyn and Stephen Elstub (2019), "Comparing participatory and deliberative democracy",newDemocracy Research and Development Note, newDemocracy Foundation, https://www.newdemocracy.com.au/ wp-content/uploads/2019/04/RD-Note-Comparing-Participatoryand-Deliberative-Democracy.pdf, accessed 11 November 2019.

Carson, Lyn (2017), "Deliberation",newDemocracy Research and Development Note, newDemocracy Foundation, https://newdemocracy. com.au/wpcontent/uploads/2017/03/docs_researchnotes_2017_March_ nDF_RN_20170322_Deliberation.pdf, accessed on 11 November 2019.

Elstub, Stephen (2018), "Deliberation and Participatory Democracy",in Bachtiger, Andre, John S.Dryzek, Jane J.Mansbridge, and Mark Warren (Eds.), *The Oxford Handbook of Deliberative Democracy*, Oxford: Oxford University Press.

Farrell, David, Nicole Curato, John S.Dryzek, Brigitte Geifssel, Kimmo Gronlund, Sofie Marien, Simon Niemeyer, Jean-Benoit Pilet, Alan Renwick, Jonathan Rose, Maija Setala, and Jane Suiter (2019), "Deliberative Mini-Publics Core Design Features",Working Paper Series No.2019/5, Centre for Deliberative Democracy & Global Governance, University of Canberra, https://www.governanceinstitute.edu.au/magma/media/upload/ckeditor/ files/Deliberative % 20MiniPublics % 20Core % 20Design % 20Features.pdf, accessed on 11 November 2019.

Gastil, John and Peter Levine (2005), *The Deliberative Democracy Handbook*, San Francisco: JosseyBass.[津富宏・井上弘貴・木村正人監訳(2013) 『熟議民主主義ハンドブック』現代人文社]

Habermas, Jurgen (1981), *Theorie des kommunkativen Handelns*, Frankfurt: Suhrkamp Verlag.[河上倫逸・M.フーブリヒト・平井俊彦訳(1985-1987)『コミュ ニケイション的行為の理論（上・中・下）』未來社]

OECD (2017), *Recommendation of the Council on Open Government*, https:// legalinstruments.oecd.org/en/instruments/OECD-LEGAL-0438.

Mansbridge, Jane J. (1980), *Beyond Adversary Democracy*, New York: Basic Books.

Matthews, D. (1999), *Politics for People*, Urbanna, IL: University of Illinois Press.

newDemocracy Foundation and United Nations Democracy Fund (2019), *Enabling National Initiatives to Take Democracy Beyond Elections*, Sydney: newDemocracy Foundation, https://www.newdemocracy.com.au/wp-content/uploads/2018/10/New-Democracy-Handbook-FINALLAYOUT-reduced.pdf, accessed on 30 October 2019.

Pateman, Carole (2012), "Participatory Democracy Revisited", *Perspectives on Politics* 10 (1) : 7-19, https://www.cambridge.org/core/journals/perspectives-on-politics/article/participatory-democracyrevisited/A6D459BB654AD3AA9152FDDC682AC364.

Pateman, Carole (1970), *Participation and Democratic Theory*, Cambridge: Cambridge University Press. [寄本勝美訳（1977）『参加と民主主義理論』早稲田大学出版部]

Schecter, David and Brian Sullivan (2018), "Beyond Mini-Publics Alone. " newDemocracy Research and Development Note, newDemocracy Foundation, https://www.newdemocracy.com.au/wpcontent/uploads/2018/02/docs_researchnotes_2018_February_nDF_RN_20180215_BeyondMiniPubli csAlone.pdf, accessed on 11 November 2019.

Yankelovitch, Daniel (2001), *The Magic of Dialogue: Transforming Conflict into Cooperation*, New York: Touchstone.

本書の概要

　政策形成サイクルへの市民の参画を可能とする革新的な方法が世界中の政府や市民から支持されるようになり、「熟議の波（DELIBERATIVE WAVE）」が高く押し寄せてきている。本書は、公的な意思決定のための抽選代表による熟議プロセスの仕組みを考察し、その制度化の事例を議論する初めての実証的な比較研究である。

　熟議プロセスには様々な形態があり、地方自治体（52％）、圏域自治体（30％）、国（15％）、国際・超国家機関（3％）と、すべての政府レベルで実施されている。また、都市計画（43件）、保健衛生（32件）、環境（29件）、都市インフラ（28件）、戦略計画（26件）など、多くの政策課題を議論している。一般的に、抽選代表による熟議プロセスは、価値観に基づくジレンマ、トレードオフ（異なる立場の間での折り合い）を伴う複雑な問題、そして、長期的な問題を扱うのに適していると言われる。

　OECDでは、熟議プロセスのモデルとして、①政策課題に対して十分な情報を踏まえて市民が提言を行うもの、②政策課題に対する市民意見の把握を行うもの、③住民投票の案件について有権者が十分な情報を踏まえて考量できるようにするためのもの、④常設の抽選代表による熟議機関によるもの、という4つの目的別に12のモデルを挙げている。

熟議プロセス成功の原則

　熟議プロセスは、効果的に実施されれば、より良い政策成果をもたらし、政策担当者が難しい決定をすることを可能にし、そして、市民と政府との間の信頼を高めることができる。

　OECDは、収集したエビデンスに基づき、政府、市民社会、学識経験者などの国際的な実践家と協力して、2017年の「オープンガバメントに関する理事会勧告」第8条・第9条に続いて、政策担当者が熟議プロセスを実施する際の指針

となる共通原則を策定した。これらの原則は、質の高い熟議プロセスの実現に役立つはずであり、ひいては熟議プロセスからの有用な提言に結実し、市民が公的な意思決定を形成するための有意義な機会をもたらす。

その原則は以下のようにまとめられる。

- 熟議を行う課題は、公共の問題と結びついた「ひとつの問い」の形で明確に提示されなければならない。

- 主催する政府当局は、熟議プロセスからの提言にタイムリーに対応すること、あるいは、その提言に基づいて行動することを公に約束（commit）しなければならない。そして、その実施状況をモニタリングし、定期的に報告しなければならない。

- 熟議プロセスの目的、デザイン、実施手法、参加者募集方法の詳細、関係する専門家、熟議プロセスの提言、当局の対応、実施後のフォローアップなどの情報を、誰もが簡単に入手できるようにしなければならない。より良いパブリックコミュニケーションによって、一般の人々の学習の機会が増え、より多くの参加を促すはずである。

- 参加者は一般市民の縮図（microcosmos）でなければならない。これは地域社会の人口統計学的構成と一致するように無作為抽出によって代表者たる参加者グループの選出を行うことで達成される。

- 報酬、費用弁償、託児・介護サービスの提供・費用負担などにより、参加者の包括性（inclusiveness）を確保する取り組みが必要である。

- 参加者が広範かつ正確で適切な理解しやすいエビデンスや専門知識を利用できるようにすること、そして、追加情報の提供を求めることができるようにすることが必要である。

- グループでの熟議では、共通の基盤を見つけることが重要である。そのためには、参加者が慎重かつ積極的に他者の発言に耳を傾けあうこと、複数の視点で吟味・考慮すること、参加者全員に発言の機会を与えること、様々な対話のフォーマットが組み合わされること、そして、熟練したファシリテーションが提供されることが必要である。

- 十分な情報に基づいた提言に結実することができる質の高い熟議プロセスを実現するためには、参加者は少なくとも丸4日間、実際に会う必要がある。

これは、参加者が学習し、エビデンスを吟味し、全体として提言をまとめるためには、十分な時間が熟議には必要とされるためである。

- 取り組みの「誠実性（integrity）」を確保するために、主催する政府当局から独立した運営チームによって熟議プロセスは運営されるべきである。
- 本人が望まない形での（unwanted）世間の耳目から守り、参加者の自立性を維持するために、参加者のプライバシーを尊重する必要がある。
- 熟議のプロセスは、学習効果を高め、将来の実践の改善を促し、そして、そのインパクトを理解できるよう、これらの原則に照らして評価されるべきである。

広範な参加戦略の一環としての熟議プロセス

　熟議プロセスには、より広範なステークホルダーの参加という要素が含まれており、最も一般的なものは、オンラインでの意見募集(33件で使用)とアンケート（29件）である。その他の方法としては、パブリック・コンサルテーション（19件）、ラウンドテーブル・ディスカッション（16件）などがある。参加型プロセスのアウトプット（成果物）が市民の熟議にどのように投入されるのかが明確になるよう、これら参加手段の組み合わせは適切に順序立てて行われる必要がある。

熟議プロセスを政策形成サイクルと公的意思決定に組み込むための制度化

　熟議プロセスを制度化することで、政府はより困難な意思決定をより低コストで行えるようになる。また、より多くの人々が公的決定を大きく左右することができる機会を創り出すことで、政府への信頼を高め、民主主義を強化し、社会の民主的良好度を向上させることができる。

　熟議プロセスの制度化にあたって、「すべてに当てはまる」アプローチは存在せず、その文脈、目的、プロセスによってやり方は異なる。

　本書では熟議プロセスの制度化のために現在取り組まれている3つの方策が検討される。

1．市民による熟議のために常設または継続的な組織をつくること。

2．一定の条件の下で公的機関に熟議プロセスを組織することを求めること。

3．特定の問題についての熟議プロセスの実施を市民が要求できるルールを作ること。

　政府は、どのような条件の下で熟議プロセスが実施されるかの要件を示し、そして、十分な人数の署名があれば市民が熟議プロセスを開始できるようにする法律や規制の起草を検討すべきである。

　熟議プロセスの組織化をより簡単に、より安い費用で、より効果的に行うためには、無作為選出を行う際のデータベースへのアクセスを可能にするなどの法的支援の問題にさらに取り組む必要がある。次のステップは、政策決定への市民の時間と意見の投入の価値を認め、刑事裁判の陪審員と同様に勤労者に熟議プロセスへ参加するための有給休暇が提供されるようになることである。

　熟議プロセスの制度化には、公務員組織と市民社会組織に十分な能力と十分な資金が必要である。この目的のために、政府は既存の政府機関（オープンガバメント庁など）に新たな責務を設定するか、以下の責務を持つ政府機関を新たに設立したりすることができよう。

• どのような事例であれば熟議を成功したものとみなせるかの基準を定めること

• 所掌事務の中での熟議プロセスの活用を検討している政策担当者へ助言を行うこと

• 公務員の研修を行うことで政府全体として持っている熟議についての知識を向上させること

• 進行中の熟議プロセスとそのインパクトに対して独立したモニタリングと評価を提供すること

• 熟議プロセスに充当される予算のマネジメントを行うこと

• 市民社会組織に対して投資を行うこと

• 熟議プロセスからの知見を政府や議会に定期的に報告すること

今後の研究への省察

　本書は、公的意思決定のための熟議プロセスに関する今後の研究の基礎となるものである。しかし、本書は世界で公共的な意思決定のために行われている

熟議プロセスの表層をなぞったに過ぎない。第7章では、調査対象としての基準には沿わなかったものの、今後の調査に有望な熟議方策を提示している事例を紹介する。

　今後の研究によって、熟議プロセスのインパクトの理解を深めること、熟議プロセスを評価するフレームワークを形成すること、そして、デジタルツールがどのように熟議を豊かにするかを探ることができよう。最後に、市民の熟議の制度化については、さらに実験が行われ、モニタリングや評価がなされて、より一層、公的意思決定において実施されてゆくべきである。

1 熟議とガバナンスの新しい姿

クラウディア・シュワリーツ

本章では、本書の背景となる文脈を今日の経済、文化、政治、技術、環境の動向に照らして提示する。本章では、調査の知見をOECDが進めているオープンガバメントに関する取り組みと結びつけ、抽選代表による熟議プロセスの仕組みに焦点を当てた根拠を説明するとともに、そうした熟議プロセスが政策形成に有効である理由や、いつ用いるべきか、そして、どのような場合には用いるべきではないのかについても説明する。

1.1 なぜ現代の民主主義は危機にあるのか

なぜ熟議プロセスや熟議の制度がこのOECDの報告書の焦点となっているのか。その背景を説明するためには、まず、今日を特徴づける広範な文脈とトレンドの要因を考えることが重要である。「分極化、ポピュリズム、ペシミズム」（Taylor, 2019）という言葉で定義されることの多い時代にあって、公的ガバナンス、より広い意味では民主主義の未来像は大きな関心事となっている。民主主義の終焉、死滅、あるいは危機に関する書籍はここ数年で急増している。ギリシア語の語源を辿ると「危機（Crisis）」（ギリシア語ではkrisis）は、決定、転換点を意味する。この複雑な変化の時代にあって、現在の民主主義やガバナンスの構造は成果を挙げることができていない。この要因として経済、文化、政治、技術、環境の5つが挙げられる。これらは相互に関連するものだが、必ずしも関連性をもって描写されてきてはいない。以下、これらを順に簡潔に説明してゆく。

経済的要因

民主主義の機能不全の説明は経済的・文化的な観点から語られることが多い。「取り残された人々」が不平等とグローバリゼーションに対して反乱を起こしているという議論が広く関心を呼んできた（Ford and Goodwin, 2014）。不

平等はここ数十年でほとんどの国で拡大し、特に富の不平等は拡大している（OECD, 2019b）。ほとんどの産業経済国では、「不完全雇用[注1]」と不安定な雇用が増大している（OECD, 2018a）。これらのうちの一部の国では、平均所得や生活水準は停滞し、10年前とほとんど変わっていないか、家計の負債を増やすことで維持されているにすぎない（OECD, 2019c）。社会の多くの人々が自分の仕事の将来を心配している。2020年のエデルマン・トラスト・バロメーターによると、調査を行った28カ国において83％の人々が、フリーランス／ギグ・エコノミー化、迫り来る不況、トレーニング／スキルの不足、コストが安い外国の競争相手、低賃金で働く移民、オートメーション化、雇用が外国に移転されることなどが原因で自分たちの仕事がなくなることを恐れている。このような状況の中、多くの政治家や批評家、そして一般の人々も、現在の経済政策がはたして各国が直面している課題に対処するのに適切なのかと疑問視している。

文化的要因

　経済的な問題と文化的な問題は複雑に絡み合っている。「取り残された人々」と呼ばれてきた集団の人々は、その経済的立場に対応したアイデンティティを持ち、歴史的に意思決定の場に十分に代表されてこなかった社会文化的な地位にあり、低賃金の移民の流動によって顕著に影響を受けてきた部門で働いている。また、多くのアナリストや学者は、現在の政治的危機の根源は、特定のアイデンティティや文化的構造が移民によって脅かされ、それが不安を生み出していることにあると主張している（Norris and Inglehart, 2019; Eatwell and Goodwin, 2018; Goodhart, 2017）。

　不平等の拡大と移民問題の顕著化という2つの動向が折り重なって「不平等と紛争の新たな次元」を生み出している（Piketty, 2018）。ピケティらが主張しているように、高学歴・高収入で移民推進派の「グローバリスト（globalists）」と、低学歴・貧困層で移民反対派の「ネイティビスト(nativist)」との間に、新

注1：underemployment（不完全雇用）：
働きたくても働けないというほどの失業者はいないが、フルタイムで働くことを希望するもののパートタイム勤務での仕事で働かざるを得ない、あるいは、専門的経験・スキルを持っているにもかかわらず、それに見合う仕事に就くことができてない、というように労働力として人材が十分に活用されていない状態を指す。

たな分断が生じている。イングルハートとウェルゼルが世界価値観調査（World Values Survey）を用いて行った広範な分析でも同様の結論が導き出されている（Inglehart and Welzel, 2005; Inglehart and Welzel, 2009）。イングルハートとウェルゼルの研究によると、国が豊かになり、産業化が進むにつれて、人々は公開性や表現の自由、寛容性、進歩、変化を優先する世俗的で解放的な価値観を持つようになる。しかし、多くの国で一部の人々はこのような価値観を大きく受け入れているとはいえ、すべての人が受け入れているというわけではない。多くの人々は依然として伝統、権威、宗教、そして安定に価値を置く。近年の政治的危機を説明するにあたって文化的側面を中心に据えるアナリストもいるが、それだけでは全体像を説明することはできない。

政治的要因

　このように様々な解釈がある中で、共通しているのは、経済成長や政策の改善だけでは、社会の不満を解消できないということだと思われる。政治的要因も重要なのだ。一連の実証研究が示すところによれば、今日、人々はこれまで以上に、数年に一度の投票の機会を超えて、自分たちの生活に影響を与える政策の形成に大きな発言力を持ちたいと考えているようだ（Chwalisz, 2015, 2017; Hansard Society, 2019）。人々は公共政策に関与することを望んでおらず、政策の成果（outcomes）にしか関心がないという「ステルス・デモクラシー」テーゼ（Hibbing and Theiss-Morse, 2002）は批判の対象となっている。信頼と公共政策に関するOECDの研究では、成果だけでなくプロセスにおいても、市民が公正さを認識することが、政府に対する信頼にとって重要な次元であることが示唆されている（OECD, 2017b）。

　ポール・ウェッブは、「満たされない民主主義者」（dissatisfied democrats）という概念を生み出した。これは、民主主義の現状には不満であるが、よりアクティブで熟議的であれば、あらゆる形態の政治参加に熱心な人々を指す（Webb, 2013年）。米国における直近の実証研究によれば、大多数の人々は自国の市民や議会議員と熟議を行う機会に参加することを望んでいるのであり、さらには「熟議することを最も望んでいるのは、実は標準的な党派政治や利益団体政治に消極的な人々である」ということが明らかになっている（Neblo et al., 2018）。

こうした参加拡大の要望は、社会が機能するために依存している信頼というものが損なわれていることとリンクしているように思える。OECD諸国では、市民の45％しか政府を信頼していない（Gallup, 2018）。この数字は、2013年の37％という最低値からは上昇しているが、だからといって必ずしも喜ぶべきものではない。信頼度のレベルは、70％以上のスイスやルクセンブルクから、20％以下のギリシアやラトビアとさまざまである（Gallup, 2018; 図 1.1）。こうした調査結果は、エデルマン・トラスト・バロメーターにも反映されており、調査対象となった28ヶ国では、66％の人々が自国の課題に取り組む現在の政府指導者に信頼を置いていないことが示されている（Edelman, 2020）。

さらに、英国や米国などのデータが入手可能な国を取り上げて、1960年代頃に実施された最初期の世論調査データと現在の調査データを比較すると、国民の幻滅度や不信感が歴史的な高さに達していることが浮き彫りになっている（Clarke, Jennings, Moss, and Stoker, 2014; Pew Research Centre, 2015）。例えば、米国では、1958年には73％のアメリカ人が政府を信頼できると答えていたが、2018年にはわずか31％にまで減少している（Pew Research Centre, 2015; Gallup, 2018）

この問題点は多くの理由から重要となる。まず、信頼の低さは、社会的・経済的・政治的な関係でのトランザクションコストの高さという形（Fukuyama, 1995 加藤訳,1996）や投資家のリスク回避と規制の不遵守といった形（Algan and Cahuc, 2010）で経済的コストを伴う。また、信頼の低さは、社会の結束にマイナスの影響を与え、社会の分極化を悪化させる。そして、投票率にマイナスの影響を与え、急進的な政党や抗議運動の台頭に影響を及ぼす（OECD, 2017b）。新技術の進歩とソーシャルメディアの普及により、政府や政治家、企業に関するスキャンダルが増え、代わりに新しい層の政治家に自分たちを信頼するように呼びかける機会を創り出している（Davies, 2018）。ウィル・デイヴィスは次のように記す。

「3世紀以上前に開始された、エリート個人が我々に代わって物事を知り、報告し、判断することを信頼するというプロジェクトは、長期的には、少なくとも現在の形では実行できないかもしれない。私たちは、現在の民主主義を蝕んできた

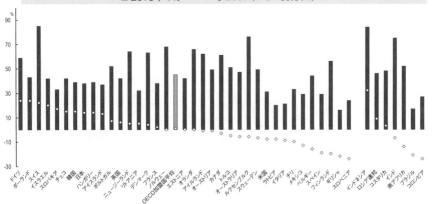

図1.1 2018年の中央政府への信頼度と2007年以降の変化

出典：OECD (2019), Government at a Glance 2019, OECD Publishing, Paris, https://doi.org/10.1787/8ccf5c38-en.

力を逆転させることができる、あるいは事実（facts）というより大きな武器を使ってこうした力を退かせることができる、という幻想に浸りたいと思うところがある。しかし、これは信頼（trust）の本質が変化しているというより根本的な事柄を無視している。…このような傾向と並行して、新しいタイプの"ヒーローの真実（Truth）"の語り手が登場している。…この新しく、我々を不安に陥れることが多い「真実（Truth）の領域」の淵源は、ポピュリズムの台頭やビッグデータの時代にあるのではない。エリートたちは、この民主主義の危機が"事実（facts）"ではなく"信頼（trust）"に関するものであることをほとんど理解していない。だからこそ、自分たちの信頼性が急速に損なわれていることに気づかなかったのかもしれない」（Davies, 2018）

　この傾向は、自分の声は大切ではなく、政府は自分のような人の声に耳を傾けてくれないと感じる人がこれまで以上に増えていることと一致している（OECD, 2018b; Hansard Society, 2019）。OECDの「世界が直面するリスク（Risks that Matter）」調査によると、4つの調査対象国（カナダ、デンマーク、ノルウェー、オランダ）を除くすべての国で、回答者の過半数が「公的給付制度の設計や改革の際に、政府は私のような人々の意見を取り入れていると感じる」という設問文に「そうは思わない」と回答している（OECD, 2018b: 26; 図1.2）。

公的給付制度の設計や改革の際に「政府は自分のような人々の意見を取り入れていると思う」
という設問文に対する回答の分布（2018年）

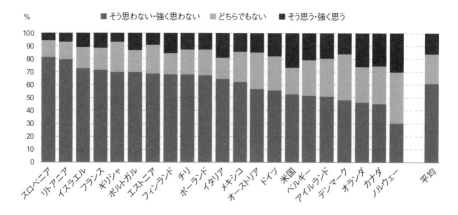

%

■ そう思わない・強く思わない ■ どちらでもない ■ そう思う・強く思う

図1.2 ほとんどの国で、多くの回答者は、政府が社会給付制度を策定する際に、自分たちのような人々の意見を適切に考慮していないと感じている

出典：OECD (2019), "Risks that Matter:Main Findings from the 2018 OECD Risks that Matter Survey," www.oecd.org/social/risks-that-matter.htm

　世界各地の抗議運動や最近の選挙結果は、経済的に最も脆弱な層の人々が、民主主義システムに幻滅するだけでなく、"忘れられている"と感じていることを浮き彫りにしている。彼らは、変化に影響を与える作用に関わることができない遠い存在となっているのだ（Snower, 2018）。それ以上に、ますます多くの国で、市民の主体性や参加、さらには結社や集会、言論などの基本的な自由を制限することを意図する政策を採るようになっている。このため、市民社会組織の代表者の多くが、市民の空間が長年にわたって「閉ざされている」と非難するに至っている（Civicus, 2018）。ピーター・マクロードが論じているように、国民、官僚、政治家の三者の関係が上手くゆかなくなっているのだ（Macleod,2018）。国民は「あなたたちは我々の代弁者とはなっていない」と言い、官僚は「でも、あなた方は自分たちのためにしか話さない」と言う。そして政治家は「私は委任を受けている」（"I have a mandate"）と応じる。この三者の関係を21世紀に向けてどのように強化し、再構想すればよいのであろうか。

技術的要因

　さらに今世紀は、経済・社会で進むデジタルトランスフォーメーションの影

響の大きさによっても特徴づけられる。ソーシャルメディアやメッセージアプリは、世論の分断を進めており、実証データによれば、人々は同じような好みのニュース記事を共有し、自分たちの見方と対立するものを避ける傾向があり、党派性が強い人ほどその傾向が強いのである（Bright, 2018; An et al.2013）。メディアの「生態系」への侵食も、この「部族化」と分極化を助長している。エデルマン社の調査によると、25ヶ国での調査対象者のうち、57％の回答者は自分が利用するメディアは信頼できない情報で「汚染されている」と考えている。同調査によれば、回答者の3分の2（67％）が虚偽の情報が武器として使われることを心配しており、同じく、半数（51％）がメディアは少数者の利益のためだけに役立っていると考えている（Edelman, 2020）。左派・右派の党派性の強い人々は、全般的にニュースへの信頼度がやや低く、自分が利用しているニュースへの信頼度が高く、自分が消費しているニュースと、自国で入手できるその他のニュースとの間の「信頼のギャップ」が大きいと認識している（Suiter and Fletcher, 2020）。また、デジタルトランスフォーメーションによって、政府がより効果的な公共サービスを提供することへの市民の期待が高まり、これが市民の政府への信頼にも大きく関係している（OECD, 2018b）。

　一方で、新しいテクノロジーやソーシャルメディアは、より参加型のガバナンスを可能にする。多くの国・地方政府では、「オープンな文化」「オープンデータ」、そして、「デジタルツールを通じての市民参加」をより重視するために、自分たちのガバナンスのプロセスを改変してきている（このような取り組み例についてはOpen Data Institute, 2020を参照）。

環境的要因

　最後に、私たちが今、「人新世」と呼ばれる、人間のあらゆる活動が自然の秩序に影響を与える時代に生きているという事実は、ガバナンスに対する新しいアプローチを求めるものである。この「新しい気候レジーム」（Latour, 2018 川村訳,2019）では、人間の活動が環境に甚大かつ永続的に地球規模で影響を及ぼす。自然環境システムは、予測可能な直線的な方向へ動くわけではない。そこには悲惨な結末へつながりうる「転換点」が存在する（OECD, 2019a）。この複雑さとダイナミズムを考慮して、ガバナンスのメカニズムを改革する必要がある（Dryzek and Pickering, 2019参照）。

1.2　本書が熟議とガバナンスの新たな形態を取り上げる理由

　これら5つの要因を合わせて考えると、現在のガバナンスのシステムが最も差し迫った課題に対処できていないのは、民主主義のプロセスや制度が21世紀の目的に十分に適合していないことに原因の一部があるという認識に至ろう（OECD, 2019a）。ゲームの結果だけが重要なのではない。ゲームのルールが結果を形作るのである。多くのOECD諸国では、これらの民主主義のルールは17世紀と18世紀に定められたものである。参政権の拡大などの進展や、また、政策形成者が新しいツールを利用するようになったことはあるが、現在の政治システムの制度的な構造やメカニズムはほとんど変わっていないのである。

　このような背景から熟議とガバナンスの新たな形態に関する本書が作成された。本書は、OECDによる報告書『オープンガバメント：世界の状況と今後の展望』（OECD, 2016）や世界各地の数多くのオープンガバメントに関する分析報告の知見に基づくものであるが、それらの報告では、政府への信頼が低下しつつある一方で、市民はより開放・公開性を求めていること、そして、公的意思決定を形成する上で人々により多くの主体性を与えるイノベーティブな実践が増えているという傾向が確認されている。本書はまた、OECDの「オープンガバメントに関する理事会勧告」（2017年）の実施に政府がどのように取り組んでいるかを探ろうとするもので、OECDの同勧告では政府への市民参加に関して、OECD加盟国に対して以下のように規定している。

- 第8条.すべての利害関係者に情報提供と協議の機会を平等かつ公平に与え、政策サイクルのすべての段階に積極的に関与させること（…）」、および
- 第9条.アイデアを出し、解決策を共創するために、ステークホルダーと効果的に連携する革新的な方法を推進すること…」（OECD, 2017a）。

　本書では、市民議会、市民陪審そして市民パネルなどの抽選代表による熟議プロセスについて深く掘り下げてゆく。この種のプロセスでは、コミュニティの幅広い層を代表する無作為に選ばれた人々のグループが、多大な時間を費やして学習を行い、ファシリテートされた熟議を通じた協働作業により、政策担当者に対する共同の提言を策定する。これらのプロセスが注目されるのには、4つの理由がある。

1.世界各地の公的機関で、最も差し迫った政策課題の解決に市民をより直接的

に参加させるために、抽選代表による熟議プロセスを利用する取り組みが拡大してきている。これらのプロセスは、1960年代後半に現在に続く取組の最初の波が始まったという意味では「新しい」ものでないが、最近では、その目的、デザイン、他の参加形態との組み合わせ、制度化などの点でより幅広い実験が行われるという意味で新しい波となっている。そのため、比較分析を通じて、それらの仕組みや影響をよりよく理解する必要がある。

2. 抽選代表による熟議プロセスには、あらゆるレベルの政府において、それまで政治的に行き詰まっていたり、明確な解決策がなかったりした幅広い政策課題について、公的機関が困難な決定を下すのに役立ってきたことを示すエビデンスがある。これらのプロセスが政策担当者を支援することを可能にするグッド・プラクティスをより深く検討することは意義あることだ。

3. 抽選代表による熟議プロセスは最もイノベーティブな市民参加の方法の一つであり、それは古代アテネの無作為選出（抽選制）の実践を再び導入するとともに、サンプルの代表性を確保する方法である層化抽出を可能とする現代の統計手法でアップデートされている。これらのイノベーティブな手法は、既存の代議制民主主義機関を補完する有用で興味深いメカニズムの可能性を提供している。

4. 抽選代表による熟議プロセスに関する既存の文献や研究が示すところでは、もし制度化がされれば、抽選代表による熟議プロセスは、この序章で概説してきた経済、文化、政治、技術、環境の各側面からなる民主主義の停滞の主な要因のうち、いくつかに対処するのに役立つ能力を持つ。すなわち、より広範な市民に発言権と主体性を与え、政府に対する信頼を再構築し、より正統性を持ち、かつ、効果的な公的意思決定につなげることができるのである。

　本書は、OECD 加盟国での公的意思決定のための抽選代表による熟議プロセスの利用について、新たな国際的かつ比較可能なエビデンスの基盤を構築するものであり、デザインの透明性や熟議の充実度、そして、公的意思決定への影響に関する比較分析を行っている。また、抽選代表による熟議プロセスのさまざまなモデルを特定して比較し、世界レベル、国レベル、地域レベルでのトレンドを明らかにしている。実証分析のセクションは、OECD加盟国の282件

のケーススタディに基づいており、そこから導き出されるグッド・プラクティスの原則と、いかにしてアドホックな取り組みから制度に組み込まれた実践へ移行するか、という意味での制度化において考えられる諸問題を探る上での確固たるエビデンスの基盤を提供している。

　本書では次の点を明らかにしている。

- 抽選代表による熟議プロセスのさまざまなモデルと、争点、複雑さ、そして文脈に応じたモデルの選択方法（第2章）
- 抽選代表による熟議プロセスが取り組まれている場所、取り組まれているガバナンスのレベル、活用されているモデル、そして、この方法で取り組むことに最適な公共の問題の種類に関する国際的な動向（第3章）。
- 熟議の設計に関する選択が熟議の質と成果（outcomes）にどのように影響を与えるか（第4章）
- 抽選代表による熟議プロセスが、デジタルツールを含む他の形態のステークホルダー参加とどのように結びついて用いられているか、そして、結びつけて用いることができるのか（第4章）。
- 公的な意思決定のための熟議プロセスに関するグッド・プラクティス原則（第5章）
- 市民の熟議が公的な意思決定手続きに組み込まれるようになる制度化へのさまざまな道筋（第6章）。

　第5章と第6章は、熟議プロセスを実施、実験、研究している政府、市民社会、学界の第一線で活躍する国際的に著名な実践家で構成された熟議プロセスの原則と制度化に関する二つのOECD国際諮問グループとの協働により作成されている。第7章では、本研究に含めるための3つの基準すべてを満たしているわけではないが、注目に値する他の熟議の実践について簡単に概要を示す。

1.3　なぜ代表性と熟議なのか

　複雑な変化の時代にあって、現在の民主主義やガバナンスの制度は、成果を上げることができなくなっている。抽選代表による熟議プロセスは、必要とされているシステムレベルの変化というより大きな構図の中での一部なのだ。抽選代表による熟議プロセスが効果的に実施されれば、政策担当者が最も困難な公共政策上の課題への難しい決定を下すことが可能となり、市民と政府との間の信頼を高めることができる。

　抽選代表による熟議プロセスは、グループの集合知と認知的多様性を生み出すことで、より良い解決策を得る機会を提供する（Landemore, 2012）。一連の実証研究が示すところでは、人間は社会的な交流、とりわけ全く異なる視点を持ち込む人との交流を通じて、より効果的に論理立てて考えることができる。このことは、自らの信念や他者への行動を正当化すること、弁論によって他者を説得すること、そして、他人がとる立場を慎重に考えて判断することに役立つものだ（Mercier and Sperber, 2019; Grönlund et al., 2015; Mercier and Landemore, 2012）。

　また、抽選代表による熟議プロセスは、公的決定に対する支持をより広い人々の間で生み出すのにも役立つ。というのは、人々は、政府のみで行われた決定や密室で行われた決定よりも、一般の人々からの情報が与えられて行われた決定を信頼する可能性が高いからだ。さらに、抽選代表による熟議プロセスは、争点に関する参加者の知識を幅広いレベルで向上させ、参加者とプロセスには参加していない一般市民両方の市民力（civic capacity）と政治的有効性感覚（political efficacy）の構築に貢献する（Knobloch, Barthel and Gastil, 2019）。そして、パブリックコミュニケーションがうまく行われたならば、より高いレベルの知識と参加へと導くことができる（Suiter, 2018）。これらの問題は、第4章で詳しく取り上げられている。

　これまでに収集された実証データと、熟議民主主義分野における既存の理論研究に依拠すると、抽選代表による熟議プロセスが、より良い公的意思決定を導き、信頼を高めることに寄与することには7つの理由が存在する。

1.世論ではなく、熟議を通じて勘案された人々の判断が、当該の政策争点について十分な情報に基づいた提言となるため、 より良い政策の成果

（outcomes）が得られる。

　投票、タウンホールミーティング、オンラインフォーラム、参加型予算など、ほとんどの市民参加の取組は、代表性や社会構築性（Constructive）を目的に設計されたものではない。そのため、解決策や共通の基盤を見つけるというものではなく、不満をぶちまける機会として、敵対的になってしまうことがある。熟議のプロセスは、学習、熟慮、そして十分な情報に基づいた提言の作成のための空間を創造する。こうした提言は政策意思決定者にとってより有用なものとなる。熟議プロセスは、「現場の知識」（local knowledge）や問題の「生の経験」（lived experience）へのアクセスを可能とすることにも役立つ。熟議プロセスは、この目的を達成する唯一の方法ではないが、無作為抽出を用いて代表者を選出するため社会の幅広い層が参加し、自薦公募型に依拠したオープンな参加プロセスよりも、より全体的な構図を描くことができる。

2.難しい選択をするための正統性を向上させる。

　抽選によって社会を代表した人々が、学習のための時間と資源を与えられ、熟練したファシリテーターのもとで熟議し、熟慮した提言を全体で作成する熟議プロセスを招集することで、政治家は難しい決断を下すための正統性を高めてきた。これらのプロセスは、人々の思う優先事項と、その背景にある価値観や理由を政策担当者がよりよく理解し、どこが合意可能で、どこが不可能なのかを認識することに寄与する。実証データが示すところでは、これらの熟議プロセスは、政治的な行き詰まりを克服する必要がある場合に特に有効だ。

3.公的意思決定において市民に実効性のある役割を与えることで、政府や民主主義機関に対する市民の信頼を高める。

　人々は、政府のみで行われた決定や密室で行われた決定よりも、一般の人々が影響力を与えた決定の方をより信頼しやすいのだ。信頼もまた双方向に機能する。政府が人々の間での信頼を得るためには、政府が人々を信頼して意思決定により直接に参画できるようにしなければならない。このことは全体での意思決定を行うことの難しさを市民に示し、社会としての民主主義的生活への市民の意識を向上させることができる。

4.市民としての自尊心のきっかけとなり、市民をエンパワメントする。

　市民が活発な熟議に参加できるようにすることは、彼らを立法や行政の対象

物として扱うことをしないことにより、市民の政治的有効性感覚（自分は政治情勢を理解し、影響を与えることができるのだという信念）を強化することができる（Knobloch et al, 2019参照）。

5.より多様なカテゴリーの人々に門戸を開くことで、より包括的なガバナンスを実現する。

　ほとんどの政治的意思決定機関は、より広い人々を文字通り代表するようにはなっておらず（つまり、代表者は、自分が代表している人々と同じような社会的背景や特徴を持っているわけではない）、また、そのように設計されていない。抽選代表による熟議プロセスでは、無作為選出や層化抽出を用いることで、若者、恵まれない人々、女性、その他のマイノリティなど、通常は排除されるカテゴリーの人々を公共政策や政策決定に取り込むことができる。

6.資金や権力を持つグループや個人が、公的な決定に不当な影響力を持たないようにすることで、透明性を強化し、汚職を防止する。

　熟議プロセスのグッド・プラクティス原則の主たるものは、プロセスは透明で、誰もが見てわかるものであり、すべてのステークホルダーには参加者へ発表する機会が提供されるようにするというものだ。参加者の身元は、利益団体に狙われないように、プロセスが終わるまで守られるようにすることが多い。プレゼンテーションとすべての提出物は一般に公開されるべきである。参加者には、エビデンスを吟味し、熟慮し、全体として公的な判断を下すための十分な時間が与えられる。

7.分極化や偽情報の阻止に貢献する。

　実証研究が示すところでは、「文化的な認知、アイデンティティの再確認、そして、分極化を強めるようなコミュニケーションのエコーチェンバー（反響室）現象は、たとえ、同じ考えを持つ党派の人々のグループであっても、熟議の状況では機能しない」（Dryzek et al., 2019；Grönlund et al., 2015参照）。また、熟議には、歴史的に他者の民族、宗教、イデオロギーを拒絶することに自分たちのアイデンティティを見出してきた集団間でのこれらの分断を克服する有効な手段となりうることを示唆するエビデンスも存在する（Ugarizza et al., 2014）

1.4 抽選代表による熟議プロセスをいつ用いるべきか、用いるべきではないのか

　これまでに集められたエビデンスと既存の研究によると、熟議プロセスは以下のようなタイプの問題に有効であることが示されている。

1.価値観に基づくジレンマ:

　多くの公共政策の問題は、価値観に基づいている。抽選代表による熟議プロセスは、参加者同士が積極的に耳を傾け、批判的に考え、そして、参加者同士が尊重しあうことを促すように設計されている。このプロセスでは、明確なあるいは“正しい”解決策がない難しい倫理的な問題を、礼儀正しく議論することができ、参加者が共通の基盤を見つけることができる環境を作り出す。

2.トレードオフ(異なる立場での折り合い)が求められる複雑な問題:

　抽選代表による熟議プロセスは、参加者が学習し、省察し、熟慮する時間を提供するとともに、政府関係者、研究者、シンクタンク、アドボカシーグループ、経済界、その他のステークホルダーからの広範なエビデンスや専門知識を利用できるように設計されている。このような設計上の特徴が市民に意思決定の複雑さに対処し、法律、規制、予算の制約の中で問題を検討することを可能とする。

3.選挙サイクルの短期的なインセンティブを超える長期的な争点:

　多くの公共政策の争点は、ベネフィットは長期的にしか得られない一方で、コストは短期的に発生することが多いため、難しい決断を迫られる。抽選代表による熟議プロセスは、それら争点への行動と支出を正当化する。抽選代表による熟議プロセスは、政党と選挙に動機付けされた利益を取り除き、公共の利益のために行動しようと参加者を動機付けるよう設計されているからだ。

　しかし、熟議プロセスは万能の方策ではない。この第1章で述べた民主主義やガバナンスの問題をすべて解決できるわけではない。民主主義社会は様々な課題に直面しており、それを解くためには様々な解決策や参加者を必要としている。例えば、政治的包摂と全体としての意思決定の問題を解決するにあたっては、熟議プロセスは十分ではない。前者は、普通選挙という形での政治的平等によってよりよく満たされるし、投票は意思決定へのより広範な参加に有用である(ただし、有権者が持つ情報量が少ないということがしばしば問題となる)。

また、熟議プロセスは、緊急性の高い意思決定や、解決策が限られている意思決定の末期にある問題、国家の安全保障に関わる問題、あるいは、二項対立の問題の解決には適していない。民主的なガバナンスには、それぞれの長所と短所を活かして、目的に応じて異なるメカニズムを用いることが求められる。

表1.1 平等-参加-熟議のトリレンマ

	政治的平等	政治参加	熟議
大衆民主主義（一般参政権）	+	+	-
動員による熟議（選別的招聘）	-	+	+
小社会での熟議（社会代表的抽出）	+	-	+

出典：Fishkin, 2009 岩木訳・曽根監修, 2011.

ジェームズ・フィシュキン（Fishkin, 2009 岩木訳・曽根監修, 2011) が指摘しているように、民主主義の理念の間には「（政治的）平等」「（大規模な）参加」「（意味のある）熟議」というトリレンマがある。これらは民主主義にとって等しく重要であるが、同時に獲得することは極めて困難である。これらの価値のうち2つを実現しようとすると、必然的に3つ目が損なわれてしまう。表1.1に示すように、選挙での投票、住民（国民）投票、参加型プロセス（タウンホールミーティング、オープンな対面式・オンラインフォーラム、参加型予算など）を指す大衆民主主義（マス・デモクラシー）は、平等と参加の理念を実現するが、市民の熟議は実現しない。参加者が自薦または指名方式で選ばれるため、より広い市民を社会的に代表しているわけではない「動員による熟議」は、参加と熟議の理念を実現するが、平等は実現しない。「小社会での熟議」（Microscopic Deliberation）は、少数ではあるが社会代表的なサンプリングを経て人々が参加するもので、平等と熟議という民主主義の理念を実現するものであるが、参加は実現しない。本書では、大規模な参加は熟議の実践だけでは同時に達成できないことを認識した上で、「小社会での熟議」に焦点を当てている。

備考
1 本書では、抽選代表による熟議プロセスを省略して熟議プロセスと呼んでいる。用語の意味をより明確にするために、定義に関する「読者への手引き」をご覧いただきたい。
2 データ収集は OECD 加盟国に限定されておらず、非加盟国からも掲載基準を満たす7つの事例を含めている。これらは注目すべき事例であるため、主要なトレンドを扱う第3章の冒頭で触れている。しかし、比較可能性を考慮して、OECD 加盟国に限定した本書全体の分析では、これらの事例は取り上げていない。

Algan, Yann and Pierre Cahuc (2010) , *Handbook of Economic Growth, Volume 1*.Amsterdam: North- Holland Publishing.

An, Jisun, Daniele Quercia and Jon Crowcrof (2013) , "Fragmented Social Media: A Look into Selective Exposure to Political News" , *WWW 2013 Companion*, DOI:10.1145/2487788.2487807.

Bone, Z., Crockett, J., & Hodge, S. (2006) , "Deliberation Forums: A Pathway for Public Participation" ,in R.J.Petheram, & R.Johnson (Eds.) ,*Practice Change for Sustainable Communities: Exploring Footprints, Pathways and Possibilities* (pp.1-16) ,Beechworth, Australia: The Regional Institute Ltd., https://researchoutput.csu.edu.au/en/publications/deliberation-forums-a-pathway-for-public- participation, accessed on 11 November 2019.

Bouricius, Terrill G. (2013) , "Democracy Through Multi-Body Sortition: Athenian Lessons for the Modern Day", *Journal of Public Deliberation* 9(1): Article 11, https://www.publicdeliberation.net/cgi/viewcontent.cgi?article= 1220&context=jpd, accessed on 11 November 2019.

Bright, Jonathan (2018) , "Explaining the Emergence of Political Fragmentation on Social Media: The Role of Ideology and Extremism", *Journal of Computer-Mediated Communication* 23 (1) : 17-33.

Carson, Lyn and Stephen Elstub (2019) , "Comparing participatory and deliberative democracy" , newDemocracy Research and Development Note, newDemocracy Foundation, https://www.newdemocracy.com.au/ wp-content/uploads/2019/04/RD-Note-Comparing-Participatory- and-Deliberative-Democracy.pdf, accessed 11 November 2019.

Carson, Lyn (2017) , "Deliberation" ,newDemocracy Research and Development Note, newDemocracy Foundation, https://newdemocracy. com.au/wp- content/uploads/2017/03/docs_researchnotes_2017_March_ nDF_RN_20170322_Deliberation.pdf, accessed on 11 November 2019.

Chwalisz, Claudia (2017) , *The People' s Verdict: Adding Informed Citizen Voices to Public Decision- making*, New York: Roman & Littlefield.

Chwalisz, Claudia (2015) , *The Populist Signal: Why Politics and Democracy Need to Change*, New York: Roman & Littlefield.

CIVICUS (2018) , "People Power Under Attack: A Global Analysis of Threats to Fundamental Freedoms" ,https://www.civicus.org/documents/ PeoplePowerUnderAttack.Report.27November.pdf, accessed 17January 2020.

Clarke, Nick, Will Jennings, Jonathan Moss and Gerry Stoker (2014) , *The Rise of Anti-Politics in Britain*, Southampton: University of Southampton.

Davies, Will (2018) , "Why We Stopped Trusting Elites" , *The Guardian*, https://www.theguardian.com/news/2018/nov/29/why-we-stopped-trusting-elites-the-new-populism, accessed on 7 November 2019.

Dryzek, John S.,André Bächtiger, Simone Chambers, Joshua Cohen, James N.Druckman, Andrea Felicetti, James S.Fishkin, David M.Farrell, Archon Fung, Amy Gutmann, Hélène Landemore, Jane Mansbridge, Sofie Marien, Michael A.Neblo, Simon Niemeyer, Maija Setälä, Rune Slothuus, Jane Suiter, Dennis Thompson, and Mark E.Warren (2019) , "The Crisis of Democracy and the Science of Deliberation" , *Science 363* (6432) : 1144-1146.DOI:

10.1126/science.aaw2694.

Dryzek, John S.and Jonathan Pickering (2019) , *The Politics of the Anthropocene*, Oxford: Oxford University Press.

Dryzek, John S.and Stevenson, Hayley (2011) , "Global Democracy and Earth System Governance" , *Ecological Economics* 70 (11) : 1865-74.

Dryzek, John S. (2009) , "Democratization as Deliberative Capacity Building" , *Comparative Political Studies* 42: 1379-1402.

Eatwell, Roger and Matthew Goodwin (2018) , *National Populism: The Revolt Against Liberal Democracy*, London: Pelican.

Edelman (2020) , "Edelman Trust Barometer" ,https://www.edelman.com/trustbarometer, accessed on 8 April 2020.

Elstub, Stephen (2018) , "Deliberation and Participatory Democracy" ,in Bächtiger, André, John S.Dryzek, Jane J.Mansbridge, and Mark Warren (Eds.) , *The Oxford Handbook of Deliberative Democracy*, Oxford: Oxford University Press.

Farrell, David, Nicole Curato, John S.Dryzek, Brigitte Geifssel, Kimmo Grönlund, Sofie Marien, Simon Niemeyer, Jean-Benoit Pilet, Alan Renwick, Jonathan Rose, Maija Setälä, and Jane Suiter (2019) , "Deliberative Mini-Publics Core Design Features" ,Working Paper Series No.2019/5, Centre for Deliberative Democracy & Global Governance, University of Canberra, https://www.governanceinstitute.edu.au/magma/media/upload/ckeditor/files/Deliberative% 20Mini- Publics% 20Core% 20Design% 20Features.pdf, accessed on 11 November 2019.

Fishkin, James (2009) , *When the People Speak: Deliberative Democracy and Public Consultation*, Oxford: Oxford University Press. [岩木貴子訳・曽根泰教監修 (2011) 『人々の声が響き合うとき：熟議空間と民主主義』早川書房]。

Ford, Robert and Matthew Goodwin (2014) , *Revolt on the Right: Explaining Support for the Radical Right in Britain*, Oxford: Routledge.

Fukuyama, Francis (1995) , *Trust: The Social Virtues and the Creation of Prosperity*, New York: Free Press. [加藤寛訳 (1996) 『「信」無くば立たず』三笠書房]

Gallup (2018) , World Poll, https://www.gallup.com/topic/world_poll.aspx.

Gastil, John and Peter Levine (2005) , *The Deliberative Democracy Handbook*, San Francisco: Jossey- Bass. [津富宏・井上弘貴・木村正人監訳 (2013) 『熟議民主主義ハンドブック』現代人文社]

Grönlund, Kimmo, Kaisa Herne and Maija Setälä (2015) , "Does Enclave Deliberation Polarize Opinions ?" , *Political Behaviour* 37: 995-1020.

Goodhart, David (2017) , *The Road to Somewhere: The Populist Revolt and the Future of Politics*, London: C.Hurst & Co.Publishers.

Habermas, Jurgen (1981) , *Theorie des kommunkativen Handelns*, Frankfurt: Suhrkamp Verlag. [河上倫逸、M.フーブリヒト、平井俊彦訳 (1985-1987) 『コミュニケイション的行為の理論（上、中、下）』未来社]

Hansard Society (2019) , "Audit of Political Engagement 16: The 2019 Report" ,Hansard Society, https://www.hansardsociety.org.uk/publications/reports/audit-of-political-engagement-16, accessed on 30 October 2019.

Hibbing, John R.and Elizabeth Theiss-Morse (2002) , *Stealth Democracy: Americans' Beliefs About How Government Should Work*, Cambridge: Cambridge University Press.

Inglehart, Ronald and Christian Welzel (2009) , "How Development Leads to

Democracy: What We Know About Modernization", *Foreign Affairs* 88 (2) : 33-48,https://papers.ssrn.com/sol3/papers.cfm?abstract_id=2391678, accessed on 30 October 2019.

Inglehart, Ronald and Christian Welzel (2005) ,Modernization, Cultural Change, and Democracy: The Human Development Sequence, Cambridge: Cambridge University Press.

Knobloch, Katherine R., Michael L.Barthel, and John Gastil (2019) , "Emanating Effects: The Impact of the Oregon Citizens' Initiative Review on Voters' Political Efficacy" , *Political Studies* 2019: 1-20.

Landemore, Hélène (2012) , *Democratic Reason: Politics, Collective Intelligence, and the Rule of the Many*, Oxford: Princeton University Press.

Latour, Bruno (2018) , *Down to Earth : Politics in the New Climatic Regime*, Translated by Cathy Porter, London : Polity Press.[川村久美子訳・解題 (2019) 『地球に降り立つ : 新気候体制を生き抜くための政治』 新評論]

MacLeod, Peter (2018) , "Inclusive Governance and Public Trust" ,Presentation at OECD Innovation Conference November 2018, https://drive.google.com/file/d/1EsByFXNZOe9XSKM0UQbz7xbX0u074g iR/view, accessed on 30 October 2019.

Mansbridge, Jane, James Bohman, Simone Chambers, Thomas Christiano, Archon Fung, John Parkinson, Dennis F.Thompson, and Mark E.Warren (2012) , "A Systemic Approach to Deliberative Democracy" ,in Parkinson, John and Jane Mansbridge (Eds.) , *Deliberative Systems: Deliberative Democracy at the Large Scale*, Cambridge: Cambridge University Press.

Mansbridge, Jane J. (1980) , *Beyond Adversary Democracy*, New York: Basic Books.

Matthews, D. (1999) , *Politics for People*, Urbanna, IL: University of Illinois Press.

Mercier, Hugo and Hélène Landemore (2012) , "Reasoning Is for Arguing: Understanding the Successes and Failures of Deliberation, " *Political Psychology* 33 (2)。

Mercier, Hugo and Dan Sperber (2019) ,*The Enigma of Reason*, London : Harvard University Press.

Neblo, Michael, K.M.Esterling, and D.M.J.Lazer (2018) , *Politics with the People: Building a Directly Representative Democracy*, Cambridge: Cambridge University Press.

newDemocracy Foundation and United Nations Democracy Fund (2019) , *Enabling National Initiatives to Take Democracy Beyond Elections*, Sydney: newDemocracy Foundation, https://www.newdemocracy.com.au/wp-content/uploads/2018/10/New-Democracy-Handbook-FINAL- LAYOUT-reduced.pdf, accessed on 30 October 2019.

Norris, Pippa and Ronald Inglehart (2019) , *Cultural Backlash: Trump, Brexit, and Authoritarian Populism*, Cambridge: Cambridge University Press.

OECD (2019a) , *Beyond Growth: Towards a New Economic Approach*, Report of the Secretary General' s Advisory Group on a New Growth Narrative, http://www.oecd.org/naec/averting-systemic- collapse/SG-NAEC (2019) 3_Beyond% 20Growth.pdf.

OECD (2019b) , *OECD Employment Outlook 2019: The Future of Work*, OECD Publishing, https://doi.org/10.1787/9ee00155-en.

OECD (2019c) , *Under Pressure: The Squeezed Middle Class*, OECD

Publishing, https://doi.org/10.1787/689afed1-en

OECD (2018a) , *OECD Employment Outlook 2018*, OECD Publishing, https://doi.org/10.1787/empl_outlook2018-en.

OECD (2018b) , *Risks that Matter: Main Findings from the 2018 OECD Risks that Matter Survey*, OECD Publishing, https://www.oecd.org/els/soc/Risks-That-Matter-2018-Main-Findings.pdf.

OECD (2017a) , *Recommendation of the Council on Open Government*, https://legalinstruments.oecd.org/en/instruments/OECD-LEGAL-0438.

OECD (2017b) , *Trust and Public Policy: How Better Governance Can Help Rebuild Public Trust*, OECD Public Governance Reviews, OECD Publishing, Paris, https://doi.org/10.1787/9789264268920-en.

OECD (2016) , *Open Government: The Global Context and the Way Forward*, Paris : OECD Publishing.

OECD (2015) , *Trust in Government*, Paris: OECD Publishing, https://www.oecd.org/gov/trust-in- government.htm.

Open Data Institute (2020) , *Becoming More Open: The View From Four European Cities*.London: Open Data Institute, https://theodi.org/wp-content/uploads/2020/03/2020-03-P19_Becoming-more-open_- The-view-from-four-European-cities.pdf, accessed on 9 April 2020.

Owen, David and Graham Smith (2015) , "Survey Article: Deliberation, Democracy, and the Systemic Turn" , *Journal of Political Philosophy* 23 (2) : 213-234, https://onlinelibrary.wiley.com/doi/full/10.1111/jopp.12054, accessed on 11 November 2019.

Parkinson, John and Jane Mansbridge (Eds.) (2012) , *Deliberative Systems: Deliberative Democracy at the Large Scale*, Cambridge: Cambridge University Press.

Pateman, Carole (2012) , "Participatory Democracy Revisited" , *Perspectives on Politics* 10 (1) : 7-19, https://www.cambridge.org/core/journals/perspectives-on-politics/article/participatory-democracy- revisited/A6D459 BB654AD3AA9152FDDC682AC364.

Pateman, Carole (1970) , *Participation and Democratic Theory*, Cambridge : Cambridge University Press. [寄本勝美訳 (1977)『参加と民主主義理論』早稲田大学出版部]

Pew Research Centre (2015) , "Trust in Government: 1958-2015" ,U. S.Politics ＆ Policy, https://www.people-press.org/2015/11/23/1-trust-in-government-1958-2015/,accessed on 14 November 2019.

Piketty, Thomas (2018) , "Brahmin Left vs Merchant Right: Rising Inequality and the Changing Structure of Political Conflict (Evidence from France, Britain and the US, 1948-2017)" ,World Inequality Lab Working Paper, Series no.2018/7, http://piketty.pse.ens.fr/files/Piketty2018.pdf, accessed on 14 November 2019.

Schecter, David and Brian Sullivan (2018) , "Beyond Mini-Publics Alone, " newDemocracy Research and Development Note, newDemocracy Foundation, https://www.newdemocracy.com.au/wp- content/uploads/2018/02/docs_researchnotes_2018_February_nDF_RN_20180215_BeyondMiniPubli csAlone.pdf, accessed on 11 November 2019.

Snower, Dennis J. (2018) , "Beyond Capital and Wealth" ,Economics 12 (2018-21) : 1-10.

Suiter, Jane and Richard Fletcher (2020) , "Polarization and Partisanship: Key Drivers of Distrust in Media Old and New ?" , *European Journal of Communication*, https://doi.org/10.1177/0267323120903685.

Suiter, Jane (2018) , "Deliberation in Action — Ireland' s Abortion Referendum" , *Political Insight*, September 2018: 30-32, https://journals.sagepub.com/doi/pdf/10.1177/2041905818796576, accessed on 14 November 2019.

Taylor, Matthew (2019) , "Rebalancing the policy and politics arms race" ,RSA, https://www.thersa.org/discover/publications-and-articles/matthew-taylor-blog/2019/05/rebalancing- the-policy-and-politics-arms-race, accessed on 30 October 2019.

Ugarizza, J.E., Didier Caluawerts (2014) , *Democratic Deliberation in Deeply Divided Societies: From Conflict to Common Ground*, London: Palgrave Macmillan.

Webb, Paul (2013) , "Who is Willing to Participate ? Dissatisfied Democrats, Stealth Democrats and Populists in the United Kingdom" , *European Journal of Political Research* 52 (6) ,DOI: 10.1111/1475- 6765.12021.

Yankelovitch, Daniel (2001) , *The Magic of Dialogue: Transforming Conflict into Cooperation*, New York: Touchstone.

2 熟議プロセスの様々なモデル

イェヴァ・チェスナリティーテ

> 抽選代表による熟議プロセスのモデルは、世界中で数多く開発され、検証されてきた。それらは、4つの目的によって分類することができる。
> (1) 政策課題に対する十分な情報に基づく市民の提言形成
> (2) 政策課題に対する市民の意見の把握
> (3) 住民投票にかけられる法案の評価
> (4) 常設の抽選代表による熟議機関モデル
> 本章の前半では、抽選代表による熟議プロセスの12のモデルを、目的別に紹介する。紹介されているのは、以下のモデルである。市民議会、市民陪審／パネル、コンセンサス会議、計画細胞、G1000、市民カウンシル、市民ダイアローグ、討論型世論調査、世界市民会議、市民イニシアティブ・レビュー、東ベルギーモデル、市民監視委員会の12種類である。
> 本章の後半では、目的、複雑性、課題などに応じたモデルの選び方について概説する。最後に、異なるモデルの特徴の組み合わせについての考察を行う。

2.1 本章の対象

本章では、本書のために収集した新たな実証研究と広範な理論研究をもとに、抽選代表による熟議プロセス（略称：熟議プロセス）の12のモデルを、目的に応じて4グループに分けて紹介する。また、その設計上の特徴を定義し、目的、複雑性、課題、その他の要因によって異なるモデルを選択する方法について概説する。

長年にわたり、政策立案者、学識経験者、市民社会が一体となって、抽選代表による熟議プロセスの数多くのモデルが世界中で開発され、実証され、導入されてきた。その普及に伴い、国によって名称が異なるモデルもあるが、本質的に類似していることに変わりはない。例えば、カナダのリファレンス・パネルとオーストラリアの市民陪審は、名称の違いこそあれ、同じモデルに分類さ

れる。このような違いは、政治文化や歴史にも起因するものであり、関連する
チャプターで説明されている。

　全体として熟議モデルの選択は、これまでのところ、モデルへの親しみやす
さや使用経験に依存しており、国によって特定のモデルが好まれる傾向にある。
しかし、これらのモデルが広く使用されていることは、その普遍性と異なる国
や地域の文脈における潜在的な適用可能性を示している。

　本章で紹介する熟議モデルは、必ずしも網羅的なものではない。各モデルは、
質の高い抽選代表による熟議プロセスの本質的なフェーズである、学習、熟議、
集団的提言の作成を共有している。

　本書で紹介する抽選代表による熟議プロセスの実証例は、以下の3つの原則
を満たしている。①公的機関の依頼であること、②参加者が無作為に選ばれ、
人口統計学的に層化されていること、③1日以上の対面熟議が行われることで
ある。

2.2　12のモデルの概要

　モデルは目的によって4グループに分類できる。

1. 政策課題に対する十分な情報に基づく市民の提言形成：このプロセスでは、
   市民が熟考し、詳細な集団的提言を作成するための十分な時間とリソース
   を確保するため、より多くの時間（平均で最低4日間、多くの場合はそれ
   以上）を必要とする。このプロセスは、多くのトレードオフ（異なる立場
   での折り合い）を伴う複雑な政策課題や、政治的な行き詰まりを抱える問
   題に対して特に有効である。

2. 政策課題に対する市民の意見の把握：このプロセスは、代表性と熟議の原
   則を尊重しながらも、最初のカテゴリーよりも短い時間で、政策課題に関
   してより熟考された市民の意見を意思決定者に提供するものである。時間
   的な制約があるため、その結果は、情報に基く市民の提言を目的としたプ
   ロセスよりも詳細ではない。

3. 住民投票にかけられる法案の評価：このプロセスでは、代表性を有する市
   民グループが、投票に先立ち有権者に配布する投票案件の賛否の論拠を一
   般市民に提供することができる。

4. 常設の抽選代表による熟議機関：これらの新しい制度的取り決めにより、抽選
　　代表による市民の熟議が継続的に公的な意思決定に反映されるようになる。

図2.1 抽選代表による熟議プロセスの目的別類型

出典：OECD Database of Representative Deliberative Process and Institutions（2020）のデータに基づいて著者が作成

表2.1 抽選代表による熟議プロセスの12のモデル

	パネルあたりの平均参加者数	平均会議時間（日）	初回から最終回までの平均時間	プロセスに使用された回数（パネル）	開催国	結果	政策課題に現在まで取り組んだ課題
政策課題に対する十分な情報に基づく市民の提言形成							
1.市民議会	90	18.8	47週	6 (6)	カナダ アイルランド	詳細な集団的提言	選挙制度改革、制度構築、憲法問題
2.市民陪審／パネル	34	4.1	5週	115(168)	オーストリア オーストラリア ベルギー、カナダ フランス ポーランド スペイン、イギリス アメリカ、カナダ	集団的提言	トピックは多岐にわたる。一般的なもの：インフラ、保健衛生、都市計画、環境 継続中のプロセスは、公的機関が必要な場合、様々な質問に対して意見を提供することを義務付けられている
a) 連続した会議	30	3.4	0週	23 (40)			
b) 連続しない会議	35	4.1	7週	90 (26)			
c) 継続中	32	11	2年	2 (2)			
3.コンセンサス会議	16	4.0	2週	19 (19)	オーストラリア オーストリア デンマーク フランス ノルウェー イギリス	集団的提言	新技術、環境、保健衛生
4.計画細胞	24	3.2	0週	57(247)	ドイツ 日本	集団的報告／市民報告	都市計画に最もよく使われるが、他のトピックにも使われる
政策課題に対する市民の意見の把握							
5.G1000	346	1.7	4週	12 (12)	オランダ スペイン	提案への投票	戦略的計画：都市の将来像の策定

6.市民カウンシル	15	1.7	1週	14 (24)	オーストリアドイツ	集団的提言	様々なトピック、最も一般的なもの：環境、戦略的計画
7.市民ダイアローグ	148	2.1	4週	38 (112)	世界	幅広いアイデア／提言	様々なトピック、多くの場合、一度に複数のトピックを扱う
8.討論型世論調査	226	1.6	0週	14 (15)	アルゼンチンオーストリアブラジル、中国イタリア、日本韓国、モンゴルアメリカ	調査の意見や意見変化	様々なトピック
9.世界市民会議	120	1	0週	4 (150)	世界	提案への投票	地球規模での環境問題

住民投票にかけられる法案の評価

10.市民イニシアティブ・レビュー	22	4.4	0週	8 (8)	アメリカ	重要な要素・事実	様々なトピック

常設の抽選代表による熟議機関

11.東ベルギーモデル	24	—	1.5週	1 (1)	ベルギー	集団的提言	議題を設定し市民パネルの開始を義務付ける
12.市民監視委員会	49	8	1年	1 (1)	スペイン	市民提案の決定	市民提案の評価と住民投票への提案の義務付け

注：この表は、OECD加盟国および非加盟国から収集した289件（763の個別審議パネル）のデータに基づいて、著者らが計算したものである。計画細胞の初回から最終回までの平均期間は、データ不足のため例外としている。この例では、ドイツで計画細胞を実施している主要機関であるネクサス研究所に相談した。市民陪審／パネルの平均開催期間には、進行中のプロセスは含まれていない。
出典：OECD Database of Representative Deliberative Process and Institutions（2020）

2.3　政策課題に対する十分な情報に基づく市民提言

●市民議会（Citizens' Assembly）

　市民議会は、抽選代表による熟議プロセスの最も強固で精巧なモデルとしてみなされている（Escobar and Elstub, 2017）。これは、2000年代初頭にカナダで初めて導入された。2004年にブリティッシュ・コロンビア州で、2006年にオンタリオ州で、選挙制度改革の問題に対処するために開催された。最初の市民議会は、ブリティッシュ・コロンビア州の新しい選挙制度の設計に、（政党の忠誠心に影響される可能性のある）政治エリートではなく、一般市民が貢献できるプラットフォームへのニーズに応えて組織されたものであった。

　本章で取り上げる市民議会は、制度構築や憲法改正に関わる問題に取り組む

ために利用されることがほとんどであった。また、政治的緊張下で利用される傾向がある。例えば、2016 〜 2018年のアイルランド市民議会 は、同性婚と中絶という長年未解決だった争点に関する政治的・社会的分断を解決するために設立された。2019 〜 2020年のフランスの気候変動に関する市民議会は、社会の変動への回答であり、黄色いベスト運動の直接的な成果であり、その最初の対応である国民大討論の続編であった。

　市民議会が用いられる理由は、他の抽選代表による熟議モデルよりも参加者が多く、期間も長い傾向があるからだ。市民議会 は平均して90人の市民（36人から161人、ただし6つの事例のうち4つは99人以上）を集め、18.8日間にわたって開催される。週末に何度も開催されるのが一般的である。OECDが収集した事例では、平均的な開催期間は約11カ月である。

　まず、市民が政策課題に精通し、専門家、ステークホルダー、影響を受けるグループから提示される様々な視点を検討する学習段階から始まる。そこでは、様々な人が参加者に直接説明し、彼らの質問に答える。また、市民が、情報が不足していると感じたり、追加の説明が必要な場合には、専門家やステークホルダーに追加で情報を要求できるのが一般的である。これは、主催者が必要に応じて追加の専門家を招き、追加情報を準備するために、会議が何週間にもわたって行われる傾向がある理由の一つである（詳しくは第4章を参照）。

　多くの場合、この目的のために多様な情報と証拠を準備することを委任された研究者からなる独立した諮問グループが、集会の前に結成される。また、市民議会参加者は、市民ヒアリングの開催やオンライン投稿の呼びかけ、あるいは協議会準備のために行われた様々な市民相談や参加プロセスから、他の市民からのインプットを考慮する。

　学習と相談の後、参加者による熟議が行われ、エビデンスが議論され、選択肢とトレードオフが評価され、集団で提言が作成される。このプロセスは、参加者全員が自分の意見を述べる機会を最大化するよう慎重に設計されており、公平な、訓練を受けたファシリテーターが主導する。

　最終的にまとめられた提言案に対し、参加者全員による投票が、通常は多数決によっておこなわれ、詳細な報告書が作成される。また、多くの場合、多数決で合意できなかった他の少数意見による報告書が作成される。最終提言は一

般に公開され、政府当局に提出される。政府当局は提言に対応し、参加者や広く一般にフィードバックする。

　市民議会は長時間に及び、他の種類のプロセスよりもメディアの注目を集めるのが一般的である。市民議会のメンバーがアクセスする学習教材や情報はすべて公開されるため、この抽選代表による熟議モデルは、選ばれた市民議会のメンバーのグループをはるかに超えて重要な政策課題について広く情報に基づいた熟議を促すことで、広範な情報による議論を充実させる機会を生み出す（Suiter, 2018; Fournierほか、2011;Warren & Pearse, 2008）。

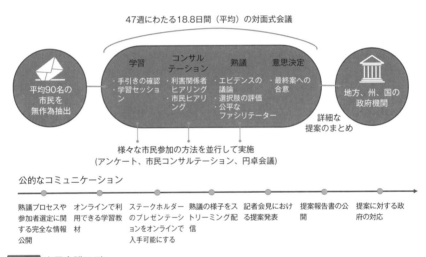

図2.2 市民会議モデル

出典：OECD Database of Representative Deliberative Process and Institutions（2020）のデータに基づいて著者が作成

事例 2.1　アイルランド市民議会（2016年〜2018年）

　アイルランド市民議会 は、無作為に選ばれた100人の市民メンバーが、中絶に関する憲法修正第8条、高齢化、国民投票プロセス、議会任期固定制、気候変動という5つの重要な法律・政策課題について検討した。同集会の提言は、さらなる議論のために国会に提出された。その提言に基づき、政府は憲法修正第8条の改正を国民投票にかけ、気候変動緊急事態を宣言した。

　詳しくはこちら:https://www.citizensassembly.ie/en/

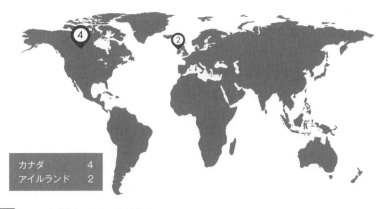

カナダ　　　　　4
アイルランド　　2

図2.3 OECD加盟国における市民議会

注：この文書およびここに含まれる地図は、いかなる領土の地位または主権、国際的な境界線および
境界の画定、ならびにいかなる領土、都市または地域の名称をも害するものではない。
出典：OECD Database of Representative Deliberative Process and Institutions（2020）

●市民陪審／パネル（Citizens' Jury/Panel）

　政府のあらゆるレベルで利用されている市民陪審や市民パネルは、幅広い政
策課題、最も一般的なものはインフラ、保健衛生、都市計画、環境、公共サー
ビスを扱うために開始されている。そのほとんどはアドホックなものであるが、
継続的なパネルという制度化されたモデルもある。トロント計画レビューパネ
ル（事例2.2）とトロント大都市圏メトロリンクス交通パネルである（両者に
関する詳細は、制度化に関する第6章を参照のこと）。

　市民陪審や市民パネルは、市民議会と同様に学習、熟議、意思決定の段階を
経るが、より簡潔である。今日まで、抽選代表による熟議モデルの中で最も採
用されており、時間の経過とともに3つの主要なサブカテゴリーが出現してきた。

1．連続した日程で行われる

2．会議日が何週間にわたって分散して設定される

3．長い期間（例えば2年間）にわたって継続的に行われる

　市民陪審や市民パネルは、しばしば市民陪審に先行する、あるいは並行して
行われる他の豊富な市民参加の実践と組み合わされてきた。これには、地域集会、
社会調査に加え、提案、諮問委員会、地域討議、パブリック・コンサルテーショ
ン、フォーカスグループ、近隣住民会議などのためのオンライン募集が含まれる。

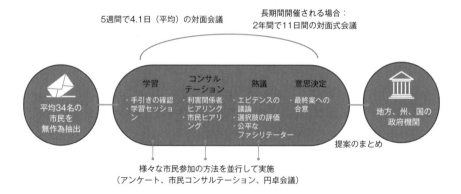

図2.4 市民陪審・パネルモデル

出典：OECD Database of Representative Deliberative Process and Institutions（2020）のデータに基づいて著者が作成

連続した日程で行われたプロセス

　市民陪審は、1971年にNed Crosbyとジェファーソン・センターによって米国で開発された。Ned Crosbyは、社会倫理に関する博士論文を書いているときにこれを考案した。彼の目的は、市民が公共政策に関する問題を議論したり、立候補者を評価したりする際に、市民の理性と共感を高めるプロセスを考案することだった（ジェファーソン・センター資料に基づく）。当初の設計と方法は厳格なモデルに従っており、他国で市民陪審と呼ばれている多くのプロセスは、当初のモデルのような厳格な設計基準に従っていないため、いくつかの混乱を引き起こしている。

　ジェファーソン・センターの市民陪審の特徴は、通常12人から24人と平均より小規模であること、通常3日から6日間連続して行われることである（ジェファーソン・センター）。この手法は米国で開発されたものであるが、オーストラリア、カナダ、デンマーク、フランス、韓国、スペイン、イギリスをはじめ、他の地域でも模倣されている。

会議が何週間にもわたって行われるようなプロセス

　一方、カナダではMASS LBPが開拓したリファレンス・パネルと呼ばれる同様のプロセスが、2000年代後半にブリティッシュ・コロンビア州とオンタリオ州で行われた市民議会の経験から発展している。同じ時期に（当時は互い

に意識することなく）、オーストラリアのニューデモクラシー財団は、MASS LBPと同様の熟議モデルを別途開発しており、そのプロセスを市民陪審と呼んでいた。

カナダやオーストラリアのリファレンス・パネルや市民陪審は、参加者の人数が多く（通常36〜45人程度）、会議も週末に何度も開かれる傾向があるが、これは学習過程と質の高い熟議のために重要であるという見解に基づくものである。また、新しく厳密な2段階法の無作為抽出手法も始まった。MASS LBPはそれを表現するために「シビック・ロッタリー」という造語を作り、現在では広く使われている。シビック・ロッタリーは、無作為に選出された人に多数（通常1万〜2万）の手紙を郵便で送るという最初の段階を含むものである。この手紙には、リファレンス・パネルまたは市民陪審への招待状が含まれており、多くの場合、それを委託する公的機関が署名し、目的、任務、期間、会議の日程、よくある質問などの重要な情報が記載されている。この招待状に応じた人の中から、第二段階として、最終的なグループの構成が社会の幅広い層を反映するように、人口統計学的な層化を行って無作為抽出を行う。このプロセスの詳細は、MASS LBPのハンドブック『シビック・ロッタリーの運営方法（How to Run a Civic Lottery）』（2017年）に掲載されており、第4章で詳しく説明する。

英国では、ジェファーソン・センターのアプローチに近い市民陪審と呼ばれるプロセスの利用が、1990年代後半から2000年代前半にかけてピークに達した。しかし、これらのプロセスは、そのデザインの完全性とインパクトの点で特に評価されておらず、2008年の金融危機の頃、その利用は多かれ少なかれ停止した（Chwalisz, 2017）。政策立案者は10年近くこの手法を無視した。2010年代後半に英国で熟議の波が再び盛り上がったとき、それまで使われていた市民陪審という言葉には否定的な意味合いが含まれていた。実際には他の場所で実践されている市民陪審やリファレンス・パネルに近いプロセスにも関わらず、最近のプロセスの多くで市民議会が使用されるのは、本章で述べた市民議会の歴史的な特徴のためと考えられる。

英国の事例では、実践者によって、ジェファーソン・センターのモデルに近いものもあれば、MASS LBP/ニューデモクラシー財団のアプローチに近いものもある。ただし、英国では2019年以前はシビック・ロッタリーは使われてい

なかった。2019年、英国の「民主主義における革新」プログラムが開始され、これを通じて市民陪審モデルが全国のいくつかの地方レベルの熟議プロセスで実施されている。

　また、ポーランドで行われている市民パネル（panel obywatelski）は、カナダのMASS LBPやオーストラリアのニューデモクラシー財団の実践に近いものがあるが、規模はやや大きい（60名程度）傾向にある。参加者はシビック・ロッタリーで選ばれ、会議も何週間にもわたって行われる。英語では、ポーランドのプロセスはしばしば市民議会として引用・参照されるが、本研究では、そのデザインの類似性から市民陪審／パネルモデルに分類している。

　市民陪審/パネルの特徴を満たすプロセスを表す言葉として、他にコミュニティ・パネル、市民パネルという言葉も使われている。英語圏以外の国では、他のバリエーションもある。

もっと長い期間（例えば2年間）の継続的なパネル

　最後に、3つ目のサブカテゴリである市民陪審/パネルは、1つの政策領域に関連する複数の問題について、より長期間、継続的に行われる抽選代表による熟議機関を指す。2020年初頭、カナダでのみ利用されており、MASS LBPが運営している。平均参加者数（約30名）、シビック・ロッタリーによる選出、徹底した学習の段階、熟練のファシリテーターによる司会進行、最終的な政策立案者への情報提供など、リファレンス・パネルと同じ特徴を持つ。

　本研究では、このような継続的な熟議機関の例として、トロント・計画検討パネル（TPRP）2015-2017を紹介する。また、2017年から2019年にかけては、無作為に選ばれたトロント市民の新しいパネルで第2回が繰り返された。TPRPの権限は、市のチーフプランナーおよび計画課に対して、計画課題に関する情報に基づいたインプットを定期的に提供することである。2020年初頭の執筆時点では、地域公共交通当局であるメトロリンクスの委託により、トロント大都市圏およびハミルトン地域の交通問題について同様の特徴を持つパネルが運営されている。

　実践家や研究者の間で用語について多くの議論や混乱があったことは理解できる。なぜなら、同じ用語が異なるプロセスに適用され、主に異なる政治的背景によって推進されたからである。こうした違いを認めたうえで、OECDは、

より正確な比較分析を可能にするために、呼び名に関わらず、類似したデザイン特性を持つプロセスをグループ化することを試みた。このため、「市民議会」と呼ばれていた5つのプロセス（英国の3つとカナダの2つ）[注1]は、本書の熟議モデルの分析においては「市民陪審／パネル」に再分類された（方法論の詳細については付属資料Bを参照）。

事例 2.2　市民陪審／パネルの例

連続した日程で開催された市民陪審・パネル

英国で行われた「フォレストオブディーン地区市民陪審（2018）」。国民保健サービス機関が委託した市民陪審は、病院建設予定地を住民が評価し、市民のニーズに最も適した病院を選択する機会を提供するものであった。

詳しくはこちら：https://jefferson-center.org/forest-of-dean-citizens-jury/

数週間に渡って開催される市民陪審／パネル

オーストラリアのメルボルン市民パネル（2014）は、無作為に選ばれた43人の市民に、メルボルン市の10年財政計画に貢献し、資源配分に関する提言を行う機会を提供した。これは、熟議プロセスに開放された市の予算としては最大のもので、4億オーストラリアドルに達した。

詳しくはこちら：https://www.newdemocracy.com.au/2014/08/05/city-of-melbourne-people-s-panel/

継続した市民陪審／パネル　トロント・プランニング・レビュー・パネル（2015~2017年）

トロント市計画審査委員会は、市の計画部門に組み込まれた継続的な熟議機関であり、計画や交通の問題に関して市民の意見を継続的に取り入れることができた。メンバーは2年の任期で、任期終了後はトロント大都市圏を代表する新たなメンバーが無作為に選出された。トロント大都市圏のあらゆる地域から無作為に選出された28人の住民のグループが、2015年から2017年にかけて11回の終日会議に参加した。熟議に先立ち、参加者は4日間の学習とトレーニングのために集まった。2017年から2019年にかけても同様のパネルが任命され、今度は無作為に選ばれた32人の市民から構成された。

詳しくは、こちら（http://bit.ly/3brvnxv）を参照。

注1：評議員の雇用と報酬に関するレスブリッジ市民議会、プリンスエドワード郡市民議会、社会的ケアに関する市民議会、気候危機に関するカムデン市民議会、ウェールズの国民議会

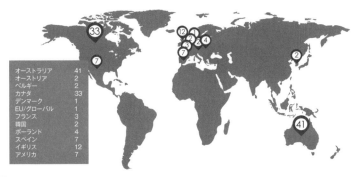

オーストラリア　41
オーストリア　　2
ベルギー　　　　2
カナダ　　　　 33
デンマーク　　　1
EU/グローバル　1
フランス　　　　3
韓国　　　　　　2
ポーランド　　　4
スペイン　　　　7
イギリス　　　 12
アメリカ　　　　7

図2.5 OECD加盟国における市民陪審・パネル

出典：OECD Database of Representative Deliberative Process and Institutions（2020）

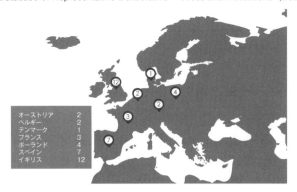

オーストリア　2
ベルギー　　　2
デンマーク　　1
フランス　　　3
ポーランド　　4
スペイン　　　7
イギリス　　 12

図2.6 OECD加盟国における市民陪審員・パネル：欧州

出典：OECD Database of Representative Deliberative Process and Institutions（2020）

●コンセンサス会議（Consensus Conference）

　コンセンサス会議は、1987年にデンマーク技術委員会によりデンマークで開発された。1960年代に米国で生まれた技術評価のモデルがベースになっており、当時は熟議を行う専門家の選定を市民が引き受けていたため、市民熟議の要素は含まれていない。

　本書で紹介するコンセンサス会議のモデルでは、無作為に選ばれた平均16人の市民が、通常金曜日から月曜日までの4日間集まる傾向にある。準備期間である週末は、学習段階に充てる。参加者は政策課題を深く掘り下げ、科学者、実践家、政策立案者からなる専門家パネルに尋ねたい質問を特定する。会議の初日には、専門家パネルが見解を発表し、市民がパネルの立ち位置に対して質

問する（The Danish Board of Technology, 2006）。

　その後、半日かけて、市民による熟議、提言の執筆となる。コンセンサス会議の特徴は、通常、市民が作成する提言について、合意を得ることが求められていることである。100％コンセンサスに達した点は示される。最終日には、専門家や政治家の前で、市民が提言を発表する。

　この設計により、専門家から市民へ即座に回答が届き、市民の提案が議論されることになる。さらに、最終段階では、報道関係者や社会の幅広いメンバーにも参加を呼びかけ、市民の提言を公開し、より広い熟議や議論に展開している。

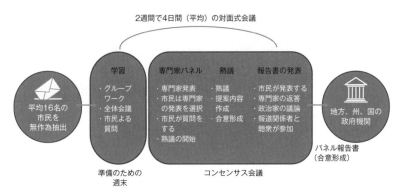

図2.7 コンセンサス会議モデル

出典：OECD Database of Representative Deliberative Process and Institutions（2020）のデータに基づいて著者が作成

　現在までに、このモデルは、新技術、保健衛生、環境に関する政策課題に取り組むために、世界中で50回以上使用されている（The Loka Institute, 2013）。本調査では、3つの基準（インパクト、代表性、熟議）をすべて満たしたコンセンサス会議のみを対象としている。

事例 2.3　コンセンサス会議：食物連鎖における遺伝子技術（1999年）

　無作為に選ばれた14人の市民が、食品生産における遺伝子技術の利用について意見を述べ、コンセンサスを得た。市民は、遺伝子組換え食品の表示を保証する遺伝子技術機関の設立を提言した。さらに、遺伝子組み換え食品を販売する企業にはライセンス料を課すことを提言した。

　詳細については、http://www.abc.net.au/science/slab/consconf/dinner.htm を参照。

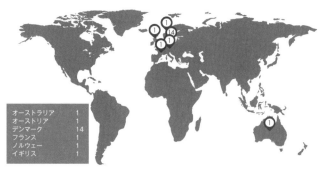

図2.8 OECD加盟国における コンセンサス会議

出典：OECD Database of Representative Deliberative Process and Institutions（2020）

●計画細胞（Planning Cell）

　計画細胞は、1970年代にドイツのヴッパータール大学でPeter Cristian Dienelが開発した抽選代表による熟議プロセスモデルで、以来、都市計画問題を中心に、さまざまな政策課題を解決するために地方や地域のレベルで利用されている。Peter C.Dienelは、行政と市民が一方的な関係であることに着目し、市民が意見を述べ、意思決定に参加するためのツールとして計画細胞を考案した。このモデルの特徴は、大体、多数の計画細胞が並行して進行し、時に同じ包括的な問題に対して異なる要素を検討する点である。

　計画細胞は日本でも応用され、主に市町村レベルで利用されており、市民討議会と呼ばれている（Nagano 2020）。しかし、日本のモデルは、通常、一度に1つの計画細胞しか実施されないという特殊なものである。

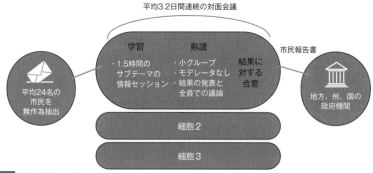

図2.9 計画細胞モデル

出典：OECD Database of Representative Deliberative Process and Institutions（2020）のデータに基づいて著者が作成

計画細胞は通常、無作為に選ばれた24人の市民が3.2日間連続で集まり、議論された政策課題に対する集団的見解である市民レポートを作成する。また、抽選代表による熟議プロセスの中核となる段階（学習、熟議、意思決定）に従っている。学習段階の構造が明確に定義されており、主要な政策課題に関連するさまざまなサブトピックに特化した1.5時間の情報提供のセッションが行われる（Nexus, 2019）。

また、計画細胞では、参加者がファシリテーターなしで小グループで熟議するため、市民熟議に関してはある程度の柔軟性がある。この点は、熟練したファシリテーターを必要とする市民議会や市民陪審／パネルと大きく異なる点である。熟練したファシリテーターがいないことで、計画細胞の開催費用は安くなるが、より自信に満ちた個人が議論を支配しないとも限らないので、熟議の質に対する課題もある。

本調査における計画細胞の平均開催期間は3.2日で、多くは4日以上であるが、2日間という短期間の計画細胞も数多く存在する。このような例は、あまり複雑でない政策課題を扱う傾向があり、したがって、より短い期間の学習と熟議の後の結果は、先述した熟議プロセスの目的の2番目のカテゴリーである政策課題に対する市民の意見に近いと思われる。

事例 2.4　計画細胞の例

ヴッパータール市民のためのケーブルカー（2016年）

　無作為に選ばれた48人の市民が、ケーブルカー建設の可能性を議論するために集められた。市民は丸4日間にわたって会合を開き、学習と熟慮に努めた。そして、ケーブルカー建設に対する賛否両論を挙げ、最後に地元政府に対して、政策決定の前に徹底した費用対効果分析と資金調達の選択肢を提案した。

　詳細については
https://www.wuppertal.de/microsite/buergerbeteiligung/abgeschlossene_projekte/content/seilbahn.phpを参照。

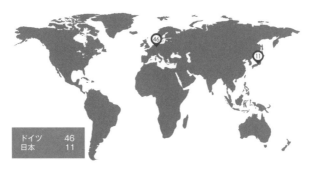

ドイツ　　46
日本　　　11

図2.10 OECD加盟国における計画細胞

出典：OECD Database of Representative Deliberative Process and Institutions（2020）

2.4　政策課題に関する市民の意見を把握するためのモデル

●G1000

　G1000は、市民が集団で自治体の広範なビジョンを策定したり、特定の問題に対処したりするためのプラットフォームとして設計された熟議モデルである（G1000, 2019）。オランダが発祥で、2011年にベルギーで行われたG1000のプロセス（このモデルとは全く異なり、ボトムアップの草の根的な取り組みとして開発された）に発起人が触発されたものである。現在までに、オランダとスペインの地方公共団体で利用されている。

　G1000のプロセスは、市民サミット、市民フォーラム、市民会議の3つのフェーズを経て、市民決定に至るというものである。参加者の75％は市民であり、残りの25％は公務員や政治家、企業人である（4章参照）。

図2.11 G1000 モデル

出典：OECD Database of Representative Deliberative Process and Institutions（2020）のデータに基づいて著者が作成

　第1段階の市民サミットでは、無作為に選ばれた150 〜 1000人の市民が丸一日かけて集まり、事前に議題を設定せず、参加者主体で進める。参加者はオープンな対話を行い、共同ビジョンを作成し、問題に対するさまざまな解決策を定義する。

　第2段階の市民フォーラムでは、夕方複数回、市民サミットのアイデアをもとに、参加者が小グループに分かれて具体的な提案に至るまで共同作業を行う。この段階では、参加者はさまざまな方法で専門知識を集める。各グループの作業は、自治体のすべての住民の反応や応答を受け入れることができる。

　最後に、1日かけて行われる市民会議で、各ワーキンググループから出された最終案を熟議し、全体が納得する案を決定する。

　市民決定に提案を盛り込むには過半数の投票が必要である。熟議と投票の最終結果は、参加者全員が署名した上で、地方議会または地域議会の議長に手渡される（G1000, 2019）。これまで、すべての市民決定は、地方・地域議会で全面的に受け入れられてきた。

事例 2.5　G1000　ステーンヴァイカーラント（2017年）

　無作為に選ばれた約250人の市民が、公務員、雇用者、専門家とともに4日間にわたり、ステーンヴァイカーラント市をエネルギーニュートラルにするための戦略について話し合った。

　詳細については、https://g1000. nu/project/g1000steenwijkerland/を参照。

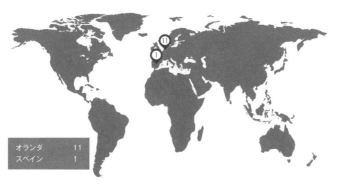

| オランダ | 11 |
| スペイン | 1 |

図2.12 OECD加盟国におけるG1000

出典：OECD Database of Representative Deliberative Process and Institutions（2020）

●市民カウンシル（Citizens' Council）

　市民カウンシルは、オーストリアの市町村や州のレベルで最も多く行われている、抽選代表による熟議プロセスのモデルであり、主に環境問題や公共サービスなど、幅広い政策課題に取り組むために利用されている。

　市民カウンシル（ドイツ語ではBürgerrat）はオーストリアのフォアアールベルク州で開発されたもので、Jim Rough氏が作った「知恵の協議会」をモデルとしている（Asenbaum, 2016）。オーストリアの自治体で盛んに利用されるようになったため、今日では、市民カウンシルは前身の知恵の協議会よりも確立されたモデルとなっている。このモデルは、地域の課題に迅速かつ安価に取り組み、その過程で地域の絆を強めることを目的として設計された。

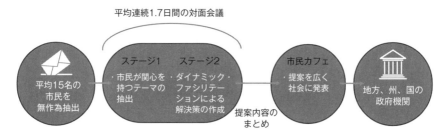

図2.13 市民カウンシルモデル

出典：OECD Database of Representative Deliberative Process and Institutions（2020）のデータに基づいて著者が作成

　市民カウンシルは通常、無作為に選ばれた15人の市民で構成され、平均して連続1.7日間開催される。短いプロセスであるため、学習と熟議の段階があまり明確でなく、通常、相互に絡み合っている。プロセスの前半では、提案されたテーマの中で、市民カウンシルが議論すべき公共の関心事を参加者が特定することができ、厳密に決められた義務はない。実際には、このようなケースは少なく、取り組むべき問題が明確に定義されている。

　次のステップでは、市民はファシリテートされた熟議に参加し、特定された問題の解決策を考え、集団的な提言を作成する（Partizipation.at, 2019）。特徴はダイナミック・ファシリテーションで、ファシリテーターは厳格なアジェンダやプロセスに従うことなく、参加者が自分の考えを話すよう促す。これによ

り、誰もが自分を表現できる安全な場が生まれ、開放性、包摂性、創造的な解決策につながる（Center For Wise Democracy, 2019）。

　提言はその後、誰でも参加できる市民カフェで発表・議論される。最後に、市民カウンシルの提言が自治体に提示され、少人数の参加者が、提言の実現に関して行政のフォローアップを行うことになっている（Partizipation.at, 2019）。

　学習段階がないため、多くのリソースや長い準備期間を必要とせず、市民が定期的に地方や地域の行政に重要な問題を提起するのに役立つ方法として活用されている。

事例 2.6　フォアアールベルク州のモビリティに関する市民カウンシル（2018〜2019年）

　フォアアールベルク州政府は、無作為に選ばれた30人の市民を1日半集め、今後10年から15年のフォアアールベルク州のモビリティと交通の分野における原則と優先順位を策定した。市民カウンシルの後、市民カフェが開催され、広く市民が作成された提言について学び、政治家や行政官と議論することができた。

　詳細については、https://vorarlberg.mitdenken.online/buergerratを参照。

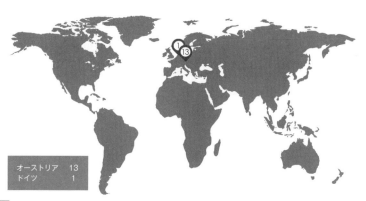

オーストリア　13
ドイツ　　　　 1

図2.14 OECD加盟国における市民カウンシル

出典：OECD Database of Representative Deliberative Process and Institutions（2020）

●市民ダイアローグ（Citizens' Dialogues）

　市民ダイアローグは、それほど徹底的ではなく、しばしば2日間の熟議プロ

セスである。このプロセスは、国や様々なレベルの政府で広く採用されている。多くの場合、複数の政策課題を取り上げ、平均して無作為に選ばれた148人の市民が参加するが、その規模は18人から499人と、大きく異なる。通常、学習と熟議の段階は非常に短く、専門家によるパネルディスカッションも含まれる。

　政策立案者への詳細な提言というよりは、政策課題について市民に情報を提供し、幅広い意見や反応を収集することに適している。幅広い市民参加戦略の一環として行われることが多く、市民ダイアローグは、市民サミット、熟議イベント、市民フォーラム、熟議ワークショップと呼ばれることもある。

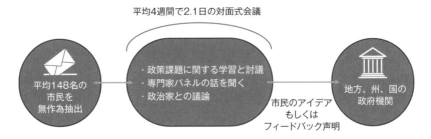

図2.15 市民ダイアローグモデル

出典：OECD Database of Representative Deliberative Process and Institutions（2020）のデータに基づいて著者が作成

事例 2.7　カナダのエネルギーの未来に関する市民ダイアローグ（2017年）

　カナダ連邦政府は、無作為に選ばれた35人の市民を集め、3日間にわたりカナダのエネルギー政策の将来について議論した。このプロセスは、5つの地域対話イベント（各2日間）によって補完された。市民は以下を提言した。

1. エネルギー問題に対する新しいガバナンスと監視形態の開発。
2. 新しいエネルギー経済を構築するためのクリーン技術の研究および技術革新への投資。
3. 既存のグリーンまたは低炭素エネルギー技術の採用を加速させるためのインセンティブ。
4. 環境保護または温室効果ガス排出量削減のための規制。
5. カナダとそのコミュニティに貢献するエネルギーインフラ投資。
6. エネルギー経済の変化におけるカナダ国民に対する影響への対処。

　詳細については、https://canadaenergyfuture.ca/resources/ を参照。

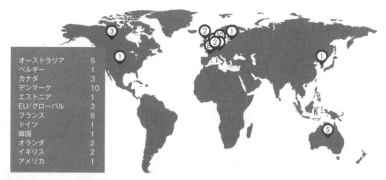

図2.16 OECD加盟国における市民ダイアローグ

出典：OECD Database of Representative Deliberative Process and Institutions（2020）

オーストラリア	5
ベルギー	1
カナダ	3
デンマーク	10
エストニア	1
EU/グローバル	3
フランス	8
ドイツ	1
韓国	1
オランダ	2
イギリス	2
アメリカ	1

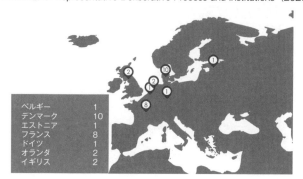

図2.17 OECD加盟国における 市民ダイアローグ：欧州

出典：OECD Database of Representative Deliberative Process and Institutions（2020）

ベルギー	1
デンマーク	10
エストニア	1
フランス	8
ドイツ	1
オランダ	2
イギリス	2

●討論型世論調査（Deliberative Poll/Survey）

　討論型世論調査とは、政策課題について、参加者が学習と熟議に触れる前と後での市民の意見変化を捉えることを目的としたプロセスである。1988年にアメリカのスタンフォード大学でJames Fishkinが開発し、特許を取得したのが「討論型世論調査」である。この手法のアイデアは学術論文に初めて掲載され、古代アテネの民主主義とギャラップ社の世論調査手法にヒントを得たものである（Fishkin&Luskin, 1988）。Fishkinが討論型世論調査の特許を取得したため、正確な方法論に従わない類似のアプローチは討論型サーベイと呼ばれる傾向にある。

　討論型世論調査は、公的機関の委託を受けず、学術的な実験として実施されたものが大半であり、本調査で紹介する以外にも、多くの討論型世論調査が実

施されている。このモデルは、ブラジル、中国、イタリア、日本、韓国、モンゴルなどの国々で、公的な意思決定に関連する政策課題を解決するために使用されてきた。

図2.18 討論型世論調査モデル

出典：OECD Database of Representative Deliberative Process and Institutions（2020）のデータに基づいて著者が作成

　本調査によれば、平均して1.6日間連続で226名の市民（62名から669名まで）が参加している。参加者は無作為で選出され、政策課題に対する初期態度を測定するための最初の意見調査を受ける。市民が専門家に質問を投げかける全体会議や、モデレーターの下での小グループでの対話の後、政策課題を慎重に検討した後の市民の意見を把握するために2回目の意見調査を実施する（Center for Deliberative Democracy, 2019）。意見の変化は分析され、公表され、政府当局に提示される。

　科学的なアプローチであるため、この熟議参加モデルは設計が非常に厳格で、参加者がプロセスに影響を与える余地を残さない。詳細な提言を行ったり、意思決定の影響力を市民に及ぼすよりも、市民の意見の変化を見極めるのに適している。

事例 2.8　新古里原子炉建設に関する討論型世論調査（2017年）

　韓国で新古里原発5、6号機の建設をめぐり、政府が471人の市民を3日間招集し、原発建設再開の是非を問う討論型世論調査が行われた。市民は建設再開を勧告し、政府はその勧告を実行した。

　詳細については、https://cdd.stanford.edu/2017/proposed-deliberation-in-south-korea-on-closing-two-nuclear-reactors/を参照。

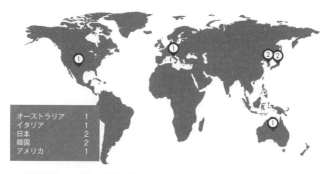

オーストラリア	1
イタリア	1
日本	2
韓国	2
アメリカ	1

図2.19 OECD加盟国における 討論型世論調査

出典：OECD Database of Representative Deliberative Process and Institutions（2020）

●世界市民会議（World Wide Views）

　世界市民会議は、国際的な規模での抽選代表による熟議プロセスのモデルである。この手法は、2009年にコペンハーゲンで開かれた気候変動枠組条約第15回締約国会議（COP15）に向けて、デンマーク技術委員会（Danish Board of Technology）によって開発された。

　このモデルでは、世界中の市民の意見を、実施しやすく、安価で、どの国でも一貫性のある方法で収集することを目的としている。

　これまで、主に国連の気候変動・生物多様性条約締約国会議（COP）で交渉された政策課題に対して利用されてきた。このプロセスは、国際的な合意やサミットに情報を提供するために国際機関の委託によって実施することもできるが、国の規模に適用することも可能である。

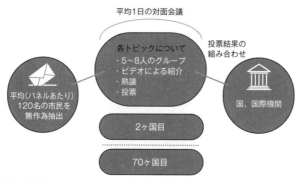

図2.20 世界市民会議モデル

出典：OECD Database of Representative Deliberative Process and Institutions（2020）のデータに基づいて著者が作成

世界市民会議では、毎回100名程度の参加者を集め、多くの国や地域で市民ダイアローグが行われている。市民ダイアローグの開催数は、2012年の34回から2015年の97回までと、大きなばらつきがある。層化されているとはいえ、無作為に選ばれているわけではなく、国によっては自薦のボランティアも参加している。このプロセスは、世界中で全く同じ時刻に丸1日、同じフォーマットで行われる。国境を越えた熟議は行われず、結果として各国の見解が集約される（詳細は第7章を参照）。

　世界市民会議の開催前に、中核的な政策課題に関連する4〜5つのテーマを特定し、そのテーマごとに情報提供用のビデオが準備される。当日は、参加国全体で全く同じビデオ教材を使って各テーマが紹介され、その後、小グループでの司会による参加者の討議が行われる（World Wide Views, 2019）。各ショートセッションは、議論された問題に関する質問に対する市民の個人投票によって締めくくられる。

　一日の終わりには、各国の参加者全員の投票の内訳がオンラインプラットフォームで公開され、政策立案者や広く社会がアクセスできるようになっている（World Wide Views, 2019）。この熟議参加モデルは、プロセスを実施する国際的なパートナー間の正確な調整を必要とするため、厳密で明確な構造を有している。

　世界市民会議は世界的な規模で行われ、参加者も多いため、メディアの関心を集め、目の前の政策課題についてより幅広い議論につながる可能性がある。しかし、短期間のプロセスであるため、国や地域の状況を考慮した情報に基づく詳細な提言よりも、すでに交渉のテーブルについている政策オプションに関する様々な国の市民の意見のスナップショットを政策立案者に与えるのに適している。

事例 2.9　気候・エネルギーに関する世界市民会議（2015年）

　国連気候変動枠組条約事務局は、パートナーである市民参加団体とともに、COP21国連気候変動会議に向けた世界市民会議のプロセスを開始した。約1万人の市民が無作為に選ばれ、各国の76のパネルに集められ、国際的な気候変動やエネルギー政策の問題について市民の意見を収集することを目的としている。全てのパネルディスカッションは同日に行われ、市民の意見結果は直ちに公開

2.5 住民投票にかけられる法案の評価モデル

● **市民イニシアティブ・レビュー**（Citizens' Initiative Review）

先に述べた、政策立案者に対する市民の提言の作成を目的としたモデルとは対照的に、市民イニシアティブ・レビュー（CIR）は、抽選代表による市民グループが住民投票にかけられる法案を評価し、投票用紙とともにすべての有権者に賛否両論の情報を提供するために考案された熟議プロセスである。

現在までに、米国のオレゴン州では、2000年代初頭にヘルシー・デモクラシー（市民陪審の創始者Ned Crosbyが同僚のPat Benと共に開発したモデル）が実施、制度化されている。また、アリゾナ州やスイスのシオン市でも行政が実証的に導入している。さらに、コロラド州、マサチューセッツ州、カリフォルニア州、フィンランドのコルスホルムでは、学術界や市民社会が主導する実証版が実施されている。

市民イニシアチブ・レビューは、通常、無作為に選出された22人の市民を集め、平均して4.4日間連続して行われる。市民イニシアチブ・レビューは長年にわたって変更・調整されてきたため、その期間も変化しており、現在の標準は4日間である。ヨーロッパでは、フィンランドとスイスの2つの取り組みが、連続した日ではなく、2回の週末に開催された。初回開催前には、市民はどのような政策課題に取り組むのか、何の情報も持っていない。政治的な圧力があるため、主催者は事前に説明文書は用意しない。むしろ、市民はレビュー中に事務局や専門家から直接すべての証言を受け取る。このプロセスは、参加者に対するトレーニング・プログラムから始まり、情報を熟議し評価するための基本的な知識を提供する。

次の段階は、学習と評価である。参加者は、住民投票にかけられる法案の反対派と賛成派が提出した証拠書類を評価し、それらの活動家並びに独立した専門家の両方に質問をする。そして、収集したすべての証拠に必要であれば追加をし、編集し、熟議し、優先順位をつける。情報の編集と精錬の段階は、小グループで行われ、参加者は、提案された住民投票にかけられる法案のコスト、

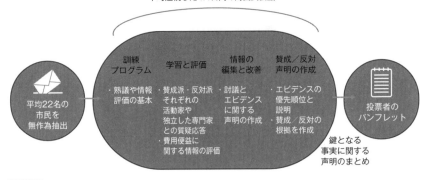

平均連続した4.4日間の対面式会議

平均22名の市民を無作為抽出

訓練プログラム
・熟議や情報評価の基本

学習と評価
・賛成派・反対派それぞれの活動家や独立した専門家との質疑応答
・費用便益に関する情報の評価

情報の編集と改善
・討議とエビデンスに関する声明の作成

賛成／反対声明の作成
・エビデンスの優先順位と説明
・賛成／反対の根拠を作成

投票者のパンフレット

鍵となる事実に関する声明のまとめ

図2.21 市民イニシアティブ・レビューモデル

出典：OECD Database of Representative Deliberative Process and Institutions（2020）のデータに基づいて著者が作成

利益、トレードオフを検討し、根拠を訴える文書を議論し、草案を作成するよう求められる（Healthy Democracy, 2019）。最後に、すべての有権者が知るべき最も重要な情報を含む全体としてのステートメントを起草する。また、参加者は、その措置への賛成と反対の立場から最も有力な証拠を選択し、それぞれの証拠が双方にとって重要である理由を説明する。

　最終的な声明は、記者会見で広く一般に発表され、有権者向けのパンフレットに掲載され、州の全有権者に届けられる。他の抽選代表による熟議モデルに比べ、市民イニシアティブ・レビューは終了するまで、あまり公の場に姿を現さない。市民イニシアティブ・レビューの最終結果は、政府に向けられたものではなく、市民が投票する際に、より良い情報に基づいた選択ができるようにするためのものである。この方法は、投票前の誤報や偽情報の流布に対抗するための強力なツールとなり得る。

> **事例 2.10　第97号議案に関する市民イニシアティブ・レビュー**（2016年）
> 　オレゴン州政府は、無作為に選ばれた20人の市民を4日間集め、法人税に関する投票案件を徹底的に調査し、その結果を有権者に伝えた。参加した市民は、この法案の賛否両論を理解した後、最も重要で説得力があると判断した議論を有権者ガイドに盛り込み、州内の有権者全員に届けた。
> 　詳細はこちら:https://sites. psu. edu/citizensinitiativereview/files/2015/01/Assessment-of-the-2016-Oregon-CIR-zmzb9i. pdfを参照。

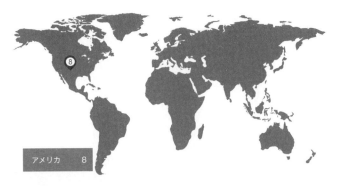

アメリカ 8

図2.22 OECD加盟国における 市民イニシアチブ・レビュー

出典：OECD Database of Representative Deliberative Process and Institutions（2020）

2.6 常設型の抽選代表による熟議機関モデル

●東ベルギーモデル（Ostbelgien Model）

　東ベルギーモデルは、最近開発されたモデルで、常設の抽選代表による熟議機関と抽選代表による熟議プロセスの継続的な利用を組み合わせたものである。常設の熟議機関は市民カウンシルと呼ばれ、アドホックな市民パネルで取り上げる課題を発議し決定する権限を持つ。ベルギーのドイツ語圏共同体である東ベルギーに端を発し、全政党が満場一致で賛成した法律により、2019年2月に設立された（Foundation for Future Generations, 2019）。

　2019年9月16日、市民カウンシルの設立総会が開催された。このモデルは、

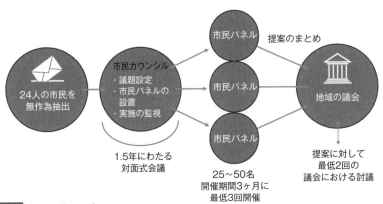

図2.23 東ベルギーモデル

出典：OECD Database of Representative Deliberative Process and Institutions（2020）のデータに基づいて著者が作成

OECDのクラウディア・シュワリーツも含む熟議・参加型プロセスの実践者、学者、専門家のグループによって2018年に設計された。彼らは、ドイツ語圏の東ベルギー共同体の議会によって招聘され、そのような権限を与えられた。

　このモデルでは、無作為に選ばれた24人の市民が市民カウンシルを構成する。彼らは1年半の間、市民を代表する使命を負っている。最初の24人は、以前この地域で行われた市民パネルの参加者から無作為に選ばれた6人、各政党から1人ずつ選ばれた政治家6人、そして東ベルギーの住民から無作為に選ばれた12人の3つのグループから構成されている。6ヶ月ごとに3分の1が交代し、無作為に選ばれた市民と入れ替わる。政治家は最初に一巡し、シビックロッタリーで選ばれた市民と入れ替わる。これは、継続性を持たせるためでもあるが、市民カウンシルが専門化し、選挙で選ばれた政治家と同じような問題を抱える人たちの集団にならないようにするためでもある。

　市民カウンシルは、独自の議題を設定し、選択した最も緊急な政策課題について、最大3つのアドホックの市民パネルを開始する権限を有する。100人以上の市民の支持を得た市民提案や、議会内会派や政府の提案も、市民カウンシルの検討対象にすることができる（Parliament of the German-speaking Community of Belgium、2019）。各市民パネルは、無作為に選ばれた25〜50人の市民で構成され、3ヶ月間に最低3回開催される予定である。参加人数と市民パネルの開催期間は、市民カウンシルが決定する。

　法律に基づき、共同体議会は市民パネルが作成した提言について議論し、対応することが義務付けられている。合意された勧告の実施は、さらに市民カウンシルによって監視される。東ベルギーモデルは、この新しい制度が、政策課題の設定において市民に真の声を与えるという特権を拡大し、市民が自ら選択した課題を積極的に探求するための枠組みとツールを提供する唯一の例である。

　第1回市民パネルの任務は、医療従事者の労働条件を改善するための選択肢を探ることである。パネルの作業は2020年春に開始されたが、世界的な保健衛生危機のため、出版時点では延期されている。このテーマは、新型コロナウイルス（COVID-19）のパンデミックが始まる数ヶ月前に、市民カウンシルによって選ばれたものである。

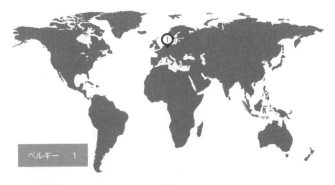

図2.24 OECD加盟国における 東ベルギーモデル

出典：OECD Database of Representative Deliberative Process and Institutions（2020）

● **市民監視委員会**（City Observatory）

　市民監視委員会は、スペインのマドリッド市議会で開発・実施された常設熟議機関のモデルである。2019年1月29日に可決された規則によって設立され、既存の市民監視委員会を、新たな権限を持つ無作為に選ばれた市民で構成される抽選代表による熟議機関へと変貌させた。当初の市民監視委員会は、与党政治家と公務員が定期的に会合を開き、市民の意見に関するデータ（世論調査やフォーカスグループなどの従来の手段で収集）を分析することに限られていた。この規制の変更まで、市民監視委員会は数年間、何の会議も開いていなかった。

　この市民監視委員会は、マドリッド市議会、パーティシッパラボ、ニューデモクラシー財団、その他熟議の分野の専門家によって設計された（Smith, 2019）。しかし、2019年5月の政権交代後、市民監視委員会の方向性が問題となり、2020年2月、監視委員会の構成と機能は、与党政治家と公務員からなる組織に戻された。

　デジタル参加型プラットフォーム「ディサイド・マドリッド（decide. madrid）」を通じて提出された市民提案を評価することを義務付けられた市民監視委員会は、無作為に選ばれた49人の市民を集め、年に8回、市民提案について会議と熟議を行った（Madrid City Council, 2019）。市民監視委員会のメンバーは、市民提案をマドリッド市の住民投票にかけて、市民投票を行う権限を持っており、このようにして、議題の設定と意思決定への発言権の両方に、有意義な参加の機会が開かれた。これは、デジタル民主主義、熟議民主主義、

ベルギー　1

75

直接民主主義が革新的な方法で組み合わされた例である。このように熟議民主主義を制度化することで得られた教訓は、第6章で述べられている。

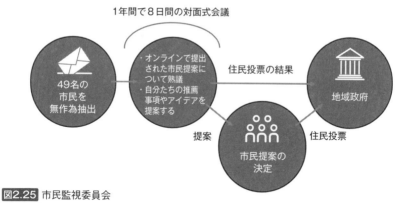

1年間で8日間の対面式会議

49名の市民を無作為抽出

・オンラインで提出された市民提案について熟議
・自分たちの推薦事項やアイデアを提案する

住民投票の結果

地域政府

提案

市民提案の決定

住民投票

図2.25 市民監視委員会
出典：OECD Database of Representative Deliberative Process and Institutions（2020）のデータに基づいて著者が作成

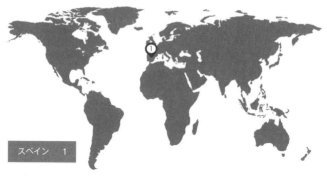

スペイン 1

図2.26 OECD加盟国における 市民監視委員会
出典：OECD Database of Representative Deliberative Process and Institutions（2020）

2.7　抽選代表による熟議のモデルをどう選択するか

　最も適切な熟議モデルは、主に政策課題によって決まる。問題が複雑で、その意味合いが広いほど、より詳細な提言が必要となり、したがって、より精巧な熟議プロセスが適用される。例えば、市民議会は、憲法問題や国家的、あるいはより重要な問題を扱うのに適している。このモデルでは、政策課題について幅広く学び、綿密な熟議を行うことができるからである。市民カウンシルは、平均して11ヶ月間、18.8日間にわたって開催される。参加者は平均90名であり、

多様な視点が得られるため、提言の正統性が高まる。しかし、その長さと規模から、他のどのモデルよりも多くのリソースを必要とし、設定と実行に多くの時間がかかる。

　市民陪審/パネルは、特定の政策課題に対して助言をする集中型のプロセスであり、通常、全国/連邦レベルで使用されている。無作為に選ばれた35〜50人の市民を集め、4〜6日間かけて行われるため、市民が特定の政策課題に対して詳細な情報を得た上で提言を行うには十分な期間であるが、市民議会 よりも少ない時間と資源で行うことができる。そのため、より頻繁に利用することができ、より早く結果を出すことができる。

　市町村や州レベルでは、G1000や市民カウンシルは、住民が自治体のビジョンを共同で策定したり、それほど複雑でない地域社会の問題に対処するための合理的な選択肢となりえる。あらかじめ決められた議題がなく、まっさらな状態からスタートできるため、コミュニティの最も緊急な問題を特定し、対処したり、将来のビジョンを共同で作成する機会となる。一方、これらのオプションは、特定の政策課題について深く掘り下げた提言を行うにはあまり適していない。

　もう一点、考慮すべき重要な点は、熟議の過程で参加者にどの程度の柔軟性を与えるべきかということである。オーストリアの市民カウンシルのように、参加者がプロセスを形成できるような、より自由で柔軟な形式は、より常識にとらわれない創造的なアイデアを生み出すかもしれないし、より広いビジョンを形成するのに適していると考えることができる。委託する公的機関は、このようなプロセスから生まれるすべての選択肢を真摯に検討する姿勢が必要である。しかし、もし意思決定者が、差し迫った政策課題に対して具体的で情報に基づいた提言を望むのであれば、参加者のタスクを明確に定義する必要がある。

　その他、利用可能な時間や資源、政府のレベル、政策分野なども重要な考慮事項である。例えば、コンセンサス会議のモデルは、市民が科学者や政策決定者に幅広く質問し、問題の核心に迫ることができるため、技術の進歩を評価するのに有用である。図2.27は、これまでの利用実績をもとに、各モデルの特性をさらに示したものである。

　全体として、どのモデルにもトレードオフがあり、選択する際に考慮する必

要がある。熟議プロセスが長ければ長いほど、また多くの参加者を集めれば集めるほど、より多くの時間と資源を必要とする。しかし、より詳細で検討された提言が得られる可能性が高いため、意思決定者にとってより有益で、国民の目から見てもより正当なものとなり得る。プロセスが短ければ短いほど、学習と熟考のための時間が少なくなるため、熟考された詳細な勧告が得られない可能性が高くなる。プロセスの設計が厳密であればあるほど、創造的なアイデアや解決策を受け入れる余地は少なくなる。

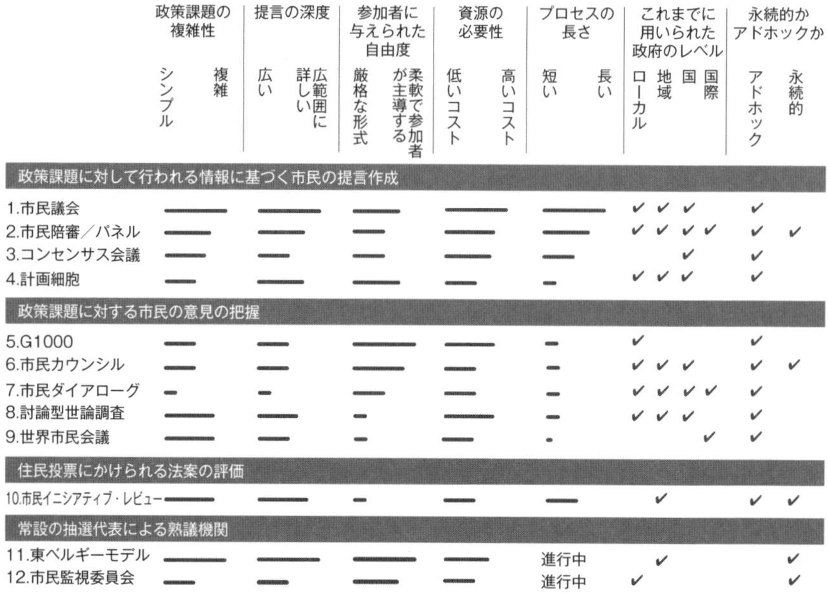

	政策課題の複雑性		提言の深度		参加者に与えられた自由度		資源の必要性		プロセスの長さ		これまでに用いられた政府のレベル				永続的かアドホックか	
	シンプル	複雑	広い	詳しい	広範囲に厳格な形式	が柔軟で参加する主導者	低いコスト	高いコスト	短い	長い	ローカル	地域	国	国際	アドホック	永続的
政策課題に対して行われる情報に基づく市民の提言作成																
1.市民議会	—		—		—		—			—	✔	✔	✔		✔	
2.市民陪審／パネル	—		—		—		—		—		✔	✔	✔	✔	✔	✔
3.コンセンサス会議	—		—		—		—		—				✔		✔	
4.計画細胞	—		—		—		—			—	✔	✔	✔		✔	
政策課題に対する市民の意見の把握																
5.G1000	—		—		—		—		—		✔				✔	
6.市民カウンシル	—		—		—		—		—		✔	✔	✔		✔	
7.市民ダイアローグ	·		—		—		—		—		✔	✔	✔	✔	✔	
8.討論型世論調査	—		—		—		—		—		✔	✔	✔		✔	
9.世界市民会議	—		—		—		—		·					✔	✔	
住民投票にかけられる法案の評価																
10.市民イニシアティブ・レビュー	—		—		—		—		—				✔		✔	✔
常設の抽選代表による熟議機関																
11.東ベルギーモデル	—		—		—		—		進行中			✔				✔
12.市民監視委員会	—		—		—		—		進行中		✔					✔

図2.27 抽選代表による熟議モデルの特性

出典：OECD Database of Representative Deliberative Process and Institutions（2020）

2.8　異なるモデルの機能を組み合わせる

　与えられた文脈、政府のレベル、政策サイクルの段階、および目下の政策課題に対して、最も適切な抽選代表による熟議モデルを選択し調整するプロセスは、異なるモデルの特徴を組み合わせる機会もあり、創造的なものであると言える。しかし、抽選代表による熟議プロセスの基本的な段階である、学習、熟議、情報に基づいた集団的提言の作成を確実に行うとが肝要である。

1つの方法として、異なるレベルの政府の熟議プロセスをいくつか組み合わせ、先行する委員会が作成した勧告を基にすることがある。このような組み合わせの例として、1988年に米国ミネソタ州で実施された「学校を基盤とした診療所に関する政策陪審」がある。まず、ミネソタ州の各下院議会選挙区に12人の陪審員からなる8つの市民陪審が設置され、エイズと10代の妊娠予防のための学校ベースのクリニックについて熟議・提言が行われた（Jefferson Center, 1988）。その後、州全体の市民陪審が行われ、各下院議会選挙区の陪審から3名の参加者を集め、提言をまとめ、最終的な市民のスタンスを決定した。

このような構造では、より多くの市民が参加することが可能になり、異なる地域の選好を学び、より高いレベルの政府の集団的決定に到達するために、地区間で情報に基づいた熟議を行うことが可能になる。しかし、このような組み合わせには、潜在的なデメリットもある。「住民に身近な自治体政府での熟議プロセスの代表者は、設定された成果に対して主張することが課せられているのだと考えてしまい、州や国といった広域レベルの政府で行われるプロセスの熟議的性質を損うことがある（Smith, 2019）。熟議プロセスでは、参加者は共通の利益を考えることが必要であり、頑固に主張するよう義務付けられたと思って参加するということはしないことが必要である。異なるレベルの政府で市民の熟議を組み合わせるプロセスを設計する際には、これらの点を考慮する必要がある。」

また、参加者がある程度柔軟にプロセスを形成できるようにしたモデルもある。主にG1000や市民カウンシルの要素であるが、議題を設定し、議事を計画し、熟議の過程で自己組織化する方法を決定する機会は、市民陪審や市民議会など、他のモデルにも拡張することが可能であり、またそうしてきた。

また、常設の熟議機関を設置するために、熟議モデルの要素やいくつかのモデルの組み合わせが用いられている。2020年初頭の時点で最も新しい例は東ベルギーモデルであり、常設の市民カウンシルと市民パネルの継続的な利用を組み合わせたものである。その結果、議題設定、監視、質の高い学習、熟議、情報に基づいた提言の作成といった特徴を持つモデルとなった。

Asenbaum, Hans (2016), "Facilitating Inclusion: Austrian Wisdom Councils as Democratic Innovation between Consensus and Diversity", *Journal of Public Deliberation*, 12(2), pp.1-11,https://www.publicdeliberation.net/jpd/vol12/iss2/art7, accessed 19 December 2019.

Breckon, J., Hopkins, A.and Rickey, B.(2019), "Evidence vs Democracy: How 'mini-publics' can traverse the gap between citizens, experts, and evidence", The Alliance for Useful Evidence,https://www.alliance4usefulevidence.org/publication/evidence-vs-democracy/, accessed 9 December 2019.

Center For Deliberative Democracy (2019), "What is Deliberative Polling?", Center For Deliberative Democracy, https://cdd.stanford.edu/what-is-deliberative-polling/ accessed 9 December 2019.

Center For Wise Democracy (2019), "Dynamic Facilitation", Center For Wise Democracy,https://www.wisedemocracy.org/2-dynamic-facilitation.html, accessed 19 December 2019.

Escobar, O.and Elstub, S.(2017), "Forms of Mini-publics", newDemocracy Foundation Research and Development Note, http://www.newdemocracy.com.au/forms-of-mini-publics, accessed 9 December 2019.

James S.Fishkin and Robert C.Luskin (1996), "The Deliberative Poll: A Reply to Our Critics", in *Public Perspective* 7(1).

Foundation for Future Generations (2019), "German-speaking Community of Belgium becomes world's first region with permanent citizen participation drafted by lot", https://www.foundationfuturegenerations.org/files/documents/news/20190226_dgpermanentcitizensas sembly_pressrelease.pdf, accessed 9 December 2019.

Fournier, Patrick, Henk van der Kolk, R.Kenneth Carty, André Blais, and Jonathan Rose (2011), *When Citizens Decide: Lessons from Citizen Assemblies on Electoral Reform*, Oxford: Oxford University Press.

G1000 (2019), "About G1000", G1000.nu, available at: https://g1000.nu/over-g1000-2/, accessed 9 December 2019.

Healthy Democracy (2019), "Citizens' Initiative Review", Healthy Democracy,https://healthydemocracy.org/cir/, accessed 9 December 2019.

Jefferson Center (1988), "Final Report: Policy Jury on School-based Clinics", Minnesota: Jefferson Center.

Madrid City Council (2019), "Observatorio de la Ciudad - Ayuntamiento de Madrid", Madrid.es,https://www.madrid.es/portales/munimadrid/es/Inicio/El-Ayuntamiento/Observatorio-de-la-Ciudad/?vgnextfmt=default&vgnextchannel=38a9dec3c1fe7610VgnVCM2000001f4a900aRCRD&vgnextoid=38a9dec3c1fe7610VgnVCM2000001f4a900aRCRD, accessed 9 December 2019.

Nagano, Motoki (2020), "Citizen Deliberation Meeting (Shimin Tougikai)" "Proceedings of the International Symposium 'Designing Deliberative Democracy: Practice and Experiments'" (18 & 19 February, 2020, Waseda University), Organiser: Planning committee of the International Symposium "Designing Deliberative Democracy: Practices and

Experiments", Center for Positive/Empirical Analysis of Political Economy, Top Global University Project of Waseda University / Co-organiser: Japan Mini-Publics Research Forum.

Nexus (2019), "Nexus Academy for Participative Methods", Partizipative-methoden.de,https://www.partizipative-methoden.de/index.php/en/, accessed 9 December 2019.

Parliament of the German-speaking Community of Belgium (2019), "Was passiert beim Burderdialog?", Pdg.b, https://www.pdg.be/desktopdefault.aspx/tabid-5421/9372_read-56650, accessed 9 December 2019.

Partizipation.at.(2019), "Participation: The Citizens' Council" ,https://www.partizipation.at/buergerinnenrat.html, accessed 9 December 2019.

Smith, Graham and Rosemary Bechler (2019), "Citizens Assembly: Towards a Politics of 'Considered Judgement' Part 2", OpenDemocracy, https://www.opendemocracy.net/en/can-europe-makeit/ citizens-assembly-towards-a-politics-of-considered-judgement-part-2/, accessed on 5 March 2020.

Smith, Graham (2019), "Institutionalizing deliberative mini-publics in Madrid City and German Speaking Belgium .the first steps", Constitutionnet, http://constitutionnet.org/news/institutionalizingdeliberative-mini-publics-madrid-city-and-german-speaking-belgium-first, accessed on 10 April 2020.

Suiter, Jane (2018), "Deliberation in Action .Ireland' s Abortion Referendum", Political Insight, September 2018: 30-32, https://journals.sagepub.com/doi/pdf/10.1177/2041905818796576, accessed on 14 November 2019.

The Danish Board of Technology (2006), "Teknologiradet", Web.archive.org, https://web.archive.org/web/20081205112932 http://www.tekno.dk/subpage.php3?article=468&language=uk&category=12&toppic=katego ri12, accessed 9 December 2019.

Warren, Mark and Hilary Pearse (2008), *Designing Deliberative Democracy: The British Columbia Citizens' Assembly*, Cambridge: Cambridge University Press.

World Wide Views (2019), "The World Wide Views method", Wwviews.org, http://wwviews.org/the-worldwide-views-method/, accessed 9 December 2019.

3 熟議プロセスをめぐる世界のトレンド

イェヴァ・チェスナリティーテ

本章では、1986年から2019年10月までの間に、OECD加盟国において公共の意思決定のために実施された抽選代表による熟議プロセスにおける主要なトレンドを明らかにしている。

本章では、抽選代表による熟議プロセスの利用に対する関心の2回の波の概要、さまざまなレベルの政府での利用の動向、さまざまな熟議モデルが普及している程度、これらの熟議プロセスを利用して対処された政策課題のタイプ、平均的なコスト、熟議プロセスの実施を委託された組織のタイプなどを紹介している。

3.1 世界のトレンドを概観するための7つの視点

　本章では、本書のために収集した新たな実証的研究をもとに、抽選代表による熟議プロセス（略して熟議プロセスと呼ぶ）の利用に関する主要なトレンドを明らかにし、その仕組みと影響をよりよく理解することを目的としている。本章は、主に概略的な内容となっており、第4章ではより詳細な分析を実施している。

　本章では、抽選代表による熟議プロセスに関する主要な国際的トレンドを、以下の7つの側面から取り上げている。

- OECD加盟国での熟議プロセスの導入状況
- 時系列で見た熟議プロセスの利用に対する関心の波
- 国、州や市町村などさまざまなレベルの政府での熟議プロセスの導入状況
- 各熟議モデルが普及している程度
- 熟議プロセスが導入された政策課題のタイプ
- 平均的なコスト
- 公的機関から熟議プロセスを実施することを委託された／任じられた組織の種類

3.2 調査結果の概要

全体的に見て、本書を作成するための調査で明らかになった事実は

- これまで、OECD加盟国は、抽選代表による熟議プロセスを活用する道を国際的な文脈において切り開いてきた。

- 2010年以降、公的機関が公共の意思決定のために抽選代表による熟議プロセスをますます利用することが増えているという顕著な傾向が見られる。

- 抽選代表による熟議プロセスは、国レベルから地方自治体レベルまであらゆる政府レベルで実施されているが、地方自治体レベルでの実施が最も多くなっている（52％の事例）。

- 市民陪審／市民パネルは、これまで抽選代表による熟議プロセスのモデルとして最も広く使用されている（使用回数115回、全事例の41％）。

- 欧州は、公的機関が公的な意思決定に用いる抽選代表による熟議プロセスのモデルの種類が最も多い地域である（OECD加盟国の中で、また本書の作成に当たり調査を行った国々全体としても）。欧州では、本書で紹介するすべてのモデルが使用されている（図3.7）。

- 抽選代表による熟議プロセスを利用して取り組まれる政策課題の範囲は広く、拡大している。その中でも、市民の日常生活に直接影響を与え、市民が個人的な意見や経験を提供しやすい政策課題として、都市計画や保健衛生の問題などがよく取り上げられている。

- 地方や地域／州レベルの抽選代表による熟議プロセスでは、一般的に都市計画や戦略計画、インフラ、保健衛生の問題などが取り上げられる。国レベルで行われる熟議プロセスや国際的に行われる熟議プロセスは、環境政策や科学技術政策の問題をテーマにしていることが多い。

- 現在までのところ、抽選代表による熟議プロセスのコストは、どの熟議プロセスモデルを使用するかや、熟議プロセスの実施期間の長さ、参加者の数によって大きく異なる。本書のための調査で得たデータによると、1万3000ユーロから180万ユーロとなっている。

- 抽選代表による熟議プロセスは、市民参加や熟議を専門とする民間のパートナー組織（37％）や、非営利団体（29％）が実施することが多い。

3.3 OECD加盟国における熟議プロセスの導入状況

　本書のために収集された抽選代表による熟議プロセスの事例の大部分（289件中282件）は、長年にわたってOECD加盟国で行われたものである（図3.1）。非加盟国で行われた7つの熟議プロセスの事例は、アルゼンチン、ブラジル、中国、モンゴルで行われた。これら7つのプロセスはすべて討論型世論調査であった。

図3.1 OECD加盟国および非加盟国における抽選代表による熟議プロセスの事例の数（1986-2019年）

注：n = 289、OECD諸国のデータは、2019年時点のOECD加盟国のうち、この部分のデータを得ることができた18ヶ国、および、1986年から2019年における欧州連合の事例より収集されたデータに基づく。OECD非加盟国は、アルゼンチン、ブラジル、中国、モンゴルである。

出典：OECD Database of Representative Deliberative Processes and Institutions（2020）.

　本書の作成においてOECDが収集した事例は、図3.2の国々のものである。この図3.2は、実施事例数の順位を示したものでもなければ、ある国のすべての事例を代表するものでもない。OECDが収集した事例の数を図にしたものである。事例数の多い国は、計画細胞が開発されたドイツ、カナダの市民議会、デンマークのコンセンサス会議など、多くの熟議モデルが開始された国でもある。

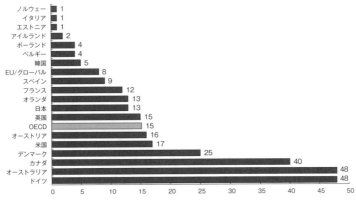

図3.2 国ごとの抽選代表による熟議プロセスの数（1986年〜2019年）

注：n = 282。OECD諸国のデータは、2019年時点のOECD加盟国のうち、この部分のデータを得ることができた18か国、および、1986年から2019年における欧州連合の事例より収集されたデータに基づく。この数字はランキングではなく、また、ある国のすべての事例を代表するものでもない。OECDが収集した事例の数を図示したものである。

出典：OECD Database of Representative Deliberative Processes and Institutions（2020）.

3.4 熟議プロセスの利用に対して繰り返し高まる関心の波を時系列で見る

　抽選代表による熟議プロセスへの関心は、OECD加盟国全体で高まっている。最初に関心が高まった時期は1996年から2000年にかけてであり、ドイツでは計画細胞の数が多く、デンマークではコンセンサス会議の数がピークに達したことが特徴的である。2011年以降、熟議プロセスの数は着実に増加している。2011年から2019年の間に、抽選代表による熟議プロセスは全部で177回あり、2016年から2019年の間には、1年に平均して25回の熟議プロセスが行われている（図3.3）。

　最初のグラフ（図3.3のうち上のグラフ）は、熟議プロセスの数を年ごとに示している。2つ目のグラフ（図3.3のうち、下のグラフ）は、5年ごとに熟議プロセス数の平均値を示している。

　本書作成のためのデータ収集の締切日が2019年10月末であったため、2019年のデータは1年間をカバーしていない。2019年に開始された（必ずしも2019年中に完了したわけではない）熟議プロセスの数は図3.3に示している数よりも多い。

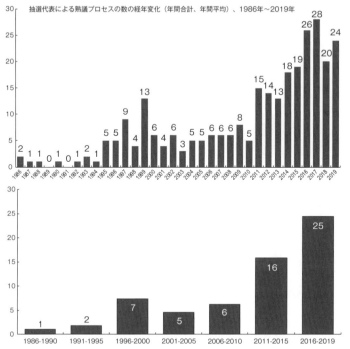

図3.3　時系列で見る熟議プロセスに対して高まる関心の波

注：n＝282、OECD諸国のデータは、2019年時点のOECD加盟国のうち、この部分のデータを得ることができた18ヶ国、および、1986年から2019年における欧州連合の事例より収集されたデータに基づく。複数年にまたがるプロセスは、完了した年で表記している（恒久的に継続しているプロセスを除く）。
出典：OECD Database of Representative Deliberative Processes and Institutions（2020）.

3.5　政府・自治体のレベルごとに見た熟議プロセスの導入状況

　現在、あらゆる政府レベルで熟議プロセスが実施されている。熟議プロセスの半分（52％）は、地方自治体レベルで行われた。これにはいくつかの要因が考えられる。地方自治体は、人々の日常生活に近い政策課題を扱うことが多いため、国レベルの政策課題に比べて市民が参加しやすく、意見や経験を表明しやすい。また、地方自治体は、市民や住民との距離が近く、より直接的な関係にあるため、市民がより多く参加する動機となる。また、参加者の移動は近距離で費用があまりかからず、宿泊費も必要ないため、熟議プロセスを開催するためのコストも低くなる。また、地方自治体で行われる熟議プロセスはより小さなコミュニティを代表する市民を参加者として集めるため、（G1000のような例外を除いて）国レベルで開催されるものよりも、通常は小規模なものである。そのため、市町村での熟議プロセスの実施数は、国レベルに比べてはるかに多い。圏域自治体や州に比べて地方自治体の数が圧倒的に多いため、熟議プロセスの実践の機会も自然と多くなる。

　30％は圏域自治体や州の公的機関が依頼し、15％は国や連邦レベルで実施されている（図3.4）。3％は、国際機関や超国家的な組織が主導した国際的なプロセスで、世界の複数の国で実施された事例や、あるいはEUの複数の加盟国にまたがって実施された事例のいずれかである。

あらゆるレベルの政府における抽選代表による熟議プロセスの実施例（1986年〜2019年）

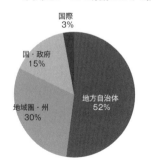

図3.4　抽選代表による熟議プロセスは地方自治体レベルで最もよく使われているが、あらゆるレベルの政府で実施例がある

注：n＝282、OECD諸国のデータは、2019年時点のOECD加盟国のうち、この部分のデータを得ることができた18ヶ国、および、1986年から2019年における欧州連合の事例より収集されたデータに基づく。
出典：OECD Database of Representative Deliberative Processes and Institutions（2020）。

3.6 多様な熟議モデルとその普及状況

市民陪審／パネルは、これまで公的機関が熟議プロセスのモデルを選ぶ際に、最も多く選択されてきた。このモデルは、さまざまな名称（レファレンスパネルやコミュニティ陪審など）で、期間、会議数、参加者数などのバリエーションを持ちながら、幅広い国で115回使用されている（図3.5）。

さまざまな手法がある中で市民陪審／パネルが最も多く実施されている要因は、いくつかある。市民陪審／パネルは、50年以上の歴史を持ち、熟議プロセスの中でも初期に開発された典型的なモデルである。参加者数は比較的少ないものの（平均34名）、政策立案者に十分な情報に基づいた政策提言を行うためには十分な期間（平均4日間）で実施されていることから、さまざまな文脈において公共の意思決定に熟議プロセスを導入する際に一般的に選択される信頼できる選択肢とされてきた。

また、計画細胞（57回）、市民ダイアローグ（38回）、コンセンサス会議（19回）、市民カウンシル（14回）などの短いプロセスも、かなり多く使われている。一方、市民議会（6回）のような長い期間かかる複雑なモデルや、世界市民会議（4回）のような大がかりな調整が必要な国際的なプロセスは、あまり採用されていない。

制度化された新しい熟議プロセスである東ベルギーモデルやマドリード市民監視委員会などは一度だけ行われた。

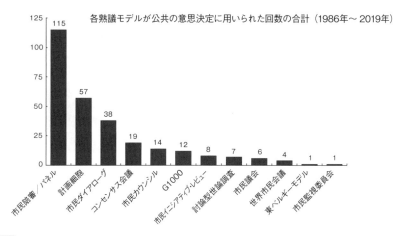

図3.5 市民陪審／パネルは、公的な意思決定のために公的機関が最も多く利用している

注：n＝282、OECD諸国のデータは、2019年時点のOECD加盟国のうち、この部分のデータを得ることができた18ヶ国、および、1986年から2019年における欧州連合の事例より収集されたデータに基づく。
出典：OECD Database of Representative Deliberative Processes and Institutions（2020）.

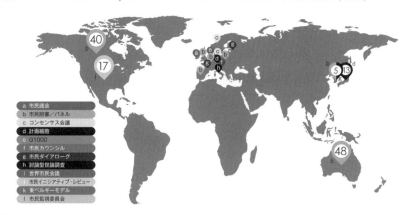

図3.6 地域ごとに見たさまざまな熟議モデルの利用のトレンド

注：濃度は多く使われている熟議モデルを示し、数はその国の抽選代表による熟議プロセスの総数を示す。複数の国で行われた国際的なプロセスは含まれていない。
　本書および本書に含まれるすべての地図は、いかなる領域の地位または主権、国際的な境界線および境界の画定、ならびにいかなる領域、都市または地域の名称にも影響を与えるものではない。
出典：OECD Database of Representative Deliberative Processes and Institutions（2020）.

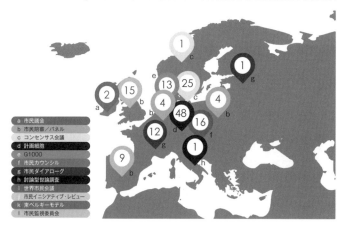

図3.7 さまざまな熟議モデルの地域別トレンド（ヨーロッパ）

注：濃度はよく使われている熟議モデルを示し、数はその国の抽選代表による熟議プロセスの総数を示す。複数の国で行われた国際的なプロセスは除外されている。
　本書および本書に含まれるすべての地図は、いかなる領域の地位または主権、国際的な境界線および境界の画定、ならびにいかなる領域、都市または地域の名称にも影響を与えるものではない。
出典：OECD Database of Representative Deliberative Processes and Institutions（2020）.

また、市民陪審や市民パネルは、世界のさまざまな地域で広く行われており、熟議の手法として圧倒的に多く利用されていることが明らかになっている（図3.6）。実施件数は少し少ないものの、地理的には広く普及しており、さまざまなテーマで使用されているのが、市民ダイアローグ、討論型世論調査、コンセンサス会議である。中には、1つの国でしか使われていないモデル（ベルギーの東ベルギーモデル、スペインの市民監視委員会）もあり、その国が発祥の地となっている。ヨーロッパは、公的機関が意思決定に使用する熟議プロセスのモデルの種類が最も多い地域である（図3.7）。

3.7　熟議プロセスが導入された政策課題のタイプ

　熟議プロセスは、さまざまな政策課題を解決するために用いられる。しかし、さまざまな政策課題の中でも、熟議プロセスを活用する頻度が高い政策課題とあまりそうではない政策課題がある。現在までのところ、都市計画（43プロセス）、保健衛生（32プロセス）、環境（29プロセス）、戦略的計画（26プロセス）、インフラ（26プロセス）といった政策課題の解決において、熟議プロセスは特に多く活用されている（図3.8）。この傾向を見ると、抽選代表による熟議プロセスは、コミュニティにおける人々の生活に直接影響を与え、人々に共有された問題であり、市民が個人的な意見や経験を簡単に述べることができるような問題を扱う際に最も多く用いられていることがわかる。

　1つの熟議プロセスが複数の政策課題を同時に解決するために使われた事例が12件ある。これは、参加者が異なる国から集められ、主催者側が参加者の時間を最大限に活用しようとした場合に見られる事例である。例えば、国際的な市民ダイアローグである「もう一つのEUサミット：市民ダイアローグ in ハーグ」では、市民がヨーロッパにおける3つの次元（ヨーロッパにおける社会的連帯・包摂、ヨーロッパとグローバリゼーション、ヨーロッパとデジタル革命）について熟議した。また、東ベルギーモデルや市民監視委員会のような常設の熟議プロセスでは、参加する市民が選択したもの、その他の一般市民が提案したもの、政府が提案したものなど、複数の課題について検討して熟議することが義務づけられている。

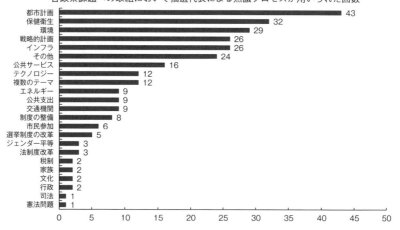

各政策課題への取組において抽選代表による熟議プロセスが用いられた回数

都市計画	43
保健衛生	32
環境	29
戦略的計画	26
インフラ	26
その他	24
公共サービス	16
テクノロジー	12
複数のテーマ	12
エネルギー	9
公共支出	9
交通機関	9
制度の整備	8
市民参加	6
選挙制度の改革	5
ジェンダー平等	3
法制度改革	3
税制	2
家族	2
文化	2
行政	2
司法	1
憲法問題	1

図3.8 抽選代表による熟議プロセスは、公的機関が計画、保健衛生、環境など、地域の生活に直接影響を与える問題に取り組む際に最も多く用いられてきた。

注：n = 282; その他の政策課題には、憲法問題、司法、文化、税制、男女平等、法制改革、移民、若者、持続可能な開発、水管理、騒音公害、消費者保護、協同組合住宅、花火の使用、社会経済開発、ギャンブル規制、農業、安全、科学・研究などが含まれる。

出典：OECD Database of Representative Deliberative Processes and Institutions（2020）.

　時が経つにつれ、抽選代表による熟議プロセスを使用して取り組まれる政策課題の範囲は拡大し、抽選代表による熟議プロセスが多く使用される政策課題の種類も変化してきている。都市計画における熟議プロセスの利用は、2000年にピークを迎えた。インフラ、交通、保健衛生、戦略的計画、公共サービス、環境、エネルギーの問題で熟議プロセスが使用された事例が増加している（図3.9）。科学技術（新しい科学技術による問題の解決と科学技術を現実の社会に導入・適用することについて市民の視点で評価すること）も、1995年から2005年の間に熟議プロセスがよく使われた政策課題の分野であるが、それ以降は減少してきている。

抽選代表による熟議プロセスで取り上げられた政策課題の種類の経年変化（1986年～2019年）

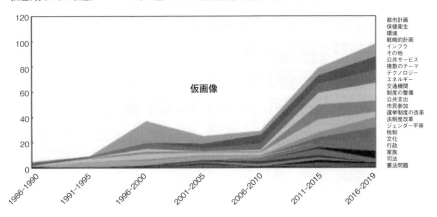

図3.9 抽選代表による熟議プロセスで取り上げられる公共政策の問題は時が経つにつれて多様化している

注：n＝282、OECD諸国のデータは、2019年時点のOECD加盟国のうち、この部分のデータを得ることができた18ヶ国、および、1986年から2019年における欧州連合の事例より収集されたデータに基づく。

出典：OECD Database of Representative Deliberative Processes and Institutions（2020）.

　地方自治体レベルでは、都市計画や戦略計画（コミュニティの長期計画や優先事項の選定）、インフラ、保健衛生、環境の問題において、市民は最も多く熟議プロセスに参加している。地方自治体や病院などの地方の公共的な団体は、健康サービスを改善するための新しい方法を見つけたり、気候変動に対する都市の対応について参加者全体で計画を取りまとめたりするのと同じように、新しい道路や橋、建物に関する難しいトレードオフを考慮に入れた、十分な情報に基づいた市民の視点を理解するために熟議プロセスを導入することが多い（図3.10）。

　このような問題は、より大きなコミュニティが「目的を達成する」ために、一部の個人が「負担を負わなければならなくなる」ような「NIMBY（not in my backyard：私の裏庭には作らないで）」からの反対意見に左右されることが多い。このような状況で抽選代表による熟議プロセスを行うことは、一部の個人とより大きなコミュニティの共通の基盤がどこにあるのか探ること、そして、一部の個人も含めたコミュニティ全体にとってポジティブな結果をもたらすための戦略を見出すことに役立つ。同様の傾向は、圏域自治体・州レベルでも観察され、保健衛生の改善に関する政策が最も熟議プロセスがよく使用される政策課題となっている（図3.11）。

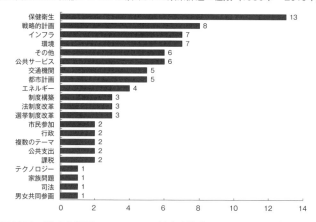

抽選代表による熟議プロセスで導入された政策課題の種類（1986年〜2019年）

保健衛生	13
戦略的計画	8
インフラ	7
環境	7
その他	6
公共サービス	6
交通機関	5
都市計画	5
エネルギー	4
制度構築	3
法制度改革	3
選挙制度改革	3
市民参加	2
行政	2
複数のテーマ	2
公共支出	2
課税	2
テクノロジー	1
家族問題	1
司法	1
男女共同参画	1

図3.10 保健衛生、戦略的計画、インフラは、地方自治体レベルでの公的意思決定のための抽選代表による熟議プロセスで導入されることが最も多い政策課題である

注：n＝147、OECD 諸国のデータは、2019 年時点の OECD 加盟国のうち、この部分のデータを得ることができた13 か国（オーストラリア、オーストリア、カナダ、デンマーク、エストニア、フランス、ドイツ、アイルランド、日本、韓国、オランダ、ノルウェー、英国）、および、1986 年から 2019 年における欧州連合の事例より収集されたデータに基づく。カテゴリー「複数のテーマ」とは、同一の熟議プロセスで扱われる複数の異なる問題や、会合のたびに異なる問題を扱う常設の熟議機関などを指す。
出典：OECD Database of Representative Deliberative Processes and Institutions（2020）.

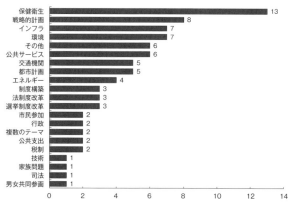

圏域自治体および利害関係者レベルの熟議プロセスを通じて取り上げられた政策課題の種類（1986年〜2019年）

保健衛生	13
戦略的計画	8
インフラ	7
環境	7
その他	6
公共サービス	6
交通機関	5
都市計画	5
エネルギー	4
制度構築	3
法制度改革	3
選挙制度改革	3
市民参加	2
行政	2
複数のテーマ	2
公共支出	2
税制	2
技術	1
家族問題	1
司法	1
男女共同参画	1

図3.11 保健衛生、戦略計画、インフラは、圏域自治体・州レベルの抽選代表による熟議プロセスで最もよく取り上げられる政策課題である

注：n＝84、OECD 諸国のデータは、2019 年時点の OECD 加盟国のうち、この部分のデータを得ることができた12ヶ国（オーストラリア、オーストリア、ベルギー、カナダ、デンマーク、フランス、ドイツ、イタリア、日本、スペイン、英国、米国）、および、1986 年から 2019 年における欧州連合の事例より収集されたデータに基づく。カテゴリー「複数のテーマ」とは、同一の熟議プロセスで扱われる複数の異なる問題や、会合のたびに異なる問題を扱う常設の熟議機関などを指す。
出典：OECD Database of Representative Deliberative Processes and Institutions（2020）.

国や連邦レベルで実施された熟議プロセスのテーマとしては、科学技術、環境、保健衛生が最も多い政策課題となっている（図3.12）。国際的に実施された熟議プロセスのテーマとしては、ほぼ環境問題に限定されており、その他のものとしては、ヨーロッパの将来に関する戦略的なビジョンを作成することに関連した政策課題を扱った事例もある（図3.13）。

国／連邦レベルの熟議プロセスで取り上げられた政策課題の種類（1986年〜2019年）

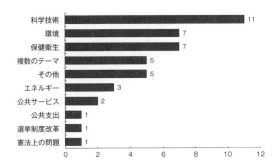

図3.12 科学技術、環境、保健衛生は、国／連邦レベルの抽選代表による熟議プロセスで最もよく取り上げられる政策課題である

注：n＝43、OECD 諸国のデータは、2019 年時点の OECD 加盟国のうち、この部分のデータを得ることができた 13 ヶ国（オーストラリア、オーストリア、カナダ、デンマーク、エストニア、フランス、ドイツ、アイルランド、日本、韓国、オランダ、ノルウェー、英国）、および、1986 年から 2019 年における欧州連合の事例より収集されたデータに基づく。カテゴリー「複数のテーマ」とは、同一の熟議プロセスで複数の異なる政策課題が扱われた事例や、会合のたびに異なる政策課題を扱う常設の熟議機関などを指す。
出典：OECD Database of Representative Deliberative Processes and Institutions（2020）.

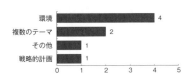

図3.13 国際レベルの熟議プロセスで取り上げられた政策課題の種類（1986年〜2019年）

注：n＝8、OECD 諸国のデータは、2019 年時点の OECD 加盟国のうち、この部分のデータを得ることができた 18 ヶ国、および、1986 年から 2019 年における欧州連合の事例より収集されたデータに基づく。カテゴリー「複数のテーマ」とは、同一の熟議プロセスで複数の異なる政策課題が扱われた事例や、会合のたびに異なる問題を扱う常設の熟議機関などを指す。
出典：OECD Database of Representative Deliberative Processes and Institutions（2020）.

3.8 抽選代表による熟議プロセスの平均的なコスト

熟議プロセスのコストは、選択したモデル、プロセスの長さ、参加者の数、各プロセスに関連する既存のノウハウや制度に関する知識によって大きく異な

る。1つのパネルのコストを考える場合、制度化されたプロセスよりも臨時に特別に実施されたプロセス（Ad hoc process）の方が、よりコストがかかると考えられる。表3.1 は、データがある熟議モデルの平均的コストを示している。

表3.1 抽選代表による熟議プロセスの12のモデルの平均的コスト

熟議モデル	平均的コスト（ユーロ）	
市民議会	€	1,822,775.33
市民陪審／パネル	€	66,578.59
計画細胞		データなし
コンセンサス会議		データなし
G1000	€	71,666.67
市民カウンシル	€	13,000.00
市民ダイアローグ	€	250,560.00
討論型世論調査		データなし
世界市民会議		データなし
市民イニシアティブ・レビュー	€	89,250.00
東ベルギーモデル		データなし
市民監視委員会		データなし

注：n = 72、OECD 諸国のデータは、2019 年時点の OECD 加盟国のうち、この部分のデータを得ることができた9ヶ国（オーストラリア、オーストリア、カナダ、エストニア、オランダ、ポーランド、スペイン、英国、米国）、および、1986 年から 2019 年における欧州連合の事例より収集されたデータに基づく。2020 年 5 月の為替レートを計算に使用した。USD/EUR が 0.9、CAD/EUR が 0.68、AUD/EUR が 0.62、PLN/EUR が 0.23。
出典：OECD Database of Representative Deliberative Processes and Institutions（2020）。

3.9　熟議プロセスの実施を委託された組織の種類

　第5章（公共的意思決定のための熟議プロセス成功の原則）で述べているように、市民の信頼を確保するためには、無作為選出の実施、熟議プロセスの設計、運営、進行を担当する組織が、主催する政府当局から独立していることが重要である。熟議プロセスを開始した主体に参加者の選出が操作されることなく選ばれたと市民が信頼できなければならない。討議結果に利害関係を持つ者が、何らかの方法で専門家の見解やエビデンスの提示に影響を与えたり、偏った見方を提示させたり、参加者の提言の作成を特定の方向に誘導したりしてはならない。このような理由から、独立した組織（外部または独立した公的機関のいずれか）が、抽選代表による熟議プロセスの実施を委託される。したがって、公的機関は、実施を委託する組織のタイプについて選択する権利がある。

現在までのところ、本書の作成に当たって収集した事実に基づくと、最も一般的な選択は、MASS LBP（カナダ）、ミッシオン・ピュブリック（フランス）、ネクサス研究所（ドイツ）など、市民参加や熟議を専門とする民間のパートナーに委託することである。OECDが収集した事例の37％は、民間のパートナーによって実施されたものである（図3.14）。

熟議プロセスを実施するパートナーとして2番目に多かったのは、オーストラリアのニューデモクラシー財団、アメリカのヘルシー・デモクラシー、英国のインボルブなどの非政府・非営利組織（29％）であった。

熟議プロセスの16％は、政府機関が実施している。これらの事例では、通常、市民参加を専門とする独立機関で、政府から資金提供を受けている。例えば、デンマークのデンマーク技術委員会（2011年まで）、スペインのパーティシパラボ、オーストリアのフォアアールベルク州の未来戦略室などが挙げられる。

熟議プロセスの8％は、ドイツのヴッパータール大学の参加と民主主義研究所など、熟議民主主義や市民参加を専門とする大学の研究所やセンターが実施している。

公的機関と非政府組織の連携、民間セクターと大学機関の連携など、複数の組織が連携して実施した事例が約10％ある。

抽選代表による熟議プロセスの組織体（1986年〜2019年）

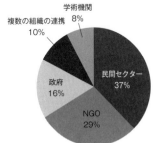

図3.14 抽選代表による熟議プロセスの大半は、民間セクターや非政府・非営利組織によって実施されている

注：n＝259、OECD諸国のデータは、2019年時点のOECD加盟国のうち、この部分のデータを得ることができた15ヶ国（オーストラリア、オーストリア、カナダ、デンマーク、エストニア、フランス、ドイツ、アイルランド、日本、韓国、オランダ、ポーランド、スペイン、英国、米国）、および、1986年から2019年における欧州連合の事例より収集されたデータに基づく。

出典：OECD Database of Representative Deliberative Processes and Institutions（2020）.

学術機関 8%
複数の組織の連携 10%
政府 16%
民間セクター 37%
NGO 29%

4 成功する熟議プロセスとは？
―エビデンスから考える

クラウディア・シュワリーツ、イェヴァ・チェスナリティーテ

本章では、これまでに明らかになったエビデンスと学術文献を広く検討することを通じて、「上手くいく」抽選代表による熟議プロセスにとって必要な要素を明らかにする。分析にあたって評価のための四つの原則を掲げたい。
(1) 熟議の設計の誠実さ：これは一般の人々の目からみて実施プロセスが公正であり、公共的意思決定のための熟議プロセスの成功への原則に沿った手続で実施されたかを測る基準である。
(2) 健全な熟議：これは公の意思決定につながる質の高い熟議であるかを測る基準である。
(3) 影響力のある提言と政策への反映：これは公的な意思決定に影響をあたえたことを測る基準である。
(4) 公衆への影響：これは公衆の有効性感覚と態度に対する二次的および長期的な影響を測る基準である。
この分析を通じて、本章では、公的な意思決定における熟議プロセスの主な利点と課題について考察する。

4.1 熟議の評価原則

抽選代表による熟議プロセスがどのように設計され実行されたのか、それが政策や広く公衆に与える影響はすべて熟議が成功したかどうかを判断するときの考慮事項となる。例えば、参加者が公正で透明性のあるプロセスを通じて選ばれた場合には、多くの選ばれなかった人々は、自分と似たような市井の人物が参加者の一員に選ばれたのだと考え、参加者による熟議の結果を信頼する可能性が高くなるだろう（newDemocracy Foundation and UN Democracy Fund, 2019）。参加者に十分な学習時間が与えられ幅広い観点からの話を聞くことができれば、単なる意見以上のものを形成することができ、十分な情報に基づいた政策提言を市民自身が作成することすらできるかもしれない。熟議の

プロセスの様子が、事前、実施中、事後に一般公衆に十分に伝達されている場合には、公的な意思決定者が市民の決定に応答し、それを実行する責任を果たす可能性が高くなるかもしれない。参加者が幅広い専門家や利害関係者から意見を聞くとともに、その情報が一般公衆にも透明化されて利用可能である場合には、一般公衆は熟議プロセスの結果得られた提言を認知し信頼する可能性が高くなるかもしれない (Suiter, 2018)。本章では、これらの仮定が国際的なデータに照らして実証されるのかを検証していく。

　本章では、OECDが本書のために収集した新しい比較実証的な事例データと、熟議に関するより広範な理論的研究を利用して、熟議プロセスのさまざまなアプローチと設計を評価する。Nabatchiほか（2012）は、熟議を通じた市民参加の実践と影響に関する四つの側面からなる評価原則を提示した。OECDは本章の分析にあたって、このフレームワークから示唆を得て、抽選代表による熟議プロセスに焦点を当て収集するデータのタイプを絞り込んだ（図4.1を参照）。

1. **熟議の設計の誠実さ**：これは一般の人々の目からみて実施プロセスが公正であり、公共的意思決定のための熟議プロセスの成功への原則に沿った手続で実施されたかを測る基準である。
2. **健全な熟議**：これは公の意思決定につながる質の高い熟議であるかを測る基準である。
3. **影響力のある提言と政策への反映**：これは公的な意思決定に影響をあたえたことを測る基準である。
4. **公衆への影響**：これは公衆の有効性感覚と態度に対する二次的および長期的な影響を測る基準である。

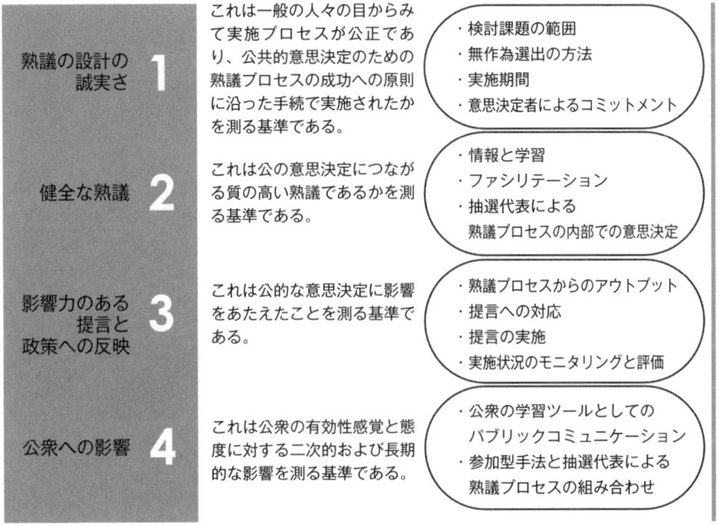

		これは一般の人々の目からみて実施プロセスが公正であり、公共的意思決定のための熟議プロセスの成功への原則に沿った手続で実施されたかを測る基準である。	・検討課題の範囲 ・無作為選出の方法 ・実施期間 ・意思決定者によるコミットメント
熟議の設計の誠実さ	1		
健全な熟議	2	これは公の意思決定につながる質の高い熟議であるかを測る基準である。	・情報と学習 ・ファシリテーション ・抽選代表による熟議プロセスの内部での意思決定
影響力のある提言と政策への反映	3	これは公的な意思決定に影響をあたえたことを測る基準である。	・熟議プロセスからのアウトプット ・提言への対応 ・提言の実施 ・実施状況のモニタリングと評価
公衆への影響	4	これは公衆の有効性感覚と態度に対する二次的および長期的な影響を測る基準である。	・公衆の学習ツールとしてのパブリックコミュニケーション ・参加型手法と抽選代表による熟議プロセスの組み合わせ

図4.1 抽選代表による熟議プロセスのための分析フレームワーク

出典：以下より OECD が引用。Nabatachi, Tina, John Gastil, Matt Leighninger, G. Michael Weiksner (2012) *Democracy in Motion：Evaluating the Practice and Impact of Deliberative Civic Engagement*, Oxford：Oxford University Press, DOI：10.1093 / acprof：oso/9780199899265.003.0010.

4.2　主な調査結果の概要

全体として、エビデンスから次のことが示された。

- 無作為選出は、「公募」および「公募以外」の形態の参加者募集方法がもつ欠点と歪みを克服しようとする試みである。これにより、ほぼすべての人にとって熟議プロセスに招待される機会が均等になり、最終的に集まった参加者のグループが社会の縮図になることが保証される。それはまた、特殊利益の圧倒的な影響から熟議プロセスを切り離すことにつながる。無作為選出は、統計的に完璧な方法ではないものの、他のどのリクルートメント・プロセスよりも属性が混合された多様な参加者のサンプルを提供できる。

- これまでの抽選代表による熟議プロセスで、最も一般的な参加者の選出方法は、「シビック・ロッタリー」（civic lottery）と呼ばれる二段階抽出の手法（59％）であった。この方法は、主にドイツ、オーストラリア、カナダ、および米国で使用されてきたが、他国での事例もいくつかある。

- 参加者となる市民の最終的なサンプルを層化する場合、すべての熟議プロセスは、母集団の一般的な構成（国勢調査を通じて利用可能なものなど）

に一致するように人口統計学的選択基準に従って参加者を選出する。通常、それは少なくとも四つの基準を含んでいる。すなわち、性別、年齢、地域、および社会経済的属性（収入と教育レベルの格差を捉える変数）である。

- 人口統計学的な層化は、多様性と代表性を確保するのには十分であるが、状況によっては信頼性を確保するのに十分ではない場合があり、言説や態度を代表させていくことが必要になる場合もある。

- 参加者には、57%の確率で何らかの形で（報酬または費用補填のいずれかによって）報酬が支払われた。

- 実施時間の長さは、抽選代表による熟議プロセスを他のほとんどのタイプのステークホルダーや市民の参加手法から区別する要因の一つである。準備期間がわかっているケースの半分（48%）は、最初の参加者会議が行われる前に12週間以上の準備が必要であり、ケースのほぼすべて（98%）は最低5週間の準備期間を必要としていた。

- 本書に収集したケースの最小の熟議の期間は、1日の対面熟議であるが、全ケースの平均で6.6週間にわたって平均3.7日間の対面熟議が開催された。

- 実施期間の平均は、熟議プロセスのモデルによって大きく異なる。市民陪審／パネルの最も一般的なモデルでは、平均して5週間にわたって平均4.1日間の対面熟議が行われていた。

- 熟議プロセスに信頼性を与え、参加に時間を割くほどに人々を動機付けるためには、強力な政治的および／または制度的コミットメントを抽選代表による熟議プロセスに持たせることが重要である。公的な意思決定者によるコミットメントが、参加者における応答率を高め、脱落率を軽減させる重要な要因の一つであることをエビデンスは示唆している。

- 学習段階には、次のものが含まれることが多い。争点に関連する専門家を招いて市民の会議において質問を提示したり回答したりすること（79%）。初回の会議に先立って入門的な資料を提供すること（48%）。現地学習などの学習セッションを提供すること（43%）。参加者が情報提供を要求したり、講演者、ステークホルダー、専門家を招待したりする権利を与えること（35%）。会議と会議の間に参加者に対して明確で広範な情報を含む資料を提供すること（31%）。

- 情報源には二つの重要な側面がある。第一に情報の多様性、第二に市民によるコントロールである。熟議プロセスの設計と実施を担当する独立したチームが、専門家と情報資料を選定する。情報の幅が広いことによって、参加者はさまざまな視点に出会い検討を進めることができるようになる。また、提供される情報の種類は、熟議プロセスの公平性に対する一般公衆が抱く認識の観点からも重要である（すなわち政府の成功を強調するパンフレットであってはいけないし、特定の解決策を推奨したりしてもいけない）。参加者が情報開示を求めることを許可することは、熟議プロセスに対する市民の信頼を勝ち取るために重要である。

- 抽選代表による熟議プロセスと他の形態の市民参加手法との主要な違いは、その結果が個別の見解の寄せ集めではなく、集合的でよく考慮された見解となっている点である。市民は、公的な意思決定者に提供する提言について、共通認識を見出すことを使命としている。

- 熟議プロセスの最後に、市民の提言は委託元の当局に届けられる。特に技術的な課題の場合には、参加者は話を聞いた専門家の提案を受け入れたり修正したりする形で参加することがある。ここでの公共的意思決定のための熟議プロセスの成功への原則は、参加者が提言をコントロールできるようにすることを目指している。

- 最終的な提言が当局に提出されたら、それに基づいて行動をおこすのは当局の責任である。代議制民主主義では、当局がすべての提言を受け入れる義務は期待されていない。ただし当局には、提案を受け入れるにしろ拒否するにしろ、その理由を説明する責任がある。

- 3分の2（66%）の例で、公的機関は最終的な提言について参加者と対面で話し合いの機会をもった。10件中4件（42%）のケースでは、公的機関は政府のチャネル（Webサイト、ソーシャルメディアなど）および従来のメディア（新聞、ラジオ）を通じて公に応答を伝えたものの、参加者と直接対面して伝達することはなかった。4分の1（24%）のケースでは、委託元の当局は、一般公衆への広報に加えて、参加者に対して直接のフォローアップを行い、提言への対応について知らせている。

- OECDは、市民の提言に基づいて行われたコミットメントの政策への反映に

ついて、可能な限り多くのデータを収集するよう努めた。その結果、55件の
データが得られた。これらのケースの4分の3（76％）で、公的機関は提言
の半分以上の項目を政策に反映していた。これらのケースの10分の4（36％）
では、すべての項目を政策に反映していた。55のケースのうち6つ（11％）
だけが、提言を政策に一切反映しなかった。

- 限定はあるものの、このような影響力についてのデータは、十分な情報に基
づいて検討された提案には、効果的な政策につながる提言が含まれている
可能性があることから、公的機関がそれらに基づいて行動する可能性が高
いことを示唆している。このような示唆をしっかりした結論とするために
は、より多くのデータが必要であるが、ひとまず議論が盛んになりつつあ
る非常に重要なテーマに光を当てるきっかけになるだろう。

- 抽選代表による熟議プロセスを評価する最も一般的な方法（67％）は、参加
者に対する匿名のアンケート調査であった。17％が学術分析を実施し、独立
した評価を受けていたのは7％にすぎなかった（通常は民間のコンサルティ
ング会社または市民参加についての専門知識を持つ非政府組織による）。

- 効果的なパブリックコミュニケーションにより、熟議プロセスは、一般公衆
が問題について学び、公共的活動一般に参加することを促すことができる。

- また、抽選代表による熟議プロセスに関する強力なパブリックコミュニケー
ションは、熟議プロセスで取り上げられる争点に関連する偽情報や集団分
極化に対抗するツールになり得ることが実証研究により示されている。

- 抽選代表による熟議プロセスは、通常、単独で使用されるのではなく、特定
の政策問題に関する広範な市民参加戦略の中心的な部分として位置付けら
れる。熟議プロセスと組み合わせて使用されるステークホルダーの参加方
法は、オンラインでの提案/意見提出の呼びかけ（33事例）、アンケート（29
事例）、パブリックコンサルテーション（19事例）、および円卓会議（16事例）
が一般的であった。

4.3　公正な手続きと認められるための条件

　熟議の設計の誠実さとは、抽選代表による熟議プロセスが公の監視に耐え、
一般の人々から信頼され、公共的意思決定のための熟議プロセスの成功への原

則に沿っていることを保証するための厳密さと公平さを指す（第5章を参照）。本書で議論される要素は、具体的には、検討課題の範囲、無作為選出の方法、実施期間、意思決定者によるコミットメントである。

●検討課題の範囲

最初の段階では、問題を特定し、抽選代表による熟議プロセスがその問題を扱うのに適しているかどうかを決定する（このようなケースであるかどうかを特定するためのガイドラインとして、第1章と第2章を参照）。抽選代表による熟議プロセスが適合する場合、主催者と参加者の双方にとってプロセスが価値あるものになることを保証するために、スコープを設定し、目前のタスクを明確に定義することが重要となってくる。熟議プロセスは、公的な問題解決のためのツールであり、「優れた問題解決には、問題を明確に定義することが必要である」（MASS LBP Reference Panel Playbook）。

熟議プロセスのための質問を検討することは、公共的問題またはジレンマが明確に特定された後にのみ行われるべきである。Kettering Foundation（2015）は、熟議プロセスを開始する前に、扱う問題の適切性を考慮するのに有益なリストを提供している（事例4.1）。

事例4.1　熟議に向く争点かを知るために考慮すべき事項

次の場合、争点は熟議に向いている
・コミュニティ内に争点に関する懸念が広がっている。
・選択を行う必要があるが、明確な「正しい」答えが存在していない。
・コミュニティが効果的に前進するために、さまざまな人々やグループが行動しなければならない状況にある。
・視点やアイデアが追加されることにより、コミュニティが前進するのに役立つ可能性がある。
・これまでとは異なるアクションとその長期的な影響を検討する機会がこれまで市民に与えられてこなかった。
・公職者や他のリーダーの意思決定が、専門家の見解だけでなく、一般の人々の判断という情報も提供されたうえで下される必要がある。

次の場合、争点は熟議に向いていない
・単に技術的課題であり、技術的な解決策が必要とされているとき。
・「はい」または「いいえ」の答えだけが必要なとき。

・すでに決定された特定の解決策があり、一般の人々の役割が「承認印」を押すだけのとき。
・迅速な対応が必要なとき。
・狭い利益団体にのみ関連するとき。
・実施者が特定の方向性をもった解決を推奨しようとしているとき。

出典：Pratt, Julie (2005), *A Guidebook for Issue Framing*, Kettering Foundation.

適切な争点が特定されたら、その検討課題を定義するために、熟議プロセスでの質問を組み立てる必要がある。広すぎる検討課題と狭すぎる検討課題の間には微妙な境界線がある。検討課題は、多数の提言を可能にするために十分に広くする必要がある一方で、グループがわき道にそれて無関係なディスカッションをしてしまうのを避けるために十分に狭くする必要がある（Carson, 2018; MASS LBP Reference Panel Playbook; Gerwin, 2018）。さらに、質問はトレードオフ（異なる立場の間での折り合い）または制約を含むことが重要である。混乱やあいまいさを避けるために、シンプルで明確な言葉を使用することが推奨される。

検討課題を自らの手で設定することは、熟議プロセスの主要な特色の一つであり、重要なステップである。熟議プロセスは、人々が意見や感想を求められる単なるコンサルテーションではないからだ。熟議プロセスで、参加者は真に課題に取り組み、実践的な提言を提供する義務を負っている。ニューデモクラシー財団は、検討課題の定義に関して、事例4.2に示した「すべきこと」と「すべきでないこと」のリストを提供している。

事例4.2　検討課題を定義するためにすべきこと、すべきでないこと

すべきこと
・問いから始めること。主題の説明だけではいけない。
・意思決定者が決定する内容と、熟議の争点が一致していること。
・簡潔さと明快さを目指すこと。
・広すぎたり、狭すぎたりしないようにすること。
・参加者を事前に決められた答えに導いたり、あなたが意図しない印象を与えないようにすること。
・問いの前または後に説明文を付けると効果的な場合もある。

- 問いまたは補足説明のいずれかにトレードオフの構造を埋め込むこと。
- 実施グループ以外の第三者とともに検討課題について検討すること-普通の市民にとって完全に理解できることを確認すること。
- 問題/ジレンマを共有することを目指し、解決策を推奨することはしないこと。
すべきでないこと
- 「はい」または「いいえ」のいずれかで答えることができる質問を立てないようにすること。
- 複合的な質問（一つに二つの質問）は避けること。各質問は別々にすること。
- 「べき」のような単語を避けること。それらの単語を使用する場合には正当な理由がいる。

出典：Carson, Lyn（2018）, "Framing the Remit", newDemocracy Research and Development Note, available at: https://newdemocracy.com.au/wp-content/uploads/2018/07/docs_researchnotes_2018_July_RampD_Note_-_Framing_the_Remit. pdf

　最後に、熟議プロセスの参加者によって作成された提言を助言的なものとするのか、拘束力のあるものにするかについて判断する必要がある。本書のほとんどのケースで、権限は助言的なものと位置づけられている。これは、熟議プロセスが助言とみなされることを望む市民の意向と軌を一にするものかもしれない（Chwalisz, 2015 and Goldberg, 2020を参照）。また、熟議プロセスが意思決定者に対して助言的であるべきであり、公衆の会話のきっかけとなることを求める熟議民主主義の規範理論とも軌を一にしている。

　熟議プロセスを助言的なものと位置づけても、可能なコミットメントのレベルは色々ある。公的機関が（公式にまたは非公式に）対応することが法的義務になっていても、これは必ずしもすべての提言を受け入れるというコミットメントを意味するわけではない。あるいは、提言に対応したり、それを考慮に入れたりすることが、公共機関の事前の政治的コミットメントである場合もある。

　民主的な体制下では、拘束力のある提言を無作為選出された参加者が作成することには正統性をめぐる懸念が生じうる。意思決定者の役割は、究極的にいえば、意思決定についての説明責任を受け入れることである。提言によって何を実現したいかを決めておくことは、検討課題を設定する段階で考慮しなければいけない重要な事項である。参加者は、学習、熟議、コンセンサスの形

成、およびレポートの作成にかなりの時間と労力を費やすことになる。そのた
め、彼らは自分たちの時間が大切にされていることを知り、彼らの提言が真剣
に受け止められるという保証を得たいと思うことだろう。したがって、提言に
注意を払い、それに対応するというコミットメントが重要なのである。MASS
LBPは、事例4.3にあるような提言への対応を計画する際に考慮すべき一連の
質問を示している。

事例4.3　提言への対応を計画する

考慮すべき問い

・提言は、既存の政策立案プロセスにどのように接合されるのか？
・誰が提言に対応するのか？どのような形態をとるのか？
・当局は、参加者の報告書を公式に受け取るのか？
・当局は、参加者に決定内容とその実施状況をどのように伝えるのか？
・参加者の努力を、どのような形で認知し、感謝を示すのか？

出典：https：／／www.masslbp.com/the-reference-panel-playbook から入手可能な MASS LBP の
The Reference Panel Playbook から引用。

●無作為選出の方法

なぜ無作為選出なのか？―無作為選出を他の参加者募集方法と比較する

　従来のコンサルテーションのプロセスでは、多くの場合、参加者の「公募」
が行われる。それは、対面か、オンラインかを問わない。参加の機会は通常、
さまざまなチャネル（オンライン、ソーシャルメディア、投稿、ポスター）を
介して宣伝され、参加が奨励される。参加機会は開放的であるため、参加した
い人は誰でも直接来たり、オンラインで参加したりすることができる。また、
委員会のヒアリングを受けるなど、応募や選考のプロセスを通じて、参加者が
実施機関によって選考される場合もある。特定の属性をもつ人が参加者となり
やすいことを指摘する研究はたくさんあり、特に年配の男性、高学歴、裕福
な白人、都会に住む人が参加する傾向が強いと指摘されている（Dalton, 2008;
Olsen, Ruth and Galloway, 2018; Smith, Schlozman, Verbe and Brady, 2009）。
　公的機関は、参加者を「公募ではない形」によって集めコンサルテーション
を行うこともできる。つまり、政治家や公務員は、政策問題に取り組むために

必要な特定の専門知識や経験を持つコミュニティの特定のメンバーを選ぶことができる。このような場合、参加は、能力、経験、利益団体との提携、またはコミュニティでの彼らの役割に基づくものになる（MASS LBP, 2017を参照）。

　公募と公募以外の形態の両方で、コミュニティを代表しないサンプルが生成されてしまう。これは、性別、年齢、社会経済的ステータス、およびその他の基準に関して、母集団の特徴を反映していないグループを生成してしまうことを意味する。また、これらのプロセスは、決定によって最も影響を受け潜在的に最も損失を被る可能性のあるステークホルダーやアドボカシー団体によって独占される傾向がある（newDemocracy Foundation and UN Democracy Fund、2019：49）。したがって、実施目的によっては、誰もが平等に選ばれる機会がないため、これらのプロセスの結果が公正または正統とは見なされない可能性もある。

　「オープンガバメントに関する理事会勧告」(2017) の第8条は、公的機関が「すべての利害関係者に情報を提供し、協議し、積極的に関与する平等かつ公正な機会を与える」ことを強調している。そのため、本書で取り上げる事例の参加者の代表性と包摂性が焦点となる。このような理由から、本書で取り上げる熟議プロセスは、すべてシビック・ロッタリーと呼ばれるさまざまな無作為選出（ソーティション）の方法を通じて参加者を集めたものになっている（MASS LBP, 2017, newDemocracyFoundation and UNDemocracy Fund, 2019）。

　無作為選出は、前述の「公募」および「公募ではない形」での参加者募集の欠点と歪みを克服するものである。無作為選出により、ほぼすべての人にとって熟議プロセスに招待される機会が均等になり、最終的に集まった参加者のグループが社会の縮図になることが保証される。それはまた、党派性、カネの力、または特殊利益の圧倒的な影響から熟議プロセスを切り離すことにもつながる（MASS LBP, 2017）。

　無作為選出は統計的に完全な方法ではないが（もし完全な方法なら、結果は母集団を広く代表していると言えるサンプルになる）、他のどのリクルートメント・プロセスよりも属性が混合された多様性のあるサンプルを提供する。これは、公的な意思決定のための熟議プロセスに使用する場合には特に当てはまる。権威のある人物（大臣や市長など）から参加を促す招待状を受け取ると、

投票したことがない、タウンホールミーティングに参加したことがない、またはオンラインのコンサルテーションに参加したことがない人も、この機会を真剣に検討するように促される。これにより、「公募」および「公募ではない形」のプロセスでは反映されてこなかった新しい声がもたらされるのである。

　したがって、代表選出のプロセスはより大きな正統性を獲得し、他の募集メカニズムでは達成できない参加者の多様性を確保することができる。調査によれば、熟議フォーラムが最大限に代表的で包摂的である場合には、非参加者における正統性の認識が高まることが示唆されている（Goldberg, 2020）。

　多様なグループはまた、より良い結果をもたらす。認知的多様性が大きいと、より均質なグループ（専門家グループなど）よりも優れた意思決定につながるとされている。均質なグループは、新しいアイデアを導入するよりも同じようなタイプの情報にアクセスする傾向があり、互いの見解を強化するだけに終わる可能性が高いためである（Landemore, 2012; Page, 2007）。

　代表性を高めるために無作為選出により選ばれた参加者は、その選出過程において不正を行うことが難しいことから、市民の信頼を勝ち取る可能性が高くなる。例えば、多くの国の陪審制度、宝くじだけでなく、スポーツイベントや競技会でも、ランダムな抽選は信頼を得てきた（newDemocracy Foundation and UN Democracy Fund, 2019）。さらに、社会のあらゆる部分を反映した一般の市民が公的な意思決定に必要となる複雑なトレードオフに従事しているのを見るときには、人々が熟議プロセスへの信頼を高める傾向がみてとれる。

　最後に、ステークホルダーと専門家が熟議プロセスにおいて重要な役割を果たすことは強調されるべきである。彼らは、自らの主張を展開する機会が提供され、社会を広く代表する無作為選出された参加者グループによる公正な聴聞会への参加機会をもつ。その結果、そのような熟議プロセスは、ステークホルダーや専門家からの情報を得て導かれた市民の意見を提供し、それを受け取った選挙代表や公務員が複雑な公的問題に対して解決策を提示することを助ける。それは、広い意味で民主的プロセスを改善することから、代議制民主主義における機関としての選挙代表や公務員の役割を補完するものといえる。

●さまざまな無作為選出の方法

　無作為選出の原理は、さまざまな方法で運用でき（図4.2）、それぞれに長所と短所がある。本書の事例では、参加者は次の四つの方法のいずれかでリクルートされていた。二段階の無作為選出（59％）、一段階の無作為選出（22％）、無作為選出とリクルートしにくい集団にターゲットを絞った選出との組み合わせ（4％）、および三段階の無作為選出（1％未満）である。15％のケース（特に古い事例）では、無作為選出のプロセスの詳細は入手できなかったが、上述した方法のうちの一つが採用されてきたと確認された。

公的な意思決定のための抽選代表による熟議プロセスに使用される無作為選出の方法（1986-2019年）

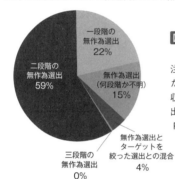

図4.2　二段階の無作為選出が、抽選代表による熟議プロセスにおける最も一般的な参加者選択の方法である

注：n = 282; OECD 諸国のデータは、2019年に加盟国であった 18 の OECD 諸国に加えて、欧州連合およびグローバルに収集されたデータに基づいている。

出典：OECD Database of Representative Deliberative Processes and Institutions（2020）

二段階の無作為選出（例：シビック・ロッタリー）

　これまでの熟議プロセスで最も一般的な参加者の無作為選出の方法は、二段階選出であった。これは、参加者の募集と選定プロセスの複数の段階でランダム化が行われることを意味している。この方法は主にドイツ、オーストラリア、カナダ、および米国で使用されているが、他国での事例もいくつかある（図4.3）。

　ドイツでは、ネクサス研究所が二段階の無作為選出の方法を使用して計画細胞を実施してきたが、それは以下の3か国のアプローチとは多くの点で異なるものである。オーストラリアでは、非営利の研究開発組織であるニューデモクラシー財団が2007年に設立され、シビック・ロッタリーの方法を用いた市民陪審を実施している。これは、同時期に、民主主義のアドボカシー組織であるMASS LBPがカナダで開発したものと非常によく似た市民陪審の運営方式で

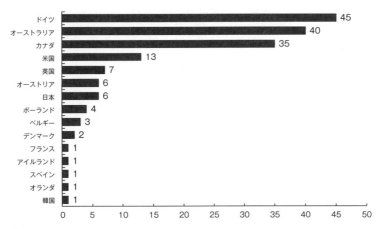

各国での熟議プロセスにおいて二段階の無作為選出が使用された回数（1986-2019年）

国	回数
ドイツ	45
オーストラリア	40
カナダ	35
米国	13
英国	7
オーストリア	6
日本	6
ポーランド	4
ベルギー	3
デンマーク	2
フランス	1
アイルランド	1
スペイン	1
オランダ	1
韓国	1

図4.3 ドイツ、オーストラリア、カナダでは、抽選代表による熟議プロセスでのリクルートメント方法として、二段階の無作為選出が最も一般的に使用されている

注：n = 166; OECD諸国のデータは、2019年に加盟していた15のOECD加盟国（オーストラリア、オーストリア、ベルギー、カナダ、デンマーク、フランス、ドイツ、アイルランド、日本、韓国、オランダ、ポーランド、スペイン、英国、米国）に加えて1986年から2019年までの欧州連合およびグローバルに収集されたデータに基づいている。
出典：OECD Database of Representative Deliberative Processes and Institutions（2020）

ある（なお二つの組織は何年もの間お互いについて知らなかった）。米国の市民イニシアティブ・レビューの参加者も、シビック・ロッタリーで選ばれている。

　二段階の無作為選出のプロセスでは、最初の段階でランダムに選択された個人または世帯に多数の招待状を送付する。これにあたって、最初に四つの基準を決定する必要がある。

1．抽選で代表されるべき母集団。
2．選ばれる個人の数。
3．層化の基準—選ばれた集団がより広範なコミュニティ（例えば、性別、年齢、地理）を代表することを保証するために使用される人口統計学的基準およびコンテキストからみて適切な場合には態度についての基準を意味する。
4．母集団から無作為選出された規定の人数の個人を参加させるように招待する方法（MASS LBP, 2017：9）。

　母集団のサイズ（小さな町、大都市、地域、または州であるか）に応じて、無作為選出で最初に招待すべき人数のサイズは異なる。人口が少ない場合、通

常、最初に連絡をとるのは少なくとも2000人である。全国レベルのプロセスの場合、人口の規模にもよるが、招待の最初のラウンドは約3万人に招待状が送付されることがある。シビック・ロッタリー（主にオーストラリア、カナダ、米国などで使用されている）とドイツでのアプローチの違いの一つは、前者では初期選択におけるプールがはるかに大きいことである（通常は少なくとも1万人）。

　各国の実施団体へのインタビューによると、希望する参加者数を得るために連絡する人数は、予想される回答率によって異なるという。さらに、それは政府のレベル（影響を受ける人口規模による）、問題が認知されている度合い、参加者に要求されるコミットメントのレベル、およびその他の背景的要因によって異なってくる。回答率は、これらの要因に加えて、招待の方式（郵便、電話、オンライン）、招待状の文言、招待を送信する人（市長や大臣などの権限のある人からのものかどうか）などの他の要因によっても異なる。母集団の人口が多く、予想される回答率が低いほど、最初の招待プールを大きくする必要がある。

　電子メールの招待状が使用されることもあるが、その場合は通常、高齢者層に確実に到達できるように、郵便または電話による招待状で補完する。次のセクションでは、招待状を配布するためのさまざまな方法の長所と短所について説明する。

　会議の招集者は、選挙人名簿（登録が強制的または自動である地域では）から全国郵便データベース、固定電話および携帯電話番号の登録リスト、または他の同様のリソースにいたる全般的な連絡先のリストを持っている必要がある。多くの地域で、データのプライバシー規則により、熟議プロセスの主催者が常に連絡先のリストを利用できるとは限らない。したがって、多くのデータソースは母集団の一部を見逃しているため、この欠点を認識するか、ソースを組み合わせることが重要である。原則として、最も多くの人が招待状を受け取る資格を得ることができるようなデータソースを用いる必要がある。

　招待状には通常、プロセスの紹介、情報シート、郵送の場合は回答フォームと封筒（あるいは電話番号またはオンライン登録フォームへのリンク）が含まれている。MASS LBP（2017）は、30を超えるシビック・ロッタリーを実施

した経験に基づいて、招待状に含める必要のある7つの重要な情報を挙げている。

1．召集者となる公的機関の紹介
2．問題や争点の紹介
3．選出と参加プロセスの概要
4．選出プロセスのルールと除外基準の概要
5．対処すべき特定の問題の紹介
6．次のものを含む参加要項：締め切り、登録方法、およびプロセスに関連するその他の情報
7．抽選で選ばれた場合の参加者の責任の概要（MASS LBP, 2017：20-21）

　2004年のブリティッシュ・コロンビア州での選挙改革のための市民議会の場合、このような規模で熟議プロセスが行われたのが初めてであったため、参加に関心のある人々を初回の会議の前に招待して、この取り組みについて詳しく学んだ後に参加するかどうかの意思表示をしてもらうことにした。ただし、このような方法は一般的ではない。

　シビック・ロッタリーの第二段階目は、熟議プロセスに参加することを志願したすべての個人を、人口統計学的基準によって層化することである。層化の基準は、社会の構成を広く反映した市民のグループをつくるために不可欠である。参加意思を表明した個人から、今度は層化基準を使用して二回目の無作為選出を行い、最終的なサンプル集団を作成する。ほとんどの場合、層化には四つの標準的な変数がある。

1．年齢
2．性別
3．地域
4．収入と教育レベルの組み合わせを保証する人口統計学的指標（これは状況によって異なりうる）（newDemocracy Foundation and UN Democracy Fund, 2019; Gerwin, 2018）

　二段階の無作為選出のプロセスを実行する方法の技術的な詳細については、*the newDemocracy Foundation and UN Democracy Fund handbook on democracy beyond elections*（2019）、*MASS LBP's guide on how to run a civic lottery*（2017）、*Marcin Gerwin's guide to organising Citizens'*

Chapter 4 ──成功する熟議プロセスとは？──エビデンスから考える

111

Assemblies（2018）を参照されたい。

一段階の無作為選出

二段階の無作為選出、特にシビック・ロッタリーの厳密な方法が最も頻繁に採用されているものの、5分の1のケース（22％）が1段階の無作為選出によっている。地理的にみて、このアプローチが使用されている地域は広範囲にわたっている。ただし、特定のモデルでは他のモデルよりも多く使用されている。フランス、スペイン、英国で開催された市民陪審/パネル、フランスでの市民ダイアローグ、デンマーク国外でのコンセンサス会議、討論型世論調査、G1000方式、アイルランドでの市民集会は、参加者の募集と選択に一段階の無作為選出を利用している（図4.4）。

実際に最も頻繁に行われていることは、（前のセクションで説明したようなサンプルが満たすべき人口統計学的基準によって）層化したうえで無作為選出を行うように、世論調査会社に委託することである。

各国での熟議プロセスにおいて一段階の無作為選出が使用された回数（1986-2019年）

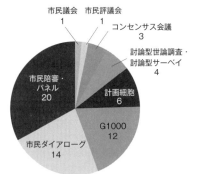

図4.4 市民陪審／パネル、市民ダイアローグ、G1000では、一段階の無作為選出が一般的である

注：n＝61；OECD諸国のデータは、2019年に加盟していた13のOECD加盟国（オーストラリア、オーストリア、カナダ、デンマーク、エストニア、フランス、アイルランド、日本、韓国、オランダ、スペイン、英国、米国）に加えて1993年から2019年までの欧州連合およびグローバルに収集されたデータに基づいている。
出典：OECD Database of Representative Deliberative Processes and Institutions（2020）

無作為選出とリクルートしにくい集団にターゲットを絞った選出との組み合わせ

世界市民会議（第2章に記載）のような国際的な事例において、脆弱な集団を包摂するために無作為選出とターゲットを絞った選出の組み合わせが使用されることがまれにある。一般的に、参加者の大多数は無作為に選出され、少数の参加者のみがターゲットを絞った選出によって選ばれる。特定のグループをターゲットにすることは、問題が社会の特定のセグメントに強く関連している

場合に役立つが、その是非を慎重に検討する必要がある。熟議プロセスによって対処するのに適したタイプの問題（価値にまつわるジレンマ、トレードオフを必要とする複雑な政策問題、および長期的な争点）は、母集団全体に影響を与えるものであるため、ターゲットを絞った抽出は一般的な方法とはいえない。確かに無作為選出のフェーズの中で特定の集団をターゲットにすることが行われるが、それは特定の集団を過剰に代表させることで無作為選出のダイナミズムを損なうためではなく、その集団の参加への応答率を高めるために行われている。

三段階の無作為選出

　三段階の無作為選出プロセスを使用して参加者を募集および選択した例が一つある。それは、2017年に行われたオーストラリアのYarra Valley Water市民陪審の事例である。この事例では、陪審員となる市民は、公共水道局に五年間の費用計画に関する提言を行うことを任務としていた。

　三段階の無作為選出プロセスでは、最初に電子メールアドレスが利用可能なYarra Valley Water社の顧客の24万人に無作為抽出に参加するための電子招待状を送信する必要があった。このデータベースは、歪みを回避するのに十分な大きさ（顧客の3分の1）であった。

　デジタル方式による歪みを回避するために、第二段階では、Yarra Valley Water社のデータベース全体（デジタル方式の利用者にとどまらない）の10%を無作為選出して、無作為に選ばれた5000の住所に郵送で招待状を送付した。これにより、デジタルへのアクセスのない、または制限された人々にアプローチすることができた。

　最後に、第三段階では、関心を表明した市民のプールから市民陪審員35人を無作為選出し、性別、年齢、地理、および住居形態（所有者または借家人）で層化した。熟議プロセスと無作為選出プロセスの詳細については、Yarra Valley Water Citizens' Jury（2017）に関するニューデモクラシー財団のプロジェクトWebページを参照のこと。

無作為抽出に使用されるデータベースがもつ意味

　無作為選出の実施には、地域や利用可能なアクセス手段に応じてさまざまなデータベースを使用することができる。例えば、有権者登録、国勢調査（国民

登録）、全国調査データベース、市民登録番号録、全国郵便住所登録簿、投票コンパス（投票アドバイスを行うアプリケーション）などがある。このほか、固定電話番号と携帯電話番号を組み合わせたうえでのランダム・デジット・ダイヤリング（RDD）がある。

　使用するデータベースによっては、市民ではない居住者、本籍地のない人、投票登録されていない人を除外してしまうリスクがある。特定の種類のデータベースへのアクセスを制限する法律または規則が原因で完全な登録簿にアクセスできない場合もある。使用するデータベースの制限を考慮して、熟議プロセスを可能な限り包摂的にするために積極的に努力することが重要である。

記述的代表と言説的代表—

人口統計のみによる層化vs. 人口統計と意見による層化

　熟議プロセスにむけて市民のサンプルを層化する場合、すべての熟議プロセスは、母集団の一般的な構成（国勢調査で利用可能なものなど）に一致するように人口統計学的選択基準に従って参加者を選出する。通常、それには少なくとも性別、年齢、地域、および社会経済的要因（収入と教育レベルの格差を捉える変数）の四つの基準が含まれる。これは、記述的代表性、すなわち最終的な集団が社会の構成をほぼ反映していることを確認するために行われる。その理論的根拠は、適切かつ厳密に実施された無作為選出のプロセスによって、異なる人生経験や関心に由来する問題に関する視点の多様性を反映したグループが得られることに求められる（Davies, Blackstock, and Rauschmayer, 2005）。

　しかし、社会的属性は必ずしも態度と強い相関があるわけではないので、十分に層化された人口統計サンプルであっても必ずしも十分な視点の多様性が得られるとは限らないという議論もある（Davies, Blackstock, and Rauschmayer, 2005）。一部の研究者は、参加者を争点となっている政策問題に関する言説に従って層化することを提唱しており、これは言説的代表（discursive representation）と呼ばれる。言説（discourse）は、「特定の仮定、判断、主張、態度、および能力を含む一連のカテゴリーと概念」として理解することができる（Dryzek and Niemeyer, 2008: 481）。それは単なる意見や見方ではない。言説はより強固であって、測定および記述することができるものである（Dryzek and Niemeyer, 2008）。これは、政治的相違をどのように考

慮に入れるかという問題を軽減する方法といえる。その目的は、熟議プロセスにおいて参加者の間で言説を通じて表現された理解、関心、価値観が、母集団における言説を反映することを保証することにある（Davies, Blackstock, and Rauschmayer, 2005; Parkinson, 2003）。あるいは、母集団を定義することが難しい状況では、言説的代表が役立つ可能性を示唆する者もいる（Dryzek and Niemeyer, 2008）。

　近年、環境問題などの物議を呼ぶトピックに関する熟議プロセスにおける言説的代表の必要性について、実施団体や研究者の間で議論が続いている。実際のところ、人口統計を超えた基準がリクルートメントの過程に含まれている場合には、それは言説の全体的な傾向ではなく、争点に対する意見または態度のデータそのものであることが多い。例えば、トロントの気候行動パネル（2019）のパネリストの募集には、人口統計に加えて、「私を含めた誰もが気候変動に寄与する排出量を削減する必要がある」という意見について、同意する/やや同意する/やや同意しない/強く同意しないという四段階の態度に関する質問が含まれていた（MASS LBP, 2019）。2020年の英国での気候市民会議の場合、参加者は「『地球温暖化』と呼ばれることもある気候変動について、どの程度懸念していますか？」という質問への回答に基づいて層化された（Climate Assembly UK, 2020）。一方、フランスの気候市民会議（2019-2020年）の場合、募集は人口統計学的代表性のみに基づいて行われた（Gouvernement francais, 2019）。態度を基準とする場合において、各言説を等しく代表させるか、あるいは、それらの言説が母集団の中に占める割合を反映させるべきなのかに関して明確な結論は得られていない。

　しかし、言説的代表に反対する説得力のある議論も存在する。熟議プロセスを召集する際の公的意思決定者の目標の一つは、公衆の信頼を獲得できる提言を得ることにある。「バランスを修正する」ために追加措置が取られると、公的意思決定者は結果を決められた方向に誘導するための操作に手を染めてしまうかもしれない。実用的な観点からも、熟議の設計の選択に直面した場合、やり易い方向に傾いてしまう事態が発生する場合がある。その動機は善意にもとづくものかもしれないが、政治的現実や国民の目からどう映るかを考慮することは、そのプロセスひいてはその結果に対して広く一般公衆が信頼を寄せられ

るかを左右する重要な要素となる。一般的にいって、万能のアプローチはなく、代表されるべき意見、態度、または言説は、熟議プロセスの目的とそれが召集されている文脈によって異なってくる。人口統計学的層化は多様性と代表性を確保するのに十分であるが、状況によっては、信頼性を確保するのに十分ではない場合があり、言説的または態度の代表も必要になりうる。

●参加への障壁を克服する

すべての市民が平等に参加する機会を確保することは、包摂性と代表性を達成するための鍵である。その難しさは、時間的制約、政策問題が知られている度合い、関心によって異なってくる。人々は、コミットメントが違ったり、経済的安定度が異なったり、政府機関への信頼度が低かったりする（第1章で述べたとおり）。それでも、参加への障壁を低くして、高い回答率を達成するための方法はいくつかある。

報酬

参加者に報酬を与えることは、それを実現するための一つの方法である。特に、市民議会や市民陪審/パネルなど、より長く、より時間のかかる熟議プロセスに関しては、参加者が熟議プロセスに費やした時間を補償することで、市民は仕事やその他の義務および育児または高齢者介護の費用をカバーすることができる。多くの場合、参加者には、全国平均賃金、または陪審員に対して支払われる額をもとにして報酬が支払われる。ただし、一部の参加者の社会保障給付に対する参加報酬の受け取りによる潜在的な影響を考慮する必要がある。

データがある172のケースでは、参加者には57％の割合で何らかの形で報酬が支払われている（図4.5）。熟議プロセスの44％では報酬が支払われたが、少数のケースでは交通費が補填されるか（7％）、実費がカバーされた（6％）。熟議プロセスの43％には報酬が支払われなかった。後者の事例の大部分は地方レベルでの実施例であり、おそらく参加するための費用が低かったと思われる。

無報酬とすることの理論的根拠は、熟議プロセスへの参加が民主主義に携わる市民の責務を活性化することに求められる。また、それは予算上の制約による結果であることも多い。この調査で収集されたデータには、回答率に関する詳細なデータが含まれていないため、参加の決定に対する報酬の影響について具体的な結論を出すことはできない。他の研究は、支払いによって、一般的に

他の方法では参加しない属性の人々、特に若者や低所得者の参加を奨励できることを示唆している（newDemocracy Foundation and UN Democracy Fund, 2019: 150）。

公的な意思決定のための抽選代表による熟議プロセスの参加者の報酬（1986-2019年）

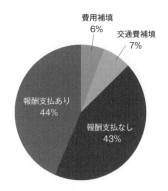

費用補填
6%

交通費補填
7%

報酬支払あり
44%

報酬支払なし
43%

図4.5 抽選代表による熟議プロセスの参加者は、半分強のケースで何らかの形の報酬または費用の補償を受けている

注：n = 172; OECD 諸国のデータは、2019 年に加盟していた 15 の OECD 加盟国（オーストラリア、オーストリア、ベルギー、カナダ、デンマーク、エストニア、フランス、ドイツ、アイルランド、韓国、オランダ、ポーランド、スペイン、英国、米国）に加えて、1986 年から 2019 年までの欧州連合およびグローバルに収集されたデータに基づいている。
出典：OECD Database of Representative Deliberative Processes and Institutions（2020）

宿泊費と交通費の負担

　参加者への報酬は、直接支払い以外にも方法がある。参加者が全国レベルのプロセスに参加するために国内のすべての地域から集まる場合には、熟議が行われる場所から遠く離れた地域から来る参加者に宿泊施設を提供し、交通費を負担することが前提条件となる。また、育児の提供や費用支払い、高齢者介護にかかった費用の払い戻しなど、構造化されたサポートシステムを利用できるようにすることも必要になる場合がある。例えば、2019 〜 2020年のフランスでの気候市民会議の参加者は、要求に応じて、当局から次の費用が支払われた。

- 日当
- 職業上の活動からの収入の一部を失ったことを証明した人への追加の補償
- 居住地の自治体外に滞在した市民には、その旅費と1泊あたり110ユーロを上限とする宿泊費の補償
- 食事代
- 1時間あたり18ユーロを上限とする託児費用（雇用主の拠出額を含む）
  （Service-Public.fr, 2019を参照）

●熟議プロセスの重要性、参加者に求められるコミットメント、および期待される結果についての明確なコミュニケーション

リクルートメント・プロセスおよびそれ以降のプロセスを支えるためには、熟議プロセスに関する明確で、的を絞ったコミュニケーションが不可欠である。目的の全体像、熟議プロセスがどのように展開されるか、必要なコミットメントのレベル、および公的な意思決定者がどのように対応するかが重要である。リクルートメント段階（および熟議プロセス全体）における効果的なコミュニケーションは、高い回答率、積極的な参加、および低い脱落率を実現することに資する。抽選代表による熟議プロセスのコミュニケーションに関する詳細は、本章の後半に記す。

●実施期間

実施期間は、抽選代表による熟議プロセスを他のほとんどのタイプのステークホルダーや市民の参加手法から区別する要因の一つである。熟議プロセスでは、適切な選考を実施し教育資料や議題を準備するために、はるかに長い時間がかかる傾向がある。データがあるケースの半数（48%）では、最初の参加者会議が行われる前に12週間以上の準備が必要であった（図4.6）。これらのケースのほぼすべて（98%）には、最低5週間の準備が必要であった。

独立した運営チームが資料を準備し、議題を計画し、最初の会議を開催するまでの準備にかかった時間（1986-2019年）

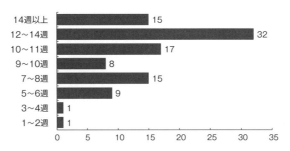

| 図4.6 | 抽選代表による熟議プロセスの準備には時間がかかり、多くの場合、少なくとも10週間を要する

注：n = 98; OECD 諸国のデータは、2019 年に加盟していた 12 の OECD 加盟国（オーストラリア、オーストリア、ベルギー、カナダ、デンマーク、エストニア、ドイツ、韓国、オランダ、スペイン、英国、米国）に加えて、1992 年から 2019 年までの欧州連合およびグローバルに収集されたデータに基づいている。
出典：OECD Database of Representative Deliberative Processes and Institutions（2020）

準備時間は、参加者のリクルートに必要な時間とは別に費やされるものであるが、両方を同時に行うことも可能である。二段階の無作為選出の場合、3から8週間を要した。一段階の無作為選出の場合、4週間から8週間以上の時間を要した。無作為選出とターゲットを絞った抽出を組み合わせる場合には、平均して6から8週間を要した（表4.1）。

表4.1 異なるリクルート方法による参加者募集プロセスの期間

	二段階無作為選出	一段階無作為選出	ランダム選出＋ターゲット選出	三段階の無作為選出
事例数	63	27	4	1
範囲	3〜8週間	4〜8週間	6-8週間	6週間

注：n = 110; OECD 諸国のデータは、2019 年に加盟していた 16 の OECD 加盟国（オーストラリア、オーストリア、カナダ、ベルギー、デンマーク、エストニア、フランス、ドイツ、イタリア、韓国、オランダ、ノルウェー、ポーランド、スペイン、英国、米国）に加えて、欧州連合およびグローバルに収集されたデータに基づいている。
出典：OECD Database of Representative Deliberative Processes and Institutions（2020）

　情報資料や議題を準備するのに必要な時間だけでなく、熟議プロセスでは、参加者の間で信頼を築き、問題の複雑さを学んで解決に取り組み、互いに熟議し、共有された提言を作成するために、参加者間の対面時間を相当量確保する必要がある。

　本書に収集したケースの最小の熟議の期間は、1日にわたる対面での熟議であったが、対面熟議の平均期間は3.7日であり、6.6週間にわたって実施された。第2章で詳細に説明されているように、平均期間は熟議プロセスのモデルによって大きく異なる（表4.2）。市民陪審/パネルの最も一般的なモデルでは、平均して5週間にわたって4.1日対面熟議が行われた。

　対面での熟議に十分な時間を確保することは、参加者間の信頼を構築し、プロセスとその成果に対する国民の信頼を涵養していくという包括的な目標を達成するのに重要である。よく見られるのは、プロセスを急ぐあまり、決定を急ぐことになり、上述の目標を損なってしまうケースである（newDemocracy Foundation and UN Democracy Fund, 2019：110）。

表4.2 市民議会、市民イニシアティブ・レビュー、および市民陪審／パネルは、最も対面の会議時間が長い

モデル	対面会議の平均期間（日数）	最初の会議から最後の会議までの平均期間（週数）
政策問題に対する市民の提言を目指すタイプ		
市民議会	18.8	47
市民陪審・パネル	4.1	5
a) 連続開催の場合	3.4	0
b) 非連続開催の場合	4.1	7
c) 進行中	11.0	104
コンセンサス会議	4.0	2
計画細胞	3.2	2
政策課題に対する市民の意見表明を目指すタイプ		
G1000	1.7	4
市民カウンシル	1.7	1
市民ダイアローグ	2.1	4
討論型世論調査／討論型サーベイ	1.6	0
世界市民会議	1.0	0
住民投票に対する市民の評価を目指すタイプ		
市民イニシアティブ・レビュー	4.4	0
常設の熟議機関		
東ベルギーモデル	データなし	78
市民監視委員会	8.0	52

注：これらの集計は、OECD 加盟国と非加盟国からこの研究のために収集された763 の個別の熟議パネルからなる289 のケースのデータに基づいて著者が実施した。計画細胞の最初の会議から最後の会議までの平均期間は、データが不足しているため例外として扱う。この例では、ドイツで計画細胞を実施している主要な組織であるネクサス研究所から直接聴取を行った。市民陪審／パネルの会議の全体的な平均の長さは、進行中のプロセスを含まずに計算されている。

出典：OECD Database of Representative Deliberative Processes and Institutions（2020）

　参加者の募集、プロセスの準備、および会議の実行に必要な時間を考慮すると、ほとんどの熟議プロセスは、最初から最後まで約6 ～ 7か月かかる傾向がある。第2章では、実施期間、問題の複雑さ、およびその他の要因に応じて、慎重にモデルを選択するための詳細なガイダンスを提供している。

● 意思決定者のコミットメント

　市民の意見が歓迎され、価値があるとされ、そして熟議の過程で仲間の市民

を代表して参加することが誇らしいことであると示すために、彼らに参加義務の重要性を強調すると良い。熟議プロセスに信頼性を与え、参加して時間を費やすように人々を動機付けるためには、強力な政治的および/または制度的コミットメントを確保することが必要である。

　これを実現するひとつの方法は、市長や大臣などの高いレベルの権限を持つ人が署名した招待状を使用することである。市民の連帯感をアピールするとともに、市民の時間が大切にされ、彼らの提言がどのように考慮されるかを明確に記載する必要がある。調査結果は、公的な意思決定者のコミットメントが、抽選代表による熟議プロセスの参加者からの回答率の高さ、脱落率の低さを実現するための重要な要因の一つであることを示している（Chwalisz, 2017）。これが高いレベルの権限を持つ者がコミットして実施する熟議と学術的実験やCSO（組織内の企画責任者）が主導する熟議の実践とが区別される点であり、後者では参加者集めとプロセスの過程で参加を維持することがより困難になりがちである（Chwalisz, 2017）。

　さらに、当局が参加者の仕事の価値を高く評価していることを強調するために、高いレベルの公職者が熟議プロセスを主催し、参加者を歓迎したり、セッションの一つに参加することも多い。政府のレベルに応じて、公職者は公営企業や組織の長、市長、大臣、さらには大統領であっても構わない（例えば、アイルランドの首相はアイルランドでの市民議会の参加者を出迎え、フランス大統領エマニュエル・マクロンは2019 ～ 2020年の気候市民会議の第4回会合で講演を行った）。

4.4　適切な熟議と判断を可能にする要素

　熟議プロセスの中核は熟議そのものであることは疑いない。これには、参加者が発言への平等な機会を与えられ、他の人の話を傾聴し、多様な情報への幅広いアクセスにもとづいて、さまざまな選択肢とそれらのトレードオフを比較検討することが含まれる。本書で分析されたケースでは、集団での熟議に焦点が当てられている。集団の熟議には、人々がお互いの共通点を見つけ、何らかの合意に達することも含まれている。公的な意思決定の文脈では、これは集団が集合的な提言（多くの場合、過半数の合意を得たもの）を作成することを意味する。

Nabatchiほか（2012）は、健全な熟議と判断についての基準を三つの要素に分解している。三つの要素とは、熟議的な分析のプロセスがあること、民主的な社会のプロセスがあること、そして健全な判断が為されていることである。一つ目は、参加者間の質の高い議論である。それは、確かな情報、重要な価値の優先順位付け、代替ソリューションの特定、および長所と短所の慎重な検討に基づくものである（Nabatchi et al.,2012）。この要素を把握するために、OECDは情報提供および学習環境に関するデータを収集した。

第二の基準は、熟議が合理的なプロセスであるだけでなく、それを民主的なものとする社会的側面についてのものである。これは、平等な貢献の機会、相互理解、配慮と尊重が、伝統的な社会的権力の不平等を克服するために重要であることを意味している（Nabatchi et al.,2012）。OECDは、思いやりのある中立的なファシリテーターが、このような包摂的な環境を整えるうえで重要な役割を果たすことを明らかにした。

最後に、健全な判断とは、利用可能な情報、個人的な経験の交換、および多様な視点に基づいて、平等主義的な方法を通じて市民が包括的な集合的決定に到達する能力に関わるものである（Nabatchi et al. , 2012）。

●情報提供と学習

学習は、熟議プロセスの重要な要素の一つである。第1章で説明したように、熟議には、多様な観点を反映した、正確で関連性のある情報が必要となる。参加者が特定の政策問題について質の高い議論を行い、提言について十分な情報に基づいた決定を下せるようにするために、あらゆる熟議的参加モデルにとって学習段階が不可欠となる。前のセクションで説明したように、プロセスを成功させるために時間が重要な要素であるのもそのためである。

学習は通常、熟議段階の前に行われるが、実際には二つは密接に関連していることがよくある。また、それぞれの小熟議セッションの開始時に、課題の中の特定の質問またはトピックを紹介することもできる。この例は世界市民会議をモデルとしている。このモデルでは、複雑な問題がいくつかの論点に分割され、学習を容易にするために提供される紹介ビデオの上映の後に、各論点についての個別の説明がなされる。

参加者に政策問題について知らせ、学習を促進する方法はさまざまある。図

4.7は、学習実践に関するデータが利用可能であった熟議プロセス（282件中157件）の中で、大多数（79％）が政策問題に関する専門家を会議に参加させて、プレゼンテーションに加えて参加者からの質問に答えてもらっていたことを示している。

　その他の種類の学習には、以下のものが含まれる。初回の会議に先立って入門的な資料を提供する（48％）、病院や対象施設などを訪問する現地学習を含む学習セッションを提供する（43％）、参加者が情報提供を要求し、講演者、ステークホルダー、専門家を招待する権利を与える（35％）、会議と会議の間に参加者に対して明確で広範な情報を含む資料を提供する（31％）などがある。

抽選代表による熟議プロセスの中のさまざまなタイプの学習過程の頻度（1986-2019年）

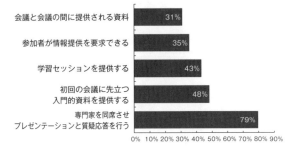

図4.7 対面式の会議で専門家を同席させ、最初の会議の前に参考資料を提供することが最も一般的な参加者学習の方法である

注：データは、熟議プロセスの学習過程に関連して利用可能なデータがある157の熟議プロセスからのものである。データは、1986年から2019年までの14のOECD諸国（オーストラリア、オーストリア、カナダ、デンマーク、エストニア、フランス、ドイツ、アイルランド、日本、オランダ、ポーランド、韓国、スペイン、英国、米国）と欧州連合からのものである。
出典：OECD Database of Representative Deliberative Processes and Institutions（2020）

●専門家とステークホルダーの選択

　情報源には二つの重要な側面がある。①情報の多様性、②市民によるコントロールである（newDemocracy Foundation and UN Democracy Fund, 2019：121）。最初に、熟議プロセスの設計と編成を担当する独立したチームが専門家と情報資料の選択を行う。彼らは必ずしも政策問題に関する専門知識を持っているわけではない。彼らの役割は参加と熟議の専門家としてのものにとどまる。まず、彼らは参加者のために包括的な教材を準備し、時には専門家やステークホルダーの諮問グループからの意見を取り入れる。

情報源の幅が広いことは重要である。情報の幅が広いことで、参加者はさまざまな視点に出会い検討をすることができるようになる。提供される情報の種類は、熟議プロセスの公平性に対する一般公衆が抱く認識の観点からも重要である（すなわち政府の成功を強調するパンフレットであってはいけないし、特定の解決策を推奨したりしてもいけない）。参加者が情報開示を求めることを許可することは、熟議プロセスに対する市民の信頼を勝ち取るために重要である。参加者が、十分な情報に基づいた決定を下すために必要と思われる情報の提供を要求できることが必要である（newDemocracy Foundation and UN Democracy Fund, 2019）。

　情報は次の三種類の情報源から提供される。①政府、②ステークホルダーまたはアクティビスト、③参加者から要求された情報源である。情報プログラムでは通常、問題の紹介、背景、問題の診断から始まり、問題の詳細と可能な解決策の説明が続く（Gerwin, 2018：54）。

　データがある熟議プロセスの半分（48％）では、最初の会議の前に参加者に入門的キットが提供されていた。キットには、だいたい次の情報が含まれている。「問題、参加者に提示してもらいたい答え、プロセスの背景、俎上に上っている議論、トピックに関する現在のアプローチまたは考え方、決定を下すために必要な一連の詳細なデータ、およびその決定により影響を受ける他の政府機関からの情報」である（newDemocracy Foundation and UN Democracy Fund, 2019: 123）。独立した情報だけでなく、参加者に透明性を示すために、しばしば問題に対する政府の見解や立場も含めることがある。

　ニューデモクラシー財団と国連民主主義基金が作成した選挙を超えた民主主義についてのハンドブック（2019）は、市民陪審/パネル向けの情報キットでは、問題をできるだけ多く説明する50〜200ページの文書を目指すべきであるとする。というのも、この文章が情報に基づいた決定の基礎となるからである。たしかに、読むべき分量が多いように聞こえるだろうし、すべての参加者が事前にそのような大量の情報を読む時間や能力を持っているわけではないため、包摂性に問題を生じさせると感じられるかもしれない。しかし、実際のところ、すべての人が文章の全体を読むことは想定されていない。参加者はそれぞれ問題の特定の側面に興味を持っているだろう。参加者の間で、各側面をカバーし

合うことで、集合知を生み出していくのである。

　また、人々が異なる学習スタイルを持っていることへの配慮から、テキストベースの資料を補完するテレビ資料への関心も高まっている。包摂性を確実にするため、必要に応じて、主催者が点字や大きな活字やビデオの字幕などの代替手段を提供できることも重要である。

　加えて、ステークホルダーには、政策問題に対する補足的な視点を提供するために意見提出を行うことが奨励されている。これは、オンラインでのステークホルダーによる説明会およびパブリックコメントの形をとることがあり、情報は広く公衆に公開される。独立したコーディネーターは、当局および（存在する場合には）諮問グループとともに、主要な業界、社会およびコミュニティのステークホルダーを特定し、積極的な関与を求める必要がある。このようにして、幅広い視点を代表させる必要がある。

　参加者に情報提供をする専門家とステークホルダーの最終的なラインナップと、初期資料として共有される情報を決めることが必要となる。これは間違いなく熟議の設計にあたって最も挑戦的な要素である。政策問題に関与している集団の異なる見解、意見、声を含める必要があるからである。すべてのステークホルダーは対等な立場にあり、参加者に自分の視点を提示するための同等の条件と機会を与えられる必要がある。これにより、強力なロビー活動団体がもつ影響が制限され、リソースの少ない集団でも発言ができるようになる。この段階がどのように設計されているかの詳細を説明したものに、Gerwinの『市民議会ガイド』（2018）やニューデモクラシー財団と国連民主主義基金の『熟議民主主義ハンドブック』（2019）がある。

　多くの場合、ステークホルダーからは大量の意見提出がなされる。このような場合、多様性が反映されるように、独立した主催者によって提出された意見の選択が行われる。例えば、中絶に関する憲法修正第8条の改正に関するアイルランドの市民議会では、1万3075件のステークホルダーからの意見提出があった。そのうち約1万2200件は、提出順に議会のWebサイトに公開され、提出した個人または組織の名前で分類がなされている。この多数にのぼる提出意見が熟議に有意義に貢献できるように、300の意見提出がランダムに選択され、単一の文書にまとめられ、提出日に従ってグループ化され、すべての参加メンバーに回覧

された（このプロセスの詳細についてはCitizens' Assembly, 2018を参照）。

　プロセスの最初と熟議前の各学習セッションの最後には、参加者に「何か知る必要があることはありますか、誰からそれを聞きたいですか」と尋ねておく必要もある（newDemocracy Foundation and UN Democracy Fund, 2019: 126; Gerwin, 2018）。

● ファシリテーション

　本書では、さまざまな熟議プロセスにおけるファシリテーターの役割に関するデータは収集されなかった。ただし、会議を実施する人々の役割が、会議の成功に不可欠であることを認識することが重要である。彼らは、温かい雰囲気を作り、メンバー間の信頼を築き、プロセスの信頼性を確保する責任を担っている（Gerwin, 2018）。彼らは、中立性を維持し、提案についての彼ら自身の判断を差し控えながら、参加者が提言を策定するのを支援する上で重要な役割を果たす。このため、ファシリテーターはプロセスの結果に利害関係を持たないことが重要であり、主催する政府当局から独立した立場であるべきである。

　さらに、ファシリテーターは、参加者の間に緊張がある場合や誰かが冷静さを失った場合など、「困難な」状況に対処するための存在でもある（Gerwin, 2018）。また、参加者間の平等な参加を奨励する機能ももつ。恥ずかしがり屋の人もいれば、会話を支配する可能性が高い人もいる。ファシリテーターは、話す時間のバランスを確保する役割も果たしている。

　熟議プロセスを促進するための実践的なガイドについては、ニューデモクラシー財団と国連民主主義基金によるハンドブック（2019）の第5章（p.165-202）を参照のこと。

● 熟議プロセス内での意思決定

　抽選代表による熟議プロセスと他の形態の市民参加との主な違いは、結果が多くの個別の見解の寄せ集めではなく、集合的かつ考慮された見解であるという点にある。市民は、公的な意思決定者に提供する提言についてのコンセンサスを見つけるという任務を負っている。これは、参加者の100％が提案の100％に同意する必要があるという意味ではない。それはまずありそうにないことであり、多元主義を重視する民主主義ではおそらく望ましくもないだろう。一般的な経験則では、参加者の約80％が、提言に問題がないことに同意する必要がある。

市民の提言に「マイノリティー・レポート」を添付する場合もある。これは、一定の支持を集めたが大多数に受け入れられるほどではない意見を掲載するものである（例えば、MASS LBPのホームページのサンプルレポートを参照）。

　提言を作成するプロセスは、モデルごとに異なる。十分な情報をふまえた市民の提言に必要となる最大限の厳密さを要する場合については、Gerwinのガイド（2018：66-82）に、その作成と意思決定のために踏むべきステップについての詳細な章がある。

4.5　影響力のある提言とアクション

　Nabatachiほか（2012）が示した熟議プロセスの評価フレームワークの三番目の基準は、影響力のある結論と行動を伴うことであった。提言が影響力を持つことの証拠が必要となる。これは、公的機関が参加者の提言にタイムリーに応答し、受け入れることができる理由またはできない理由を説明し、その実施に関する定期的な公開のアップデートを提供する必要があることを意味している。このセクションでは、熟議のアウトプット、提言の実施、および熟議プロセスの評価と監視に関するデータについて説明する。

●抽選代表による熟議プロセスのアウトプット

　熟議プロセスの最後に、市民の提言が主催する政府当局に届けられる。各国の最終報告書の定性分析によると、提言は主に市民によって自らの言葉で書かれ、何者からも編集を受けないことが多いことが示されている。ただし、提言の作成に関するデータは体系的には収集されていない点に留意されたい。特に技術的な提案に関しては、参加者は専門家の提案を受け入れたり修正したりすることがある。2016〜2018年のアイルランドでの市民議会など、提言が市民からの意見を取り入れて事務局によって作成され、コメントを得るために市民のサブグループに送られ、その後、グループ全体に送られて検証される場合もある。2019〜2020年のフランスの気候市民会議では、国会議員による立法論議に直接接合できるように、参加者の提言は法律専門家の助けを借りて起草された。このようなアプローチでは、公的機関による「翻訳」の余地が少なくなる。2020年初頭の執筆時点ではフランスの気候市民会議の提言はまだ公開されておらず、このアプローチの利点と課題はまだ明確ではない。ここでの公共的

意思決定のための熟議プロセスの成功への原則は、参加者が提言に対するコントロールをもつことを可能にする点に向けられている。

編集を受けていない最終報告書は、文章の正統性と信憑性を示すものであり、これにより、公衆の目からも正統性が高いと認識されるようになるだろう。市民が詳細で複雑な政策提言を書くことを可能にする活動、ガイド、および文言に関する詳細は、ニューデモクラシー財団と国連民主主義基金ハンドブック（2019）の第5章に記載されている。

●市民の提言への応答

最終的な提言が公的機関に提出されたら、行動するのは公的機関の責任である。代議制民主主義のもとでは、当局がすべての提言を受け入れる義務があるとは期待されていない。ただし当局には、提案を受け入れるにしろ拒否するにしろ、その理由を説明する責任がある。

応答の種類に関するデータが入手可能な104のケースのうち、3分の2（66%）で、公的機関が参加者と最終的な提言について直接話し合う機会をもっていた。これら103件のうち10件中4件（42%）のケースでは、公的機関は政府のチャネル（Webサイト、ソーシャルメディアなど）および従来のメディア（新聞、ラジオ）を通じて公的な応答を伝えたものの、参加者と直接会うことはなかった。事例の4分の1（24%）では、主催する政府当局は、一般公衆への広報に加えて、参加者に対して直接のフォローアップを行い、提言に対する対応結果を知らせる機会をもった（図4.8）。

抽選代表による熟議プロセスで作成された提言に対する公的機関の対応（1986-2019年）

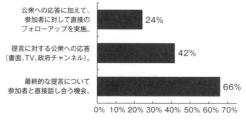

図4.8 3分の2のケースで、公的機関は参加者の提言について参加者と直接話し合いを行う

注：n = 103; OECD 諸国のデータは、2019 年に加盟していた 12 の OECD 加盟国（オーストラリア、オーストリア、ベルギー、カナダ、デンマーク、エストニア、フランス、ドイツ、韓国、オランダ、英国、米国）に加えて、1992 年から 2019 年までの欧州連合およびグローバルに収集されたデータに基づいている。
出典：OECD Database of Representative Deliberative Processes and Institutions（2020）

参加者の提言が直接フィードバックされて徹底した応答を受け取った良い例
は、2014年に市の10年間にわたる50億豪ドルの支出計画を検討したメルボルン
市民パネルである。管轄する市当局は、熟議の参加者と直接会い彼らの提案を
聞いた。7ヶ月のレビューの後、10年間の計画を発表するために、公衆にも開
かれた形でパネルを再招集し、パネルの提案からどの側面が実施されたかを
明確に開示した。市当局は11の提言のうち10を受け入れた。最終計画文書には、
参加者の提言が自らの言葉で書かれ、実施に関する市当局の決定の説明が記載
された付録が含まれている（事例4.4）。

　一般的に、提言への公式の回答の前後に参加者と直接コミュニケーションを
取り、期待値を管理し、問題に貢献し続ける機会を強調し、参加したことの価
値を強調することが推奨される。

事例4.4　メルボルン市民パネル（2014）

　2014年、43人がシビック・ロッタリーによって無作為に選ばれ、メルボルン
の10年間にわたる50億豪ドルの支出計画を検討するメルボルン市民パネルに参
加した。彼らは、市当局に熟議した詳細な提言を提供するために、リソースの
提供を受けながら4ヶ月の間に6回の会合を開催した。パネルの提案を7ヶ月間
検討した後、市当局は最終予算を公に発表し、パネルの提案の95％を受け入れ
た。最終的な計画文書の添付文書には、参加者自身の言葉で書かれた提言とそ
れへの対応内容が含まれている。このプロセスにより市当局は予算の不足を防
ぐことができた。予算は現在も実施中である。

　詳細については、https：//participate.melbourne.vic.gov.au/10yearplanを参
照。

●市民提言に基いた政策の実行過程

　世界の国々の多くの人々は、熟議プロセスに参加するために多くの時間を
割こうとしてきた（平均で6.6週間にわたって平均3.7日間の熟議が開催された）。
これは、人々に熟議に参加する価値があると判断させることの重要性を示して
いる。人々は忙しい生活を送っているので、目的や結果がはっきりしない場合
は参加しないのが合理的な対応といえる。

　本書のすべての事例は、熟議プロセスが策定する提言を行動に移せる公的機

関によって、実施の委託がなされたものである。公的機関は市民の提案を真剣に受け止め応えることを約束している。自分たちの生活に影響を与える政策に影響を与えられると感じられるほど、市民は真剣に貢献するようになるだろう。

　ただし、提言の影響は測定するのが最も難しい事項である。前のセクションでは、多くの場合、参加者の提言に対して公的または直接的な回答があることが示された。OECDは、市民の提言に基づいて行われたコミットメントの実施について、可能な限り多くの国際データを収集しようとした。55のケースについて利用可能なデータがあり、これらはいくつかの有望な結論を示唆している（図4.9）。

　これらのケースの4分の3（76％）で、公的機関は提言の半分以上を政策に反映した。これらのケースの10分の4（36％）では、提言のすべてを政策に反映した。これら55のケースのうち6つ（11％）でのみ、提言は政策に反映されなかった。交通安全の向上につながる市民の提言がどのように政策に反映されたかの一例を事例4.5で説明している。どの提案が受け入れられるか、そして行政にとって都合のいい提案のみを選ぶ傾向（公的機関の既存の検討課題に適合する提案、より安価な提案のみを受け入れるなど）があるかどうかについて、より多くの調査と分析が必要である。

公的意思決定のための抽選代表による熟議プロセスで作成された提言に対する公的機関の対応
（1986年-2019年）

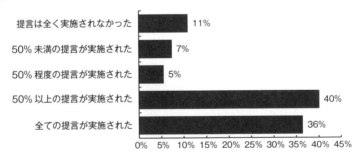

図4.9 ほとんどの事例では、参加者の提言の少なくとも半分が公的機関によって受け入れられている

注:n = 55; OECD諸国のデータは、2019年に加盟した13のOECD加盟国（オーストラリア、オーストリア、ベルギー、カナダ、エストニア、アイルランド、日本、韓国、オランダ、ポーランド、スペイン、英国、米国）に加えて、1997年から2019年までの欧州連合およびグローバルに収集されたデータに基づいている。
出典：OECD Database of Representative Deliberative Processes and Institutions（2020）

これらの調査結果は、提言が情報に基づいてよく検討された結果の場合には、公的機関がそれに基づいて行動する可能性が高くなることを示唆している。というのも、その提言には効果的な公共政策につながる賢明な判断が含まれていると考えられるためである。この議論を確固たる結論にするためには、より多くのデータが必要であるが、ひとまず議論が盛んになりつつある非常に重要なテーマに光を当てることにつながるだろう。

　提言が受け入れられたとしても、それが運用可能になり、実施されるまでに数年ではないにしても、数ヶ月はかかることになる。そのため、よく知られているように提言のインパクトを評価することは難しい。公的機関もまた、市民の提言が意思決定にどのように貢献しているかを広く伝える機会を生かしていない。本章の後半のパブリックコミュニケーションのセクションで説明するように、パブリックコミュニケーションは参加を促進するため活用されるべきツールである。同じ市民の提案が政策に影響を与えていることを市民たちが知れば、政府への信頼は高まり、将来の公的な意思決定に参加する機会が生じたときにも市民が自分の時間を提供したいと思う可能性を高めるだろう。

事例4.5　熟議プロセスの有効性

南オーストラリア州での道路安全に関する市民陪審（2014年）

　南オーストラリア州での4日間の市民陪審は、無作為に選ばれた47人の市民からなり、地域の交通安全を改善するための一連の提言を作成した。市民陪審が推奨する措置の実施により、南オーストラリア州では自転車関連の負傷者が急減した。陪審員の提言は、死者および重傷者を2012年の最高値から28％削減するのに役立った。このような例は、市民の提言を政策に反映することの有効性についてのエビデンスになる。

　詳細については、https：//yoursay. sa. gov. au/decisions/sharing-our-roads-safely/aboutを参照。

●モニタリングと評価

　熟議プロセスの監視と評価は、いくつかの理由で重要である。OECD「オープンガバメントに関する理事会勧告」（2017）の第5条で指摘されているように、抽選代表による熟議プロセスを含む「オープンガバメントの戦略とイニシアチブのための監視、評価、学習メカニズムを開発し実施する」ことが重要である。

そうすることで、何がうまく機能し、何を改善できるかについて学ぶことができる。それはまた、熟議プロセスに対する信用を作り出し市民の信頼を構築するのに役立つ。このようにして、主催する政府当局と一般市民が、より良い政策と公共サービスを目指すことのメリットを理解できるようにすることが大切である。

　熟議プロセスの監視、および市民が監視の実施にどのように関与できるかについて利用できるデータは、残念ながらほとんどない。ただし優れた実践例は、最終的なアウトカムを改善するための実践上の工夫についてのガイダンスを提供している。例えば、米国ダコタ郡での土地利用計画をめぐる市民陪審の後には、提言が当局によってどのように解釈されたかを検討するために参加メンバーが再召集された。そして、市民陪審員は、計画が彼らの提案に従って実施されているかどうかについてのフィードバックを提供する機会が与えられた（事例4.6）。

事例4.6　十分なフィードバックと実施の監視体制を確保するには

ダコタ郡の総合計画に関する市民陪審（1997年）

　ダコタ郡の総合計画に関する市民陪審は、無作為に選ばれた24人の市民を5日間集め、郡の総合土地利用計画についての提言を作成し郡当局に提供した。郡は、予測される土地利用の増加とその管理方法に関して厳しい選択に直面していた。

　プロセスが完了し、郡当局が市民の提言を検討した後、市民の陪審員らは、彼らの提言がどのように解釈され、考慮されたかを検討するために再召集された。市民陪審員はまた、一連の電子投票を通じて、総合計画が彼らの提言を適切に反映しているかどうかを郡当局に伝えることができた。

　詳細については、https：//jefferson-center．org/wp-content/uploads/2012/10/land-use．pdfを参照。

　もう一つの最近の例は、オーストラリアのヌーサ市のものである。生ゴミに関する市民陪審が開催されたのち、市当局が市民の提案を検討し、提案の費用と実施のタイミングを議論するために一連のワークショップが召集された（事例4.7）。

事例4.7　提言の実施を監視する

ヌーサ・コミュニティ市民陪審（2015）

　オーストラリアのヌーサ市では、無作為に選ばれた24人の市民が3日半にわたって市民陪審のプロセスに参加し、埋め立て地に送られる生ゴミの削減に伴う二律背反を検討した。当局において市民の提言が検討されたのち、市当局は一連のワークショップを開催し、実施費用と実施のタイミングについて話し合いを行い、政策決定サイクルの複数の段階に沿いながら市民陪審員の関与を実現した。

　詳細については、https：//www. newdemocracy. com. au/2014/10/01/noosa-community-jury/を参照。

　これまでのところ、熟議プロセスの評価で最も一般的な方法（67％）は、参加者に対する匿名のアンケート調査である（図4.10）。このような調査では、通常、プロセスの進め方に関するさまざまな要素（全体的な満足度、参加者が自分の意見を述べる機会が十分にあったかどうか、ファシリテーションが公正でバランスが取れていたと感じたかどうか）について参加者の意見を収集する。

　熟議プロセスの17％では、学術的な分析が行われている。これらの事例は、もともと熟議後の市民の意見の変化の分析が必須の設計になっている討論型世論調査/討論型サーベイ（第2章で説明）で行われたケースがほとんどである。それらの設計は科学的なプロセスに沿ったものになっている。ただし、Pincock（2012）は幅広い学術文献を参照した結果、熟議が必然的に意見の変化につながるかについての経験的エビデンスはまちまちであると報告している。合理的な議論に裏打ちされた質の高い熟議が、既存の意見を強化することにつながる可能性もある。一部の市民イニシアティブ・レビューも、主催者と研究者の間の緊密な協力、および熟議プロセスへの研究者の関心から、広範な学術的評価を受けている。

　熟議プロセスのわずか7％が、民間のコンサルティング会社または市民参加の専門知識を持つNGOによる独立した評価を受けた。このような独立した評価は、前述の参加者を対象とした調査を補完し、より包括的な評価を可能にする。ただし、独立した評価とはよく聞こえるが、誰がそれを実施するのが良いのかは自明ではない。評価には、抽選代表による熟議プロセスをよく理解する

必要がある。したがって、時間と予算の制約のために、小規模なプロセスでは必要性や実行可能性を欠く場合がある。参加者が多数で長期間続く大規模なプロセスの場合には、公衆の信頼を確保するために独立した評価が推奨されうる。

2％のケースで、主催者による公式の熟議プロセスに対する振り返りがあった。ただし、この割合は実際にははるかに高くなる可能性がある。本書の定性的調査によると、主催者は各熟議プロセスで常に学び改善するようにしている。これを公式化することによって、全国レベルの市民議会などのより大規模でより重要な熟議プロセスのために制度的学習を促進し、将来の実践を改善することができるだろう。

抽選代表による熟議プロセスを評価するために使用される方法（1986-2019年）

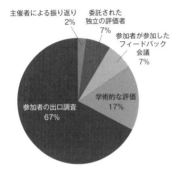

主催者による振り返り
2%
委託された
独立の評価者
7%
参加者が参加した
フィードバック
会議
7%
学術的な評価
17%
参加者の出口調査
67%

図4.10　抽選代表による熟議プロセス評価の大部分は、参加者に対する出口調査の形をとる

注：データは、評価に関するデータが利用可能な89の熟議プロセスに基づく。データは、15のOECD諸国（オーストラリア、オーストリア、カナダ、デンマーク、エストニア、EU、フランス、ドイツ、イタリア、日本、オランダ、韓国、スペイン、英国、および米国）の1988年から2019年までのものである。
出典：OECD Database of Representative Deliberative Processes and Institutions（2020）

4.6　広く社会に影響を与える方法

最後に、Nabatachiほか（2012）の四番目の基準は、熟議プロセスの評価に関するものである。ここでは、長期の熟議プロセスがプロセス自体に与える影響、公衆に与える影響、マクロレベルの政治プロセスに与える影響（公職者の態度/行動の変容、選挙における政治戦略の変更）が念頭におかれている。ただし、本書では、熟議プロセスへの参加が、行為主体性と有効性感覚の観点から参加者自身にどのように影響するか、またはマクロレベルの政治プロセスにどのように影響するかについてのデータは収集されていない。これらは影響を測るために重要な側面なので研究者によって研究されているが、さらなる研究が必要である（Gronlund et al.,2010；Niemeyer, 2011；Knobloch et al.,2019を参照）。

そこで、このセクションでは、公衆への影響に焦点を当てていく。そして、公衆への影響を実現する上で、公衆の学習メカニズムとしてのパブリックコミュニケーションが果たす役割について検討していく。また、無作為選出された参加者からなる小グループ討議の範囲を超えて社会の多くの部分を巻き込むために、熟議プロセスが参加型民主主義の形態とどのように組み合わされてきたのかについても見ていくことにする。

●公衆の学習ツールとしてのパブリックコミュニケーション

パブリックコミュニケーションは、公共の利益のために公的機関が主導するコミュニケーション活動またはイニシアチブである。これは、政治的な議論、選挙、または個々の政治家や政党に関連する政治的コミュニケーションとは異なるものである。効果的なパブリックコミュニケーションがあれば、熟議プロセスは一般の人々が問題について学び、公的生活により多く参加することを促すメカニズムになり得るだろう。なぜなら、熟議プロセスが市民の声を届けることにつながり、市民と政府の間にあるギャップを埋めるのに役立つからである。パブリックコミュニケーションは、意思決定のための熟議プロセスの使用および熟議プロセスで作成された提言の活用への支持と正統性を獲得することにも役立つだろう（Raphael and Karpowitz, 2013）。それにより、提言の実施と政策の実現が促進されることになる。

公衆の学習という目標を達成し、スムーズな熟議プロセスを確保するのに役立った優れたパブリックコミュニケーションの実践例がある。最も効果的な事例では、プロセス全体に関する情報提供だけでなく、公的機関がプロセスとその目的に対する認識を高めるために公衆に積極的に働きかけていた。

小さな規模の熟議プロセスの場合、プロセスに関する情報（募集、議題、専門家など）は、政府の既存のWebサイトやプラットフォーム、および/または熟議プロセスの実施を委託された独立した主催者のWebサイトに掲載される場合が多い。市民議会のように、参加者数が多く、かなりの期間続く大規模な熟議プロセスの場合には、一般市民とメディアが熟議プロセスに関連するすべての情報を見つけることができるように、別のWebサイトを設置することが一般的である。例としては、2016 ～ 2018年のアイルランド市民議会、2019 ～ 2020年のフランス気候市民会議、2020年の英国気候会議のために開設された専

用ウェブサイトを挙げることができよう。

　熟議プロセスの最初からパブリックコミュニケーションの責任者を選任することは、プロセスの参加者と公衆の双方への一貫したコミュニケーション戦略を確保するのに役立つ（OECD, 2019）。

　優れたパブリックコミュニケーションが熟議プロセスの参加者を超えて公衆の学習をどのように拡大するかを示す好例は、2016年から2018年に行われたアイルランド市民議会である。市民議会は、中絶の権利に関する憲法改正の提言を提供する任務を負った99人の無作為に選ばれた市民で構成された。トピックは、市民議会が召集される前にも、何年にもわたり政治的な議論が続いてきた複雑なものであった。熟議プロセスの参加者は、専門家から学び、利害関係者の意見に耳を傾け、結論に達するために彼らの間で熟議をする機会をもった。彼らは、当時中絶を禁止していた憲法修正第8条を変更するという結論を、国会に特別に設立された超党派で構成される委員会に提言した。その内容は、憲法の変更を求めるものであり、アイルランドにおける憲法改正に必要な国民投票の実施を政府に提言するものであった。

　アイルランド市民議会は、そのプロセスを通じて十分に周知されていたため（議事のオンラインストリーミング、参加者のプレスインタビュー、政策課題に関連するすべての情報がオンラインで一般公開され、テレビ、特に公共放送による大規模な報道が行われた）、公衆はその開催に気づき、その任務と構成について知り、あるいはライブストリームを視聴したり、提出物を読んだりした人もいた。

　熟議プロセスに関する研究が示しているように、討議にあたり市民議会に提出された各種の資料は、当該問題に対する国民の理解を深めるのに役立った。国民投票後の出口調査では、有権者の66％が市民議会を知っており、認知度の低い24歳以下を除いて、すべての年齢層、社会階層、地域の参加者で違いがみられなかった（Suiter, 2018）。10人に7人の有権者（70％）は、市民議会がアイルランド国民から無作為に選ばれた参加者で構成されていることを知っており、4分の3（76％）は、専門家が議論に情報を提供していることを知っていた（Suiter, 2018）。これらの知見は、熟議の実践が、社会に向けて情報に基づいた議論のための広範なプラットフォームを提供する可能性を示すものである。

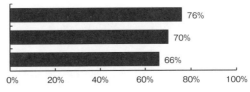

専門家が議論に対して
情報提供したのを知っていた ... 76%

市民議会は無作為選出された市民で
構成されたことを知っていた ... 70%

市民議会の存在を知っていた ... 66%

図4.11 人工妊娠中絶に関するアイルランド憲法修正8条の廃止を問う国民投票についてのアイルランド市民会議に対する有権者の認識・理解度

注：世論調査は、UCD、UCC、DCU、およびKUルーベンに拠点を置く政治学者と協力してRTEによって実施された。これは18歳以上のアイルランドの有権者3,779人をサンプルとした調査に基づいている。面接はランダムに選ばれた個人と対面で行われた。サンプルは40の選挙区すべてに広がり、175の投票所をカバーするものであった。

出典：RTE, Universities Exit Poll（2018）、"Thirty-sixth Amendment to the Constitution Exit Poll"、available at: https://static. rasset. ie/documents/news/2018/05/rte-exit-poll-final-11pm. pdf.

　抽選代表による熟議プロセスにおけるパブリックコミュニケーションの強化は、扱われる問題に関する偽情報や分極化の問題を打ち消すのに役立つツールにもなり得る。実証的研究では、「文化的認知、アイデンティティの再確認、分極化などを激化させるコミュニケーションのエコーチェンバー現象は、熟議ありの条件では機能せず、それは同じ考えを持つ党派集団という好発条件であっても変わらない」ことが示されている（Dryzek et al., 2019；Grönlund et al., 2015を参照）。また、ベルギー、ボスニア、コロンビア、アイルランドの調査からは、熟議が、集団間の民族的、宗教的、あるいはイデオロギー的分裂を克服する有効な方法となり得ることを示唆する証拠が提出されている（Ugarizza et al., 2014）。中絶問題に関する2016〜2018年のアイルランド市民議会のオブザーバーへのインタビューでも、一般人がこのテーマについて議論し、その結果を公に発表することが、国民投票キャンペーン中に生じた偽情報に対抗するのに役立ったことが示唆されている。

　熟議プロセスの認知度を高め、その透明性を確保することを通じて、積極的かつ効果的なパブリックコミュニケーションを行えば、市民から政府へ、政府から市民への双方向の信頼を高める可能性がある。熟議プロセスへの参加は、市民の政府への信頼にプラスの影響を与えるというエビデンスがいくつかある（事例4.8）。政府主導の熟議プロセスが行われていることを認識し、それが透明性をもって実施されていることを見てとることができれば、政府はオープンで、説明責任を果たし、透明で、包摂的であるとの市民の認識を高めることができる。

事例4.8 熟議プロセスへの参加は、政府に対する市民の信頼を高めることにつながる

アルゼンチン、ラプラタ市における交通・輸送問題に関する討論型世論調査（2009年）

　無作為に選ばれた62人の市民が集められ、ラプラタ市の住民が直面している交通・輸送問題について1日かけて議論する討論型世論調査が行われた。参加者はプロセスの前と後にアンケート調査を受けた。参加後には、政府に対する信頼が大きく向上した。公務員が自分たちの意見に耳を傾けてくれるかどうかについて、参加者の見方は劇的に変化した。熟議前には、60％の人が「公務員は私のような人間が考えていることをよく気にかけてくれる」という意見に強く反対していた。しかし、熟議後には、この意見は40ポイント低下し、わずか20％となった。

　詳細は、https://cdd.stanford.edu/2009/deliberative-polling-on-transit-and-traffic-issues-in-la-plata/ を参照。

●参加型手法と抽選代表による熟議プロセスの組み合わせ

　一般に、抽選代表による熟議プロセスは単独で用いられるのではなく、むし

公的な意思決定にあたり抽選代表による熟議プロセスとともに使用されるさまざまな種類の利害関係者参加プロセスの頻度（1996～2019年）

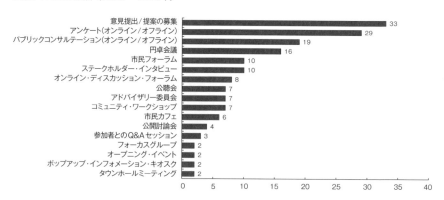

図4.12　抽選代表による熟議プロセスは、パブリックコメント、アンケート、およびパブリックコンサルテーションによって補完されることが最も多い

注：データは、OECD15カ国（オーストラリア、オーストリア、ベルギー、カナダ、デンマーク、エストニア、フランス、ドイツ、アイルランド、日本、オランダ、ポーランド、韓国、スペイン、イギリス）とEUにおける1996年から2019年の106の熟議プロセスから得たものである。

出典：OECD Database of Representative Deliberative Processes and Institutions（2020）

ろ特定の政策課題に関する幅広い市民参加戦略の中心的な役割を担っている。熟議プロセスと組み合わせて使用される最も一般的なステークホルダーの参加手法のタイプは、オンラインでの提案提出の呼びかけ（33ケース）とオンライン意見調査（29ケース）である（図4.12）。その他、パブリックコンサルテーション（19件）、円卓会議（16件）などがよく使われている。

　熟議プロセスの中には、デザイン上、他の参加プロセスを組み込んでいるものもある。例えば、市民議会では、通常、その後に市民カフェを開催し、提言について政治家や一般市民と議論する。ステークホルダーの参加は通常、熟議プロセスの前に行われ、その目的は参加者が熟議や提言を作成する際に考慮できるような意見を集めることにある。ステークホルダーの参加は、熟議プロセスと並行して行われることもあり、参加者自身によって進行されることもある。よくある例としては、参加者が、コミュニティの誰でも参加できる円卓会議を開いて質問に答え、より広い社会からの視点や反応を収集することが挙げられる。例えば、2015年のセント・ジョセフ・ヘルスセンターのコミュニティ・レファレンス・パネルでは、パネルメンバーが公聴会やディスカッションを開催し、セント・ジョセフ・ヘルスセンターへの提言を策定するための検討材料とした（事例4.9）。

事例4.9　公衆の招集者としての熟議参加者

カナダのセント・ジョセフズ・ヘルスセンター・コミュニティ・リファレンス・パネル（2015）

　熟議プロセスの参加者は、公衆の積極的な招集者になることができる。カナダのセント・ジョセフズ・ヘルスセンター・コミュニティ・リファレンス・パネルは、プロセスに多くの市民を参加させ、透明性と包摂性を高めるために、地域住民の意見を議論するためのコミュニティ円卓会議を開催した。夜に開催されたこのセッションでは、地域住民が熟議プロセスに参加し、コミュニティパネルのメンバーと対面することができた。

　詳細は以下を参照　https://stjoestoronto.ca/wp-content/uploads/2016/03/SJHC_Reference-Panel_Final-Report. pdf

Carson, Lyn (2018) , "Framing the Remit"。newDemocracy Research and Development Note, https://newdemocracy.com.au/wp-content/uploads/2018/07/docs_researchnotes_2018_July_RampD_Note_-_Framing_the_Remit.pdf.Accessed on 21 January 2020.

Center for Deliberative Democracy (2009) , "Deliberative Polling on Transit and Traffic Issues in La Plata, Argentina" ,Center for Deliberative Democracy: University of Stanford, https://participate.melbourne.vic.gov.au/10yearplan, accessed on 4 March 2020.

Chwalisz, Claudia (2017) , *The People' s Verdict: Adding Informed Citizen Voices to Public Decision-making*, New York: Roman & Littlefield.

Chwalisz, Claudia (2015) , *The Populist Signal: Why Politics and Democracy Need to Change*, New York: Roman & Littlefield.

City of Melbourne (2015) , "10-Year Financial Plan" ,https://participate.melbourne.vic.gov.au/10yearplan, accessed on 4 March 2020.

Climate Assembly UK (2020) , "Who is taking part ?" ,https://www.climateassembly.uk/detail/recruitment/,accessed on 14 April 2020.

Dalton, Russel (2008) , *The Good Citizen: How a Younger Generation is Reshaping American Politics*, Washington D.C.: CQ Press.

Davies, Ben B., Kirsty Blackstock, and Felix Fauschmayer (2005) , " 'Recruitment' , 'Composition' ,and 'Mandate' Issues in Deliberative Processes: Should We Focus on Arguments Rather than Individuals ?" , *Environment and Planning: Politics and Space* 23 (4) : 599-615.

Dryzek, John S., André Bächtiger, Simone Chambers, Joshua Cohen, James N.Druckman, Andrea Felicetti, James S.Fishkin, David M.Farrell, Archon Fung, Amy Gutmann, Hélène Landemore, Jane Mansbridge, Sofie Marien, Michael A.Neblo, Simon Niemeyer, Maija Setälä, Rune Slothuus, Jane Suiter, Dennis Thompson, and Mark E.Warren (2019) , "The Crisis of Democracy and the Science of Deliberation" , *Science* 363 (6432) : 1144-1146.DOI: 10.1126/science.aaw2694.

Dryzek, John and Simon Niemeyer (2008) , "Discursive Representation", *American Political Science Review* 102 (4) : 481-493.

Gerwin, Marcin (2018) ,Citizens' Assemblies: Guide to Democracy That Works, Krakow: Open Plan Foundation, http://citizensassemblies.org, accessed on 3 March 2020.

Gouvernement francais (2019) , "Convention citoyenne pour le climate: les 150 citoyens tirés au sort débutent leur travaux",https://www.gouvernement.fr/convention-citoyenne-pour-le-climat-les-150-citoyens-tires-au-sort-debutent-leurs-travaux, accessed on 4 March 2020.

Grönlund, Kimmo, Maija Setälä and Kaisa Herne (2010) , "Deliberation and civic virtue: lessons from a citizen deliberation experiment" , *European Political Science Review* 2 (1) : 95-117.

Grönlund, Kimmo, Kaisa Herne and Maija Setälä (2015) , "Does Enclave Deliberation Polarize Opinions ?" , *Political Behaviour* 37: 995-1020.

Hartz-Karp, Janette (2002) , "Albany Administration Centre Site Citizens' Jury" ,21st Century Dialogue, http://21stcenturydeliberation.com/index.php?package = Initiatives & action = Link & file = albany_admin_centre.html, accessed on 4 March 2020.

Hartz-Karp, Janette (2001), "Reid Highway Extension", 21st Century Dialogue, http://21stcenturydeliberation.com/index.php?package = Initiatives & action = Link & file = reid_hwy_extension.html, accessed on 4 March 2020.

Jefferson Center (2000), "Citizens Jury: Dakota County's Comprehensive Plan",Jefferson Center, https://jefferson-center.org/wp-content/uploads/2012/10/land-use.pdf, accessed on 4 March 2020.

Jefferson Center (1988), *Final Report: Policy Jury on School-based Clinics*, Minnesota: Jefferson Center.

Landemore, Hélène (2012),*Democratic Reason: Politics, Collective Intelligence, and the Rule of the Many*, Oxford: Princeton University Press.

Knobloch, Katherine R., Michael L.Barthel, and John Gastil (2019), "Emanating Effects: The Impact of the Oregon Citizens' Initiative Review on Voters' Political Efficacy", *Political Studies* 2019: 1-20.

Korean Center for Social Conflict Resolution (2019), *Activity report: KCSI*.

MASS LBP (2019), "Final Report of Toronto's Transform TO Reference Panel on Climate Action",Toronto: MASS LBP, https://www.toronto.ca/wp-content/uploads/2019/11/9048-TTO-Reference-Panel-on-Climate-Action-Report_FINAL.pdf, accessed on 4 March 2020.

MASS LBP (2017), "How to Run a Civic Lottery: Designing Fair Selection Mechanisms for Deliberative Public Processes",Toronto: MASS LBP, https://static1.squarespace.com/static/55af0533e4b04fd6bca65bc8/t/5aafb4b66d2a7312c182b69d/1521464506233/Lotto_Paper_v1.1.2.pdf, accessed on 3 March 2020.

MASS LBP (2017), "The Reference Panel Playbook: Eight moves for designing a deliberative process",https://www.masslbp.com/the-reference-panel-playbook, accessed on 20 January 2020.

Nabatachi, Tina, John Gastil, Matt Leighninger, and G.Michael Weiksner(2012), *Democracy in Motion: Evaluating the Practice and Impact of Deliberative Civic Engagement*, Oxford: Oxford University Press, DOI:10.1093/acprof:oso/9780199899265.003.0010.

newDemocracy Foundation and United Nations Democracy Fund (2019), *Enabling National Initiatives to Take Democracy Beyond Elections*, Sydney: newDemocracy Foundation, https://www.newdemocracy.com.au/wp-content/uploads/2018/10/New-Democracy-Handbook-FINAL-LAYOUT-reduced.pdf, accessed on 30 October 2019.

newDemocracy Foundation (2017), "Yarra Valley Water — Price Submission Process (2017)",newDemocracy Foundation, https://www.newdemocracy.com.au/2017/02/21/yarra-valley-water-price-submission-process/,accessed on 3 March 2020.

newDemocracy Foundation (2014), "Noosa Community Jury (2014)",newDemocracy Foundation, https://www.newdemocracy.com.au/2014/10/01/noosa-community-jury/,accessed on 4 March 2020.

Niemeyer, Simon (2011), "The Emancipatory Effect of Deliberation: Empirical Lessons from Mini-Publics", *Politics & Society* 39 (1) : 103-140.

OECD (2019), *Communicating Open Government: A How-to Guide*, Paris: OECD Publishing, https://www.oecd.org/gov/Open-Government-Guide.pdf, accessed on 15 April 2020.

Olsen, V.Beth Kuser, Matthias Ruth and Gerald E.Galloway Jr. (2018), "The Demographics of Public Participation Access When Communicating Environmental Risk", *Human Ecology Review* 24 (1)。

Page, Scott (2007), *The Difference: How the Power of Diversity Creates Better Groups, Firms, Schools, and Societies*, Princeton: Princeton University Press. [水谷淳訳 (2009)『「多様な意見」はなぜ正しいのか』日経 BP 社]

Parkinson, John (2003), "Legitimacy Problems in Deliberative Democracy", *Political Studies* 51: 180-196.

Pincock, Heather (2012), "Does Deliberation Make Better Citizens ?" ,In Nabatachi, Tina, John Gastil, Matt Leighninger, and G.Michael Weiksner, *Democracy in Motion: Evaluating the Practice and Impact of Deliberative Civic Engagement*, Oxford: Oxford University Press, DOI:10.1093/acprof:oso/9780199899265.003.0010.

Pratt, Julie (2005), *A Guidebook for Issue Framing*, The Kettering Foundation, http://commons.kettering.org/system/files/documents/Issue% 20Framing% 20Guidebook% 202015% 20FINAL.pdf, accessed on 21 January 2020.

Raphael, Chad and Christopher F.Karpowitz (2013), "Good publicity: The legitimacy of public communication of deliberation", *Political Communication* 30: 17-41.

RTE, Universities Exit Poll (2018), "Thirty-sixth Amendment to the Constitution Exit Poll" ,https://static.rasset.ie/documents/news/2018/05/rte-exit-poll-final-11pm.pdf.

Service-Public.Fr (2019), "Convention citoyenne pour le climat au CESE : quelle indemnisation des participants ?" ,https://www.service-public.fr/particuliers/actualites/A13609, accessed on 25 March 2020.

Smith, Graham and Rosemary Bechler (2019), "Citizens Assembly: Towards a Politics of 'Considered Judgement' Part 2" ,OpenDemocracy, https://www.opendemocracy.net/en/can-europe-make-it/citizens-assembly-towards-a-politics-of-considered-judgement-part-2/,accessed on 5 March 2020.

Smith, Aaron, Kay Lehman Schlozman, Sidney Verba, and Henry Brady (2009), "The Demographics of Online and Offline Political Participation" ,Pew Research Centre, https://www.pewresearch.org/internet/2009/09/01/the-demographics-of-online-and-offline-political-participation/,accessed on 3 March 2020.

St.Joseph' s Health Centre (2016), "Community Reference Panel" ,Toronto: St.Joseph' s Health Centre, https://stjoestoronto.ca/wp-content/uploads/2016/01/StrategicPlan.pdf, accessed on 4 March 2020.

Suiter, Jane (2018), "Deliberation in Action — Ireland' s Abortion Referendum" ,*Political Insight*, September 2018: 30-32.

The Citizens' Assembly (2018), "Random Sample of Submissions Received on the Eighth Amendment" ,https://2016-2018.citizensassembly.ie/en/Submissions/Eighth-Amendment-of-the-Constitution/Random-Sample-of-Submissions-Received-on-the-Eighth-Amendment/,accessed on 4 March 2020.

Ugarizza, J.E., Didier Caluawerts (2014), *Democratic Deliberation in Deeply Divided Societies: From Conflict to Common Ground*, London: Palgrave Macmillan.

5 公共的意思決定のための 熟議プロセス成功の原則

クラウディア・シュワリーツ

OECDは、収集したデータの分析と、政府、市民社会、学界の第一線で活躍する実践家、実務担当者からなる諮問グループとの協力に基づき、抽選代表による熟議プロセスの開発・実施を目指す政策立案者にとって有益な指針となりうる共通原則と成功例を特定した。本章では、これらの原則をとりまとめるために実施された調査の方法を説明し、熟議プロセスの成功への原則を示している。

5.1　成功原則をまとめるにあたって

　OECD「オープンガバメントに関する理事会勧告」（2017年）では、政府への市民参加に関して、加盟国は以下のようにするべきであると規定されている。

　「8. すべての利害関係者に十分な情報提供と協議の機会を平等かつ公平に与え、政策に関するサイクルのすべての段階に積極的に関与させる（...）」。

　「9. 利害関係者が効果的に関与し、アイデアを出し合い、解決策を共に創り出すための革新的な方法の発展を推進する［...］」。

　抽選代表による熟議プロセス（略して熟議プロセス）は、市民の政府への参加を促進する最も革新的な方法の一つである。OECDは、抽選代表による熟議プロセスが各国でどのように機能しているかについて、豊富な事実をこの本書の作成において収集してきた。熟議モデルは多種多様であるが、本書を作成するために収集した事実を分析することで、このようなプロセスの開発・実施を目指す政策立案者にとって有益な指針となりうる多くの共通原則と成功例を明らかにした。

　OECD はこれらの共通の原則や成功例をまとめて、「公共的意思決定のための熟議プロセスに関する成功への原則」（以下、「成功への原則」という）を策定した。これらの成功への原則は、熟議プロセスの確立やOECD「オープンガバメントに関する理事会勧告」の第8条および第9条の実施に関して、政策立案

者に有益な指針を提供することができる。

　この「成功への原則」は、OECDが収集した比較実証的な事例データに加えて、OECDの革新的市民参加ネットワークやデモクラシーR&D[注2]のネットワークのメンバーである政府、市民社会、学識経験者からなる国際的な実践家、実務担当者グループとの協働によって得られたものである。

　このグループには、以下の人々が参加した。

- ヤゴ・ベルメホ・アバティ、デリバラティバ（スペイン）
- ダミアン・カーマイケル、産業・科学・エネルギー資源省（オーストラリア）
- ニコル・クラート、熟議民主主義とグローバルガバナンスセンター（オーストラリア）
- リン・デイビス、ヘルシー・デモクラシー（アメリカ合衆国）
- イヴ・デジャエジェ、G1000（ベルギー）
- マーシン・ガーウィン、気候市民議会センター（ポーランド）
- アンジェラ・ジャイン、ネクサス研究所（ドイツ）
- ディミトリ・ルメール、パティシティズ（ベルギー）
- ミリアム・レビン、デジタル・文化・メディア・スポーツ省（英国）
- ピーター・マクラウド、MASS LBP（カナダ）
- マルコム・オズワルド、市民陪審CIC（英国）
- アナ・レンカンプ、ベルテルスマン財団（ドイツ）
- ミン・ロイシャン、ルーヴァン・カトリック大学（ベルギー）
- イアイン・ウォーカー、ニューデモクラシー財団（オーストラリア）

　我々は、彼らの幅広い経験に基づいてレビューグループを招集した。ヤゴ・ベルメホ・アバティは、直接民主主義のプロセスと熟議のプロセスを融合させたマドリードの「市民監視委員会」の設計者・主催者の一人である。ニコル・

注1：革新的な市民参加に関する業務の一環として、OECDは実践家、会議設計者、学者、研究者、公務員、キュレーターなどの国際的なネットワークと連携して、研究のテーマや範囲を設定し、継続的に研究へのフィードバックやインプットを集め、これらの重要なアクターのグループ間の結びつきを強化してきた。

注2：デモクラシーR&Dは、意思決定者が困難な決定を下すのを支援し、国民の信頼を築くことを目的として、熟議の活動を実践するための組織を設立したり、実際に熟議プロセスを実施したり、熟議プロセスについて研究したり、熟議の活動をするように多くの人々に提唱したりしているさまざまな組織、団体、個人の国際的なネットワークである。詳細は以下のURLを参照のこと https://democracyrd.org/about/

クラートの熟議民主主義とグローバルガバナンスセンターは、ミン・ロイシャンが長年にわたって行ってきた活動と並んで、世界的に最も幅広く熟議民主主義に関する分野で本や論文を出版しており、尊敬されている学術センターの一つである。リン・デイビスは、アメリカで、市民の投票イニシアティブに熟議の要素を取り入れることで、より熟慮されたものにすることを目的としたイノベーションを主導し、現在、フィンランドとスイスで試行している。オーストラリアのダミアン・カーマイケルlは、連邦政府の役職に就いている。この国では、熟議型プロジェクトの事例は多いものの、国家レベルでの事例はほとんどなく、公共部門の視点が特に注目されている。マーシン・ガーウィンは、非常に影響力と拘束力のある市民パネルを運営しており、東欧の視点も持ち合わせている。ミリアム・レビンは、英国政府の「民主主義における革新」プログラムでの役割が評価された。OECDが300近いプロセスを分析した結果、特に質と透明性の高いプロジェクトを行っている2つの事業者に注目し、MASS LBP（カナダ）のピーター・マクロードとニューデモクラシー財団（オーストラリア）のイアイン・ウォーカーを招いて意見交換を行った。イヴ・デジャエジェのG1000は、最初の常設熟議機関（東ベルギーモデル）の設立を担当しており、ネクサス研究所のアンジェラ・ジャイン氏は、ドイツの多くの地方自治体での計画細胞と国家レベルの実験に携わっている。また、ベルギーのパティシティズのディミトリ・ルメールは、実践家として長い経験を持ち、マルコム・オズワルドは英国の視点から、他の多くの国とは異なる独自の方式として市民陪審を組織している。最後に、アナ・レンカンプとベルテルスマン財団は、ドイツの大統領のために熟議プロセスを提供しており、その結果、さまざまな手法のレビューにおいてより高い意思決定レベルでのプロジェクトの視点での検討も実施することができた。

5.2 調査方法

　成功への原則の策定は、OECDが熟議プロセスに関する情報収集・分析作業で収集した事実の分析と、OECD「オープンガバメントに関する理事会勧告」の第8条および第9条の実現を支援するために行われた。さらに、OECDは、多くの組織や学者がすでに熟議プロセスに関するいくつかの原則を定義していた

既存の文献を評価した。

　最初のステップとして、各国の実践例の共通点と相違点、および既存の原則、基準、ガイドラインの間の共通点と相違点を特定するために、マッピング作業を行なった。参考までに、付属資料Aには、既存の原則の概要、共通点と相違点の表、共通点のまとめが記載されている。

　続いて、主催する公的機関である政府当局に有益な提言を行い、市民が公共的意思決定の形成に参加するための有意義な機会を提供する、優れた熟議プロセスを実現するために必要な基本原則と成功例が特定された。

　2020年2月28日から3月20日までパブリックコンサルテーションが実施された後、成功への原則は修正され、OECDのオープンガバメントに関する作業グループの承認を得るために協議された。パブリックコンサルテーションへの回答は2020年5月20日に発表された。

　成功への原則は、意図して簡潔にまとめられている。この原則は、意思決定者が熟議プロセスを委託したいと考えている場合や、実践家が熟議プロセスを設計・実施したいと考えている場合の出発点となることを意図している。成功への原則を実践するためのより詳細なガイドラインは、本書のフォローアップとして発行される予定であり、この中で各原則をどのように運用するかについての詳細が記載されている。

5.3　公共的意思決定のための熟議プロセス成功の原則

図5.1 公共的意思決定のための熟議プロセス成功への原則

１．目的：目的は明確なタスクとして概要が説明され、明確にされた公共の問

題に結びついていること。目的は質問の形をとりながら中立的でわかりやすい言葉で示される。

2. **説明責任**：熟議プロセスは公共的意思決定に影響を与えるべきである。主催する政府当局は、参加者の提言にタイムリーに対応し、行動することを公に約束すべきである。また、定期的に公開される進捗報告書により、受け入れられたすべての提言の実施状況を監視すべきである。

3. **透明性**：熟議プロセスが実施されることは、開始前に公に発表されるべきである。熟議プロセスのデザインとすべての資料(アジェンダ、ブリーフィング文書、参加者への情報提供に使用されるエビデンス、情報提供の音声・映像記録、参加者の報告書、提言（その文言は参加者が最終的に決定権をもつ）、無作為抽出方法など)は、タイムリーに公開されるべきである。また、資金源を開示すべきである。提言に対する委託元の公的機関の対応と熟議プロセス後の評価は公開されるべきであり、市民とのコミュニケーションに関してあらかじめ戦略を持っておくべきである。

4. **代表性**：参加者は、一般市民の縮図であるべきである。これは、無作為抽出によって代表者を選出することで達成される。その際、人口統計学的な属性の分布（国勢調査やその他の類似したデータに基づいて、熟議プロセスへの参加者全体がコミュニティの人口動態とほぼ一致するようにする）に加え、（状況に応じて）賛否などの態度の分布の基準も使用して選出することもある。参加者として選ばれる機会は誰にでも平等に与えられるべきである。場合によっては、最終的に参加する人々の代表性を確保するために、無作為抽出の段階で特定の人口統計学的な属性を持つ人々については、その属性の人々の国勢調査などでの割合よりも多く抽出することが望ましいこともある。

5. **包括性**：参加率の低いグループをどのように参加させるかを検討することで、多様な人々が参加しているという包括性の実現を図るべきである。また、報酬や経費、託児や介護のための費用を提供することで、参加を促し、参加できるように支援すべきである。

6. **情報提供**：参加者は、正確で、討議テーマに関連があり、入手可能な幅広いエビデンスや専門知識にアクセスできなければならない。参加者は、市

民自身が選んだ専門家や賛否ある政策課題の場合のそれぞれの立場の支持者を含む情報提供者の話を聞き、質問する機会を持つべきである。

7. **グループ討議**：参加者は、公的機関に対して参加者全体でとりまとめる提言を支える共通の基盤を見つけることができなければならない。そのためには、慎重かつ積極的にグループメンバーの発言に耳を傾けること、複数の視点からの評価や検討を行い、すべての参加者が発言の機会を持つこと、小グループでの討議・活動と全体会議での討議・活動を交互に行う形式の組み合わせ、熟練したファシリテーションなどが必要となる。

8. **時間**：ほとんどの政策問題は複雑である。そのため、参加者が学び、エビデンスを吟味し、十分な情報に基づいた提言を行うための十分な時間が必要である。市民が十分な情報に基づいて提言を作成することができるようにするためには、より短い時間での開催が正当化される場合を除き、参加者は少なくとも丸4日間の対面のミーティングを行う必要がある。会議と会議の間には、個人での学習と熟慮のための時間を設けることを勧める。

9. **誠実性**：熟議プロセスは、主催する公的機関である政府当局とは異なる独立した運営チームによって運営されるべきである。プロセスの決定に関する最終的な判断は、主催する公的機関である政府当局ではなく、独立したコーディネータが行うべきである。状況に応じて、異なる立場の代表者からなる諮問委員会または監視委員会による監視が行われるべきである。

10. **プライバシー**：メディアからの好ましくない注目や嫌がらせから参加者を守るため、また、利益団体や活動家からの賄賂やロビー活動を受けることなく参加者の独立性を保つために、参加者のプライバシーを尊重する必要がある。小グループでの討議は非公開とするべきである。参加者の身元は、熟議プロセスが終了した時点で、参加者の同意を得て公表することができる。参加者のすべての個人データは、欧州連合の一般データ保護規則（GDPR）など、国際的な基準や成功事例での個人情報の扱い方に準拠して取り扱われるべきである。

11. **評価**：客観的な基準（提供された情報の量と多様性、学習に充てられた時間、ファシリテーションの独立性など）に基づいてプロセスを評価するために、参加者による無記名での評価を行うべきである。運営チームによる内部評

価は、本報告書で示している成功への原則に照らして、何が達成されたか、今後の実践をどのように改善すべきかを評価するために実施すべきである。独立した評価は、一部の熟議プロセス、特に長期間にわたる熟議プロセスの場合に実施することを推奨する。熟議プロセスは、最終的な成果と実施された提言の影響についても評価されるべきである。

引用参考文献

Bone,Z.,Crockett, J., & Hodge,S.（2006）,"Deliberation Forums: Pathway for Public Participation", in R.J.Petheram, & R.Johnson（Eds.）, *Practice Change for Sustainable Communities:Exploring Footprints, Pathways and Possibilities*（pp.1-16）,Beechworth, Australia:The Regional Institute Ltd., https://researchoutput.csu.edu.au/en/publications/deliberation-forums-a-pathway-for-public- participation, accessed on 11 November 2019.

Carson, Lyn and Stephen Elstub（2019）,"Comparing participatory and deliberative democracy",newDemocracy Research and Development Note, newDemocracy Foundation, Comparing https://www.newdemocracy.com.au/wp-content/uploads/2019/04/RD-Note-Comparing-Participatory- and-Deliberative-Democracy.pdf, accessed 11 November 2019.

Farrell, David, Nicole Curato, John S.Dryzek, Brigitte Geifssel, Kimmo Grönlund, Sofie Marien, Simon Niemeyer, Jean-Benoit Pilet, Alan Renwick, Jonathan Rose, Maija Setälä, and Jane Suiter（2019）,"Deliberative Mini-Publics Core Design Features",Working Paper Series No.2019/5, Centre for Deliberative Democracy & Global Governance, University of Canberra, https://www.governanceinstitute.edu.au/magma/media/upload/ckeditor/files/Deliberative%20Mini- Publics%20Core%20Design%20Features.pdf, accessed on 11 November 2019.

Matthews, D.（1999）, *Politics for People*, Urbanna, IL: University of Illinois Press.

OECD（2017）, Recommendation of Council on Open Government, https://legalinstruments.oecd.org/en/instruments/OECD-LEGAL-043

6 民主主義を再構築する
−なぜ、どのように熟議を埋め込むか

クラウディア・シュワリーツ

　これまで行われた抽選代表による熟議プロセスの大半は、政治的な意思に依存した一回限りの取り組みであった。そのテーマも、公的な意思決定者によってトップダウンで決定されてきたといえる。しかし、いま新しい民主主義の制度設計を試みる動きが登場してきている。新しい民主主義の制度では、熟議プロセスが、政策サイクルの一部として恒久的に組み込まれるか、特定の状況下で必須とされるようになってきている。こうした新しい制度のなかには、市民に議題を設定する役割を与え、どの問題を公共的な熟議に付すか、その検討課題をどのように構成するかを決定できるようにしたものもある。本章では、公共的な熟議を制度化する理由と道筋、そして制度化の限界について検討する。

6.1　熟議プロセスの制度化

　公的な意思決定のための抽選代表による熟議プロセス（熟議プロセスと略記する）の実施は、過去40年間に数多くの国々で急増した。本書では289の事例（OECD加盟国からは282事例）をデータベース化しており、その他にも多くの事例が進行中である。さまざまなモデル（第2章）や熟議の設計に関する選択（第4章）、代議制や直接民主制とのさまざまな関連性をめぐって、多くの実験が行われてきた。しかし、これまでの事例の多くに見られる共通点は、それらが単発的なものであったことに加え、公的な意思決定者によってトップダウンでテーマが決定・定義されてきたことである。OECDが行った本書の調査でも、制度化された実施例といえるものは14例にとどまっている。

　このような理由から、本書では、抽選代表による熟議プロセスを、民主主義システムにおける持続的な取り組みとし、トップダウンではなく市民が議題を設定していくような、今後の展開について検討したい。なるほど、この議論は新しいものではない。アドホックな実践を超えて新たな熟議機関の設立を

めざそうとする学術的議論は約20年前から続いている（Smith, 2001 and 2018; Warren, 2007; Hartz-Karp and Briand, 2009; Elstub, 2010; Setala, 2017; Gastil and Wright, 2019）。しかし、ここ数年、理論的な議論のほかにも、制度化に対するさまざまなアプローチを実践する実験が並行して実施されるようになってきた。

　本章では、抽選代表による熟議プロセスの制度化に向けた動きが生じてきた理由を論じる[注1]。これまで試みられてきた制度化のさまざまな進め方を概観し、制度化を可能にするための法的・制度的・予算的要件を簡潔に述べるとともに、その限界を確認したい。したがって、本章はこのテーマに関するより多岐にわたり深い諸問題への予備的な議論にすぎず、このテーマは今後のOECDのワーキングペーパーや政策ペーパーにおいてさらに検討されることになるだろう。

　本章は、政府、市民社会、学界において国際的に第一線で活躍する実践家たちと共同することを通じて、彼らのアイデアやコメントから多大な貢献を受けた。その共同作業のメリットを生かした内容になっている[注2]。

6.2　制度化の定義

　制度化の意味には、法的側面と文化的側面の二つがある。これらはともに、変化を持続させるための要件に関わるものである。

　民主政治や政策決定において熟議の制度化を行うとは、熟議的活動を公的な意思決定機構や統治機構のルールに法的に組み込むことを意味し、基本的な法

注1：本章および本書全体で、制度化すること（Institutionalise）と埋め込まれた（embed）とは同じ意味で使われている。
注2：このグループには、以下のメンバーが含まれている。：Bjørn Bedsted（デンマーク／デンマーク技術委員会）、Yago Bermejo Abati（スペイン／デリバラティバ）、Terrill Bouricius（米国／元議員・無所属の政治学者）、Lyn Carson（オーストラリア／ニューデモクラシー財団）、Nicole Curato（オーストラリア／熟議民主主義とグローバルガバナンスセンター）、Yves Dejaeghere（ベルギー／G1000）、Mahmud Farooque（米国／アリゾナ州立大学「科学・政策・成果」コンソーシアム）、Doreen Grove（英国／スコットランド政府）、Brett Hennig（英国／ソーティション財団）、Dominik Hierlemann（ドイツ／ベルテルスマン財団）、Angela Jain（ドイツ／ネクサス研究所）、Dimitri Lemaire（ベルギー／パティシティズ）、Miriam Levin（英国／英国政府）、Peter MacLeod（カナダ／MASS LBP）、Arantxa Mendiharat（スペイン／デリバラティバ）、Min Reuchamps（ベルギー／ルーヴァン・カトリック大学）、David Schecter（国際ネットワーク／デモクラシー R & D）、Graham Smith（英国／ウエストミンスター大学民主主義研究所）、Jane Suiter（アイルランド／ダブリンシティ大学未来メディア・ジャーナリズム研究所）、Nivek Thompson（オーストラリア／デリバラティブリー・エンゲージング）、Niamh Webster（英国／スコットランド政府）、Antoine Vergne（フランス／ミッシオン・ピュブリック）。

律や規制の枠組みの確立を通じて政治的変化に左右されない継続性を確保することをいう。

　制度化には文化的な側面もある。すなわち、制度化は、社会規範によって維持され、承認され、規則正しく繰り返されるプロセスを指すこともある（Abercrombie, Hill & Turner, 1988）。このような側面は、新しい制度と社会的価値とが足並みをそろえるために重要である。

6.3　主な調査結果の概要

　本章で得られた主な知見は以下の通りである。

- 政策決定サイクルや公的な意思決定手続に組み込む形で熟議プロセスを制度化することで、より困難な政策判断を下すこと、より良い熟議プロセスをより簡単に低コストで行うこと、市民の信頼を高めること、有意義な市民参加を拡大して民主主義を豊かにすること、市民が公共的な課題に取り組む能力を強化することが可能になる。
- 制度化にむけた「万能の」アプローチもなければ、唯一の「ベストな」デザインもない。従って、公共的な熟議を定着させるための様々な目的に応じた多様なロードマップを検討する必要がある。
- 制度化へ向けて既に行われている三つのルートを検討した。それらは、抽選代表による熟議のための常設または継続的な組織の創設、一定の条件が揃ったときに公的機関が熟議プロセスを組織することを定める要件の設定、市民が特定の問題について熟議プロセスを要求できるルールの制定である。
- 制度化への一つのルートは、代議制のもとでの既存の意思決定機関を補完する常設または継続的な熟議組織を作ることである。2020年初頭の時点でいえば、常設または継続的な熟議機関は、議題設定、監督、特定の公共政策課題に関する継続的な意見の提供を担い、さらに議会の特別委員会と同様の責任を担っている。このような実践例には以下のものが含まれる。

  ▶東ベルギーモデル
  ▶トロントの都市計画検討パネル
  ▶トロント・ハミルトン圏の交通に関するメトロリンクス・地域諮問会議
  ▶マドリードの市民監視委員会

- ▶ブリュッセル首都地域議会とブリュッセル・フランス語共同体議会における混合熟議委員会
- ▶ゴールバーン・バレー・ウォーター社の年次パフォーマンスフォーラム
- ▶キングストン市の区委員会

• 制度化への別のルートは、一定の条件のもとで、公的機関が抽選代表による熟議プロセスを組織することを定めることである。例としては以下のようなものがある。

- ▶無作為に選ばれた市民により構成される市民イニシアティブ・レビュー。これは、住民投票にかけられる法案への賛否について有権者が知っておくべきであると思われる重要な情報について、無作為に選ばれた参加者が共同して文章にまとめ、有権者に配られる選挙パンフレットに付して地域の全世帯に配布するものである。
- ▶2017年のモンゴル討論型世論調査法。この法律では、憲法改正、地方開発基金によるプロジェクト、都市計画プロジェクトについては討論型世論調査を実施しなければならないと定めている。
- ▶デンマーク技術委員会、イギリスのサイエンス・ワイズ。これらは、複雑な科学技術問題についての政策議論に市民を参加させるためのプログラムの一種である。
- ▶2011年に制定されたフランスの生命倫理に関する法律。この法律は、生命倫理に関連する法律の変更について、国家諮問倫理委員会（CCNE）と議会が公の討論と抽選代表による市民の熟議を組織する義務を制度化したものである。
- ▶日本の二つの都市（吉川市と岩倉市）の市民参加・参画条例。両市では、公的意思決定に情報提供するための公式の方法として、条例で市民による熟議である市民討議会を制度化した。

• 制度化への第三のルートは、市民が公的機関に対して、特定の問題に関する抽選代表による熟議プロセスを組織するよう要求できることを規定する法律や規制を設けることである。例えば、以下のようなものがある。

- ▶ポーランドのグダニスク、クラクフ、ルブリン、ポズナンの各市の条例では、市民がイニシアティブを支持する署名を集めることによって、

熟議プロセスを含む参加プロセスを開始することができるようになっている。その基準値は、ルブリンの350筆からグダニスクの1000筆までさまざまである。また、ポズナンでは2000筆、グダニスクでは5000筆といったように、署名数が多ければ要請を拒否できない都市もある。

▶2013年にオーストリアのフォアアールベルグ州の州憲法が改正され、1000筆の市民の署名で市民カウンシルを立ち上げることができるようになった。

- 制度化を成功させるには、その状況に応じて適切な設計をする必要がある。これは、政府のレベルやその他の制度的要因によって異なる。

- 制度化には政治家の支持が必要になる。法律や規則を制定する際に必要な政治家による支持だけでなく、政権が変わったときにそれを維持するための十分な党派を超えたコンセンサスが必要となる。

- 制度化には、公務員による支援も必要である。公的機関のトップに立つ者だけでなく、こうした新しい取り組みを業務計画に組み込まなければならない下級レベルの現場職員もまた同様である。

- 公衆の支持を得るには、報道機関やジャーナリストが熟議プロセスを積極的に報道するような、協力的なメディア環境が必要となる。

- 政府は、一定の条件下で熟議プロセスを要求し、十分な署名を集めれば市民が熟議プロセスを開始できるような法律や規則を制定することを検討すべきである。

- 熟議プロセスをより簡単に低コストで組織化し、良い結果をもたらすために、さらなる法的支援の問題（無作為選出プロセスをうまく実行するためのデータベースへのアクセスなど）に取り組む必要がある。

- 次の段階として、刑事事件裁判の陪審員のように、雇用主が熟議に参加する従業員に有給休暇を提供する要件や、公的機関が雇用主に補償を行う要件を定めていくことが考えられる。

- 制度化には、政府内外の十分なキャパシティが必要である。熟議の利点を理解し、熟議プロセスを委託する方法を知り、中立的なホストとしての役割を果たす十分な数の公務員が必要である。同様に、熟議プロセスを設計し、組織し、運営し、促進する方法を知っている高度に熟練した実務家が十分

にいることも必要である。

- 上記のキャパシティの問題に対処するための一つの戦略として、政府が、熟議プロセスを担当する常設の部局、または熟議プロセスにも責任を持つことができる広い権限を持つ部局を設置することが考えられる。そのなかには、研修、調査、評価基準について支援を行うような市民参加の専門的な教育機関も含まれる。

- 制度化を実現するためには、持続可能なインフラを確立するためのある程度の初期投資が必要である。これには予算の確保が必要だが、ひとたび熟議プロセスを制度化すれば、一回限りの実施よりもコストを低く抑えることができる。

- 試みのための十分な余白を残し、評価と学習に基づいて制度設計を変更していくことが重要である。制約が多すぎたり規制が強すぎたりする場合には、制度化によってイノベーションや参加を阻害する可能性がある。

- 代議制を補完する制度として常設または継続的な熟議プロセスを導入するには、そのような取り組みが既存の説明責任のメカニズムをどのように強化し、参加者や一般市民に対してどのように説明責任を果たすことができるかを考えていく必要がある。

6.4 なぜ制度化するのか？

第1章では、制度化の問題を考える前提として、「なぜ熟議なのか」という問いに焦点を当てた。つまり、抽選代表による熟議プロセスが、より良い公的決定を導き、信頼を高めるのに役立つ七つの主要な理由があると指摘した。それらは以下の通りである。

1. 世論ではなく、熟議を通じて勘案された人々の判断が、当該の政策争点について十分な情報に基づいた提言となるため、**より良い政策アウトカムが得られる**。熟議過程の意思決定は、専門家の知見、人々自身の経験や価値観、社会のさまざまな層からの情報にもとづいて行われるので、結果として、政策立案者に対して情報に基づいた市民の提言を行うことができる。

2. 困難な選択をする意思決定者の正統性を高める。

3. 公的意思決定において市民に実効性のある役割を与えることで、政府や民

主主義機関に対する市民の信頼を高める。

4．市民としての自尊心のきっかけとなり、市民をエンパワメントする。

5．より多様なカテゴリーの人々に門戸を開くことで、より包括的なガバナンスを実現する。

6．資金や権力を持つグループや個人が、公的な決定に不当な影響力を持たないようにすることで、誠実な取り組みを強化し、汚職を防止する。

7．分極化や偽情報の阻止に貢献する。

　また、第1章では、抽選代表による熟議プロセスが適している問題のタイプとして、①価値対立に起因するジレンマ、②対立する二つの要素の間での妥協を必要とする複雑な問題、③選挙の任期に縛られた短期的な動機づけを超えた長期的な問題を挙げた。これらの問題は、一般に、政治的な行き詰まりを表す特徴でもある。

　このことを念頭に置くと、抽選代表による熟議プロセスを政策決定サイクルや公的意思決定手続に制度化することは、上記のようなメリットをもたらし、さらに次のことも可能にする。

1．より困難な決断を下す。抽選代表による熟議プロセスを制度化することで、政府だけでは解決できない難問にコミュニティをあげて取り組むことができる。市民が参加することで、コミュニティの優先事項の特定が容易になり、利益団体の抵抗や、政党内や政党間の分断を克服して、困難だが必要な政策決定を行うことができる。このように、さまざまな方法を用いて、さまざまなレベルの政府において制度化を促進することにより、政府はより難しい決断を下すことができるようになる。

2．より良い熟議プロセスを簡単に、低コストで実施することができる。制度化により、再利用可能なプロセス、文書、実務家の能力などの開発が容易になる。これにより、質の高い熟議プロセスをより簡単に、低コストで、効果的に実施できるようになり、新しい政権になったとたんに熟議プロセスへの支援が打ち切られるような可能性も低くなる。また、立ち上げの時間を短縮できるため、課題の把握と同時に、迅速に熟議プロセスを組織化することができる。制度化はまた、集団的学習を確保し、さらに実験、評価、実践の改善を長期にわたって促進することで、実践を改善することができる。

3．**市民の信頼を高める。**熟議プロセスを含む市民参加の機会は過去数十年の間に急増したが、政府、政治家、政策立案者に対する全般的な信頼度にプラスの影響を与えたとは言い難い。これは、ほとんどの参加型実践が一回限りのものであり、さらに特定の問題やプロジェクトに関連した問題に限定されていたことが一因であると思われる。おそらく、熟議を制度化すること（そして、市民による熟議をより多く実施すること）は、政府に対する市民の信頼を高めるのに役立つだろう。より多くの人がガバナンスの本質に迫り、公的意思決定の複雑さをより深く心から理解する機会が増える。熟議を制度化することで、公的機関と市民との関係を根本的に変えることができる。

4．**意義ある市民参加を拡大し、民主主義を豊かにする。**民主主義とは、統治されることであると同時に、統治することでもある。制度化によって、より多くの人々が統治プロセスに携わることができる。そうすることで、民主的な意思決定に、多様な視点がもたらされる。政府は、選挙での投票に関して、政治的平等を確保するために多大な労力を費やしている。同じ論理を選挙と選挙の間の期間にも当てはめると、例えば、人生のある時点で誰もが熟議プロセスへの参加の招待を一度は受けることを目標とすることもできるだろう。

5．**市民の公民的能力を強化する。**制度化により、代表になるという特権をより多くの人々に広げ、定着させることができる。他者を代表する行為は、それ自体がひとつの技能であり、民主主義に適した資質としてより多くの人々によって培われるに値するものである。つまり、社会のより多くの人々が、自らが属するコミュニティに奉仕し、公的意思決定の複雑さを体験し、自らの主体性と有効性感覚を強化する機会を得ることができるのである。

6.5　制度化に向けたさまざまなアプローチ

　制度化にむけた「万能の」アプローチもなければ、唯一の「ベストな」デザインもない。従って、様々な目的をもった公共的な熟議を定着させるための多様なロードマップを検討する必要がある。熟議プロセスの異なるモデル（第2章参照）は、異なる状況、目的、レベル、問題に応じてそれぞれ有用性をもつ。

これは将来の考察の出発点に過ぎないため、他の選択肢も想定されることを認識しつつ、これまで試みられた経路を考察したい（図6.1）。

本章では、既存の三つの制度化の経路を検証する。

１. 抽選代表による市民の熟議のための常設または継続的な組織の創設
２. 一定の条件が揃ったときに公的機関が熟議プロセスを組織することを定めた要件の設定
３. 市民が抽選代表による熟議プロセスを要求することを認める規則の制定

図6.1 抽選代表による市民の熟議を制度化するための三つの既存アプローチ（2019年現在）
出典：OECD Database of Representative Deliberative Processes and Institutions（2020）

　本章では、上記三つのそれぞれの可能性について、その内容、すでに行われている地域、そして他の形式の熟議や参加型実践を制度化した例について説明する。これらの例から学べる点も多いだろう。また、これらの選択肢は様々な方法で組み合わせることができるかもしれない。これらの取り組みは、政府のあらゆるレベルにおいて、開かれた国家という考え方に沿ってより広範な公共部門（すなわち、省庁、機関、委員会、病院、学校など）において実現可能である。これらの選択肢はすべて、選挙で選ばれた議会と職業的な公務員が代議制民主主義において重要な役割を担っており、またそうであるべきだという考えに基づいている。これらの措置は、代表機関の機能を強化する目的で、代表機関と相互作用する制度的工夫としてデザインされている。

● **常設または継続的な組織の創設**

　制度化への一つのルートは、抽選代表による市民の熟議のための常設または継続的な組織を創設することで、既存の代議制の意思決定制度を補完するものである。これには、さまざまな相対的なメリットとデメリットがある。一方で

は、政府の機能には継続的に注意を払う必要があるものがある（実施状況の監視や行政府の監督など）。また、恒久的な制度は単発の実施を行う際の組織よりも解体されにくい。他方で、個々のメンバーの任期が長い場合には、そのような市民会議が政治の場と化してしまう可能性が高くなる。しかし、この問題は、任期を限定したメンバーを定期的に交代させることで軽減することができる（これまでの例ではそうしている）。つまり、一定期間後に新しいメンバーがランダムに選出され、「（常設または継続的な熟議機関が）民主的に効果的であるために必要な程度まで社会的・経済的権力の非対称性から」メンバーを守り、「政治的平等と熟議的推論を実現する」ことを保証するのである（Owen and Smith, 2019: 280）。

　いくつかの例を挙げると、東ベルギーの事例のように、常設の熟議機関が議題設定と監視のための評議会の役割を果たして、市民議会、市民陪審、市民パネルなどのアドホックな抽選代表による熟議プロセスで扱うべき問題を決定することもできる（事例6.1）。東ベルギーモデルとは、ベルギー・ドイツ語共同体（オストベルギエン）の議会を補完するために、法律に基づいて設立された三つの新しい機関のことである。そこでは、無作為に選ばれた市民に、議題設定、実施状況の監視、議会への提言といった新たな役割を与えている。

事例 6.1　東ベルギーモデル

　2019年2月25日、ベルギーのドイツ語共同体（オストベルギエン）では、三つの新しい民主的機関を設立する法案が議会の全会一致により可決された。

1. 常設の市民カウンシル：無作為に選ばれた24人の市民で構成され、1年半の間、市民を代表する権限を持つ。6ヶ月ごとにメンバーの3分の1ずつが交代する。その役割は二つある。まず、議題設定の役割。任期中に最大三つのアドホックな市民パネルを立ち上げ、それらのパネルが扱うべき課題を決定することができる。第二は、市民パネルの提言が、共同体議会に提出され、審議され、関連する共同体議会の委員会や部局長から回答が得られるように監視する役割である。市民カウンシルは2019年9月16日に初会合を開催した。

2. 市民パネル：年間1～3つのパネルが開催される。各市民パネルは無作為に選ばれた25～50人の市民で構成され、最低3ヶ月間にわたり3回以上開催される。市民パネルの参加人数と開催期間は、市民カウンシルが決定する。100人以上の市民の支持を得た市民提案や、議会内会派や政府の提案も、

市民カウンシルの審議にかけられる（Parliament of the German-speaking Community of Belgium, 2019）。
3. 事務局：市民カウンシルと市民パネルの無作為選出の実施、市民カウンシルのサポート、市民パネルの開催を担当する常勤職員で構成される。

恒久的な参加型プロセスを設置することになった法令は、以下を参照（英語）：https://www.governanceinstitute.edu.au/centres/deliberative-democracy-and-global-governance/working-paper-series および（フランス語）：https://www.pdg.be/PortalData/34/Resources/dokumente/diverses/2019.02.25_Dekret-Buergerdialog-FR. pdf

　常設の熟議機関のもう一つの形態は、特定の公共政策問題について公的機関や意思決定者に継続的に熟議に基づいた意見を提供する長期的な委任をうけた常設パネルを設置することである。その例として、トロントの都市計画検討パネルやトロント・ハミルトン圏（GTHA）の交通についてのメトロリンクス・地域レファレンスパネルがある（事例 6.2）。

　どちらの場合も、約30人の住民からなる幅広い代表性をもつグループに2年間の委任がなされ、包括的な政策課題に関する様々な質問について関連する公的機関に継続的に助言するものである。2年間の任期が終了すると、新しいグループが無作為に選ばれ、メンバーが入れ替わる。

　都市計画の問題は、しばしば議論の的となり困難なトレードオフ（異なる立場の間での折り合い）を伴う決定となるため、継続的な熟議機関を設けて議論するのにふさわしいテーマの候補であると思われる。市民参加にはしばしば越えなければいけない法的要件があり、それを実施しようとする公務員にとって物事は必ずしもスムーズにいくものではない。抽選代表による熟議プロセスは、市民が決定にともなう複雑性を考慮しつつ共通の基盤を見つける必要があるように設計されていることから、政治的な行き詰まりや緊張を克服するのに効果を発揮しやすいのである。

事例 6.2　トロントにおける都市計画および交通に関する常設パネル
トロントの都市計画検討パネル（2015-2017年、2017-2019年）
　トロントの都市計画検討パネルは、市の計画部門に組み込まれ、都市計画と

都市交通の問題に関して継続的に市民の意見を反映できる熟議機関であった。委員は2年の任期を務め、後任には、トロント圏を代表するような属性をもつ集団（コーホート）が無作為に選ばれることになっていた。トロント圏の各地から無作為に選ばれた28人の市民が、2015年から2017年にかけて11回行われた終日の会議に参加した。熟議に先立ち、参加者は4日間の学習と研修のために集まった。2017年から2019年の期間にも同様のパネルが任命され、今度は無作為に選ばれた32人の市民から構成された。本稿執筆時点では、計画部門のエンゲージメント戦略の見直しを待つため、第2次コーホートの終了後に会議は一時休止している。

　詳細については次を参照のこと http://bit.ly/3brvnxv
交通に関するメトロリンクス常設パネル（2018-2020）

　トロント・ハミルトン大都市圏（GTHA）の交通当局であるメトロリンクスも、地域レファレンスパネルを設立した。そして、無作為に選ばれた32人の住民に、今後25年間に増大する交通需要を管理しながら、すべての住民の価値観と優先事項を反映した形でメトロリンクスの目標を達成するための、熟議に基づくアドバイスを提供する権限を付与した。地域レファレンスパネルは、2018年10月から2020年5月の間に11回の終日の会議を開催した。

　メトロリンクスの計画・開発部門は、以下のような問題に関してパネルに提言を求めた。
・地域交通サービス間のシームレスな接続にむけた改善
・利用者の快適性と優れたデザインを実現するための高い基準の設定
・ピーク時の混雑と需要の管理
・自転車むけのインフラへのアクセスの拡大
・新しい交通手段や共有モビリティサービスへの備え

　詳細については以下を参照のことhttp://www.metrolinx.com/en/aboutus/inthecommunity/mrrp/default. aspx

　また、マドリードの市民監視委員会の事例が示すように、デジタル民主主義、熟議民主主義、直接民主主義の組み合わせも可能である（事例6.3）。2019年1月に可決された規則によって設立されたこの新しい機関では、49人の市民からなるグループに、住民投票にかけるべき課題を決定する権限が与えられた。住民投票にかけるべき課題の素案は、オンライン・プラットフォームdecide.madridから提供されるか、あるいは自治体の政策に関連するあらゆるトピックについて市民監視委員会のメンバーから提起されたものであった。市民監視

委員会の設立決定は、このように直接民主制の大きな課題である議題設定の際に生じる非民主的な慣行を、多数の署名を集めることで乗り越える工夫の可能性を示すものである。

事例 6.3　マドリード市の市民監視委員会

市民からの提案のレビューと議題設定

　市民監視委員会は、スペインのマドリード市議会で開発・実施されている常設の熟議機関のモデルである。2019年1月29日に可決された規則によって設立され、既存の市民監視委員会を、無作為に選ばれた市民で構成される、新しい権限を持つ熟議機関に改組したものである。以前の市民監視委員会は、政権を担う政治家と公務員が定期的に会合を開き、市民の意見に関するデータ（世論調査やフォーカスグループなどの従来の手法で収集されたもの）を分析する程度のものであった。今回の規則改定まで、市民監視委員会は数年間にわたり、何の会合も開いてこなかった。

　2019年2月の第1週、議会は3万世帯に手紙を送り、市民監視委員の選考に参加するように呼びかけた。2019年3月12日、名乗りを上げた1135人の中から無作為に49人の発足メンバーが選ばれた。49人のグループは、代表性を確保するために、性別、年齢、居住地域（所得分布と強い相関がある）で層化されて選ばれた。マドリード市民の福利にとって重要な問題に取り組み、解決策を提案することが任務として課された。市民監視委員会の設計では、メンバーは最低でも年に8回、市民の提案について会議と熟議を行うことになっていた（Madrid City Council, 2019）。

　会議の議題は、decide.madridのオンライン・プラットフォームに提出された提案の情報を生かして決定された。各会議では、（少なくとも）プラットフォーム上で最も関心の高い提案が議論の対象となった。市民監視委員会のメンバーは提案を分析し、提案の起草者が同意すれば、提案内容を改善することができた。また、メンバーは自分たちでも議題を自由に設定し、自治体の権限の範囲内の問題であればどのような問題でも取り上げることができた。さらにメンバーは、自分たちの提案を含め、市民からの提案を住民投票にかける権限を持ち、課題設定と意思決定に影響力を行使する機会に開かれていた。

　これは、デジタルデモクラシー、熟議民主主義、直接民主主義を革新的な方法で組み合わせた例である。しかし、2019年5月の政権交代後、市民監視委員会の未来に疑問符がついた。市民監視委員会の廃止が発表され、それに関する公開協議が何ヶ月も続いた後、2020年2月、市民監視委員会の構成と機能は、政権

を担う政治家と公務員からなる従来の枠組みに戻されることになった。

　この事例は、政治的な変化に左右されないように、また民主主義アーキテクチャの不可欠の部分とするように、取り組みを政策や法律のなかに制度化していくことの必要性を強く印象づけるものである（Chwalisz, 2019）。また、制度化の二つの側面、すなわち法的側面と文化的側面の重要性も示している。法的側面は必要かつ重要であるが、その継続性を維持し承認する社会規範の変化がなければ、法的ルールは変更される可能性がある。また、特定の政治グループに縛られることのないよう、政治的スペクトラムを超えたすべてのステークホルダーから賛同を得る必要があることも強調される必要がある。

　市民監視委員会の運営ルールは次を参照（スペイン語）http://www.bocm.es/boletin/CM_Orden_BOCM/2019/02/01/BOCM20190201-42. PDF

　市民監視委員会の元々の設計に関する詳細は次を参照https://www.newdemocracy. com. au/2018/11/15/the-city-ofmadrid-citizens-council/

　最後に、抽選代表による熟議プロセスを、議会の特別委員会と同様の責任を持つ常設機関として設立することも可能である。ブリュッセル首都地域議会とブリュッセル・フランス語共同体議会が、このような仕組を「混合熟議委員会」の形で試験的に導入している。これらのアドホックな委員会は、内部規定によって設置されている。15人の議員が無作為に選ばれた45人の市民と一緒に座り、特定の問題について議会の常任委員会への提言を作成する（事例 6.4）。問題は、この混合審議委員会にかけるべき議題をどのように決定し定義するかである。ブリュッセルでは、議員の提案に加えて、十分な数の署名を集めた市民請願によっても検討の対象となるテーマを提案することができる。

　選挙で選ばれた代表者と一般市民を混合することは、興味深い実験となるだろう。熟議プロセスの問題点の一つは、時に、意思決定者の間で必ずしも熟議が促進されないことである（Parkinson 2004; Stetälä, 2017）。熟議の場に選挙で選ばれた代表者を含めることで、選挙代表者がプロセスに対してオーナーシップをもつ感覚を強化し、インパクトを強めることができるかもしれない。政治家と無作為に選ばれた市民が混在して熟議プロセスを行った例として、2013年のアイルランド憲法会議がある。この事例の会議体は、66人の市民と、アイルランド議会と北アイルランド議会から選出された33人の議員で構成され

Chapter: 6　民主主義を再構築する ─なぜ、どのように熟議を埋め込むか

ていた（Farrell, 2014）。政治家が議論を支配し、市民を威圧する恐れがある
と指摘されることがあるが（Mansbridge et al.、2012）、会議に立ち会ったオ
ブザーバーによるとアイルランドの事例ではそのような恐れは現実のものとは
ならなかったようである（Suiter et al., 2016）。これは、熟練したファシリテー
ション、提案に対する非公開での個人投票、小グループ対話の非公開（本会議
のみ公開）といったプロセスの設計に起因していると考えられる。

事例 6.4 ブリュッセル首都地域議会とブリュッセル・フランス語共同体 議会における混合熟議委員会

議題設定と立法・政策提言

　2019年12月、ベルギーのブリュッセル首都地域議会は、立法作業への市民参
加の強化を目的とした一連の内部規則改正を採択した。制定された措置の一つ
は、「混合熟議委員会」の創設の可能性である。同様の規則改正は、ブリュッ
セル首都圏のフランス語共同体の規制制定を担当するブリュッセル・フランス
語共同体議会（正式名称はフランス語共同体委員会、Cocof）でも承認された
（Reuchamps, 2020）。この種のメカニズムとしては、初めて制度化をみたもの
である。

　混合委員会は、15人の議員（対応するテーマに応じた議会の常任委員会のメ
ンバー）と無作為に選ばれた45人の市民（ブリュッセル在住で16歳以上）で構
成される予定である。正確な選出の仕組や規則は、本書の刊行時点ではまだ公
表されていない。これらの熟議委員会を開始するには、議員による発議と、ブ
リュッセル市民（120万人）のうち1000人以上の要請によるものがあるが、最終
的な決定は議会に委ねられている。熟議されるテーマは、議会の権限の範囲内
かつこの地域に限定されたものでなければいけない。

　混合委員会の任務は、数回の会合を開き、専門家の出席を要請することもし
ながら、特定の問題について議会への提言を含む報告書を作成し公表すること
である。この報告書は、対応する議会の常任委員会および必要に応じて他の委
員会で検討・審議されることになっている。議会は6カ月以内に決定事項と提言
に対するフォローアップの説明をする報告書を公表しなければならない。

　この首都地域議会の内部規則改正については以下を参照（フランス語とオラ
ンダ語）：http://weblex.brussels/data/arccc/doc/2019-20/106936/images.pdf

---

　提言の実施を監視するために使用される常設の熟議プロセスのさらなる例は、
事例 6.5 に概説されている。これらの例からは、常設の機関を設置するからと

いって、そのメンバーは長期間にわたって任務に就くわけではないことが分かるだろう。一回きりの短期プロセスと同様、参加メンバーは抽選で選ばれ、一定の期間が経過した後および／または課題ごとに交代する（ローテーション）。しかし、そのような熟議の場が、機関として永続的なものであるならば、一般市民もその機関が公的意思決定プロセスにおいて特定の役割を担っていることを認識するようになるだろう。また、特定の政策課題に関する提言の作成・提案に加え、議題設定や監視など、さまざまな役割を果たす機会を市民に提供することも可能になるだろう。

制度化された常設の継続的な熟議プロセスの様々な例が実際にどのように機能するかを知るには時間がかかるだろう。というのも、ほとんどの事例は最近設立されたばかりで、執筆時点ではその影響についてほとんどエビデンスが集まっていないからである。既存の代議制民主主義の制度に統合するための様々な設計とアプローチは、興味深い比較の視点を提供してくれるだろう。

事例6.5　オーストラリアにおける年次パフォーマンスフォーラムと地区委員会

提言の実施を監視するための恒久的な熟議プロセス

ゴールバーン・バレー・ウォーター 年次パフォーマンスフォーラム

豪ビクトリア州ヒューム地区の水道事業者であるゴールバーン・バレー・ウォーター社は、水道料金の設定に市民を参加させるため、水道局の運営のあらゆる側面を対象とする熟議プロセスを2018年から2023年にかけて立ち上げた。具体的には、料金計画の実施状況を期間中にレビューするために、年次パフォーマンスフォーラムが設置された。年次パフォーマンスフォーラムの参加者として選ばれる40人の市民には、当初の料金設定フォーラムの参加者から無作為に選ばれた人々と、新たにヒューム地区から無作為に選ばれた人々が含まれている。ミーティングは毎年開催され、参加者には時間あたりの報酬が支払われる。

詳細については以下を参照　https://www.gvwater.vic.gov.au/community/community-engagement/annual-performance-forum

キングストン市の地区委員会

豪ビクトリア州にあるキングストン市の議会は、無作為に選ばれた人口統計学的に層化された市民からなる三つの地区委員会を2年間任命した。地区委員

会は、さまざまな重要な問題について戦略的なアドバイスを提供するものである。2019年に発足した地区委員会は、主要なイニシアティブについて議員に意見提供することを任務としている。その提言は、議会の情報セッションで発表される。

　詳細情報は以下を参照　https://www.kingston.vic.gov.au/Community/
Community-Groups-and-Networks/Committees-andNetworks/Ward-
Committees

●熟議プロセスを組織するための要件

　制度化のための第二のルートとして検討されてきたのは、一定の条件が揃ったときに公的機関が熟議プロセスを組織することを定める要件の設定である。市民イニシアティブ・レビュー（CIR）の例に倣って、投票案件や住民投票のイニシアティブは、公開討論と投票に先立って、市民集会、市民陪審、市民パネルによって検討されることがある（事例 6.6）。

　CIRが導入され制度化されたオレゴン州では、無作為に選ばれた市民グループが、有権者が知っておくべきと思われる投票案件の長所と短所をまとめた声明文を作成し、有権者が投票案件について考えることを助けている。この声明文は、有権者に配られる選挙パンフレットに付して地域の全世帯に配布される。オレゴン州にはCIRに関する法律があるが、アリゾナ州、カリフォルニア州、コロラド州、マサチューセッツ州の公的機関によって（Healthy Democracy, 2019）、さらにフィンランド（Academy of Finland, 2019）、スイス（Fenazzi, 2019）の学識経験者によってもCIRが試験的に導入されている。CIR の詳細は第2章に記載した。

事例 6.6　市民イニシアティブ・レビュー

　市民イニシアティブ・レビュー（CIR）は、市民が住民投票にかけられる法案を評価し、争点の賛成・反対両側面について情報に基づいた議論をまとめて、投票用紙と一緒にすべての有権者に配布するプラットフォームを提供する熟議プロセスである。市民イニシアティブ・レビューのモデルは、米国のオレゴン州に拠点をおく非営利団体Healthy Democracyによって開発されたものであり、現在までにオレゴン州で実施され制度化されている。

　CIRは、州法によって正式に州民投票の中の公式な手続きとして位置づけられ

ている。CIRのプロセスの多くの要素は、州法に書き込まれてもいる。この法律には、パネルの選定、プロセス、市民イニシアティブ・レビューの構成と任務の概要が記されている。オレゴン州で州全体の CIR が行われる場合、その過程で作成される市民の声明は、州の公式有権者用パンフレットに掲載される。

オレゴン州の市民イニシアティブ・レビューでは、平均して、無作為に選ばれた22人の市民が、連続4.4日間にわたって集められる。最初の会合に先立って、市民は、自分たちが取り組むことになる政策問題について、何の情報も与えられていない。こうした熟議の場には政治的な圧力がかかるため、主催者は事前に説明文書を用意することを避けている。むしろ市民は、レビュー期間のなかで、すべての証言を政治的キャンペーンの主催者や専門家から直接聞くことになる。

このプロセスは、参加者に対するトレーニング・プログラムから始まり、これを通じて情報を熟慮し評価するための基本的な知識が参加者に提供される。

次の段階は学習と評価である。参加者は、反対派と賛成派が提出したエビデンスの書類を評価し、政治的キャンペーンの関係者と独立した専門家の両方に質問する機会をもつ。そして、収集したすべての証拠に対して、それを追加したり、編集したり、熟議したり、優先順位をつけたりする。

情報の編集と精錬の段階は、小グループで行われ、参加者は、たたき台となる声明文を議論して起草し、提案された法案のコスト、利益、トレードオフを検討する（Healthy Democracy, 2019）。

最後に、すべての有権者が知るべき最も重要な情報を含んだ声明を起草する。そこでは、すべての有権者に関連する一般的な情報に加えて、法案に賛成する側と反対する側を支持する最も強力な根拠が選ばれて、それぞれの根拠が賛成または反対側にとって重要な理由が説明される。

彼らの最終的な声明は、記者会見で広く一般に公表され、州内のすべての有権者に届く有権者用パンフレットに掲載される。他の熟議参加型モデルと比べると、CIR は声明の起草作業を終えるまで、公の目に触れることが少ない。CIR の最終結果は、政府に向けられたものではなく、むしろ仲間の市民に向けられたものであり、市民が投票に際して、より良い情報に基づいた投票選択をするための手助けとなるものである。この方法は、投票前の誤情報や偽情報の流布に対抗するための強力なツールとなり得る。

CIRの詳細を定めた下院法案は以下を参照（英語）https://olis.leg.state.or.us/liz/2011R1/Downloads/MeasureDocument/HB2634/Enrolled。

CIRについては、熟議モデルについて扱う第2章に詳しい説明を記載した。

一定の条件が揃ったときに熟議プロセスを組織するもう一つの方法は、それを法律や規制による義務付けを通じて実現することである。例えば、フランスでは生命倫理に関する法律を変更する場合、広範な市民参加の一環として、抽選代表による熟議プロセスが要求される（事例 6.7）。

事例 6.7　フランスにおける熟議の制度化

生命倫理に関する政策の形成における市民の参加と熟議
（États généraux de la bioéthique）

　2011年7月7日付生命倫理に関するフランス法第46条では、生命倫理に関するあらゆる法律の変更にあたって、市民による討論と熟議を組織する義務が制度化されている。国家倫理諮問委員会（CCNE）は、議会とともに、全国から招集した参加者による会議の形（États généraux）をとるこれらの公開討論を組織する責任を負っている。

　法律では、この会議を、国民の多様性を代表するために選ばれた市民からなる様々な形式の市民コンサルテーションや市民会議と定義している。市民は、オンライン投稿やオンライン調査などの伝統的なコンサルテーション手法に加えて、政策問題について学び、熟議し、提言を行う抽選代表による熟議プロセスの両方を通じて参加することができる。

　2011年7月7日の法律は、フランス語で読むことができる　https://www.legifrance.gouv.fr/affichTexte.do?cidTexte=JORFTEXT000024323102&categorieLien=id.

　モンゴルでも 2017 年から同様の法律が施行されている（事例 6.8）。この法律では、憲法改正、地方開発基金によるプロジェクト、都市計画プロジェクトについて、討論型世論調査（このモデルの詳細については第2章を参照）を組織しなければならないことが規定されている。また、次節で述べる第三の制度化ルートと重なるが、十分な署名が集まれば、首都や地方レベルで市民が討論型世論調査を開始する権利も付与されている。

事例 6.8　2017年モンゴル討論型世論調査法

　2017年、モンゴルの国会は「討論型世論調査法」を可決した。この法律は、討論型世論調査モデルの定義、原則、実施すべき状況を定義し、諮問委員会の

構成と役割、討論型世論調査を実施してその提言を当局が考慮するプロセスを定め、さらに、そのような熟議プロセスを実行するための資金を確保するものである。

同法によれば、憲法改正、地方開発基金によるプロジェクト、都市計画プロジェクトについては、討論型世論調査を組織しなければならないとされる（Fishkin, 2018: 244）。法はまた、住民の要請を受けて、公的機関が討論型世論調査の開催を検討するように促している。首都で討論型世論調査を開始するためには、500人の住民の署名が必要であり、地区レベルで開始するためには、300人の署名が必要となっている（Fishkin, 2018: 245）。

同法については以下を参照　https://www.legalinfo.mn/law/details/12492?lawid=12492

公共的な熟議の実施を義務付けることによって改善が期待される公的決定は、生命倫理に関連する決定や憲法改正だけではない。デンマークと英国では、複雑な科学技術問題に関する政策の議論に市民を参加させるためのプログラムが各種展開されてきた（事例 6.9）。

これらの取り組みは、特定の状況下でこれらの問題についての熟議プロセスを要請する法律や規制が存在しないため、ここで論じた意味での制度化ではないので詳細については論じないことにする。しかし、フランスの例（事例 6.7）とともに検討することで、生命倫理政策に公共的な熟議の要件を設ける同じ原則が、広く科学技術の問題に適用できることが浮き彫りになるだろう。

例えば、ある新興技術に関する新しい法律や規制が承認される前に、その問題について情報を与えられた市民が議会や政府に提言する熟議プロセスを確保するための法律を制定することが想定されるだろう。

事例 6.9　科学技術評価のための熟議プロセス：デンマークと英国

デンマーク技術委員会

デンマーク議会は1985年にデンマーク技術委員会（DBT）を設立し、参加型の技術評価を制度化した（Joss, 1998）。DBTは、政府から資金の提供を受け、どのような技術プロジェクトを評価し、どのような手法を用いるかを自由に選択することができた。利害関係者と市民による熟議に付す争点を選択するため

の主な基準は以下の通りである。

・技術的側面
・社会との関連性
・論争の的となる可能性
・文化的・社会的側面の議論から利益を得る可能性

　熟議プロセスの主要なモデルの一つであるコンセンサス会議（第2章で詳述）は、技術関連の政策課題について利害関係者と市民が熟議する目的で、デンマーク技術委員会によって開発されたものである。これは、市民を巻き込み、様々な新技術に関する意見や提言を集めるために広く利用されてきた。

　2011年、デンマーク技術委員会は公的資金で運営される機関としては廃止され、2012年からは、非営利の財団として活動を続けている。

　詳細については以下を参照　http://tekno.dk/?lang＝en

サイエンス・ワイズ・プログラム（英国）

　サイエンス・ワイズは、ビジネス・エネルギー・産業戦略省（BEIS）の科学予算を主な財源とする独立組織である英国研究・イノベーション機構が主催するプログラムである。技術や科学の分野において、市民やステークホルダーの参加を得て政策を立案するための政府の取り組みである。

　サイエンス・ワイズ・プログラムは、政府機関や団体が熟議プロセスを委託する際に、アドバイス、専門知識、最大50％の資金を提供する。優先テーマは、人工知能とデータ、モビリティの未来、高齢化社会、クリーン成長、ゲノム研究、ゲノム編集などである。サイエンス・ワイズは、対話プロセスの各段階（すなわちスコープ設定から監視組織の結成、影響評価まで）で政府機関に協力している。

　詳細については以下を参照　http://sciencewise.org.uk/

　日本では、埼玉県吉川市と愛知県岩倉市の2市が、公的な意思決定を行うための正式な市民参加の方法として、市民討議会（計画細胞に類似、第2章参照）と呼ばれる抽選代表による熟議プロセスの方式を制度化している。この二つの自治体の条例では、政策決定者に市民討議会の活用を推奨しており、政策決定者はどのような政策課題に対しても市民討議会を開始することができる。ただし、公的機関が抽選代表による熟議プロセスを行うように義務づける具体的な規定はない。熟議モデルの詳細を法制化することで、その利用を促進するだけでなく、むしろプロセスの質を確保することを目指した例といえる（事例 6.10）。

事例 6.10　日本の吉川市と岩倉市における市民討議会

　吉川市と岩倉市では、意思決定に反映される正式な市民参加の方法として、市が市民討議会（計画細胞の一種、第2章参照）を開催することを、義務づけしない形ではあるが一つの選択肢として条例で制度化している。

　この条例では、参加者の無作為選出、報酬、会議に関する情報の透明性など、プロセスの編成方法に関して市政府が達成すべきさまざまな要素が詳述されている。

　市の条例があるからといって、この二つの市で市民討議会が日本の他の自治体よりも多く開催されているわけではない。ここから、熟議プロセスを義務化しないで、あくまで選択肢として含める形で制度化するだけでは、必ずしもその利用が増えるとは限らないという教訓が得られる。しかし、このような条例は、抽選代表による熟議プロセスを実施する際の最低限の基準を確保する上で有用である。

　吉川市市民参画条例（日本語）：http://www. city.yoshikawa.saitama.jp/reiki/H416901010015/H416901010015_ j. html

　岩倉市市民参加条例（日本語）：https://www.city.iwakura.aichi.jp/cmsfiles/contents/0000000/385/cllm400000003uje. pdf

　単発で行われてきたプロセスを制度化するのと同様に、公的な予算編成プロセスの中にも市民の熟議が組み込まれていく可能性がある。一般的に、参加型予算編成では、予算全体のうちの限られた割合について、市民を招いて資源の最適な活用にむけた選好を表明させる（OECD, 2019）。しかし、オーストラリアでは、カナダ・ベイ市（2012）、ジェラルトン広域市（2013）、デアビン市（2014）、メルボルン市（2014）などで、市民が予算全体の熟議および提案策定に参加した例が数多くある（事例 6.11）。市民が参加して予算全体についてトレードオフを検討しその複雑さを考慮することは、公共予算の一部に限定されてきた従来の参加型予算編成の取り組みよりも、大局的かつ長期的な視野に立った提言を生み出すことは間違いないだろう。

　予算編成に関する公共的な熟議を制度化することは、OECDの「オープンガバメントに関する理事会勧告」（2017年）の第8条と第9条に応えることにとどまらず、OECDの「予算ガバナンスに関する理事会勧告」（2015年）の第5条（b）

の実施強化にもつながるだろう。これは、関係者に以下を推奨するものである。

"議会、市民、市民団体の参加を促進して、優先事項、トレードオフ、機会費用、バリュー・フォー・マネー（VFM、金額に見合った価値）についての現実的な議論を行い、予算編成上の選択に関する包括的、参加的、現実的な議論を提供する"。

事例6.11　地方政府の予算編成の一環としての熟議の制度化

カナダ・ベイ市（オーストラリア、2012年）

　2012年、オーストラリアで初めて、地方議会が熟議プロセスを通じた市民の提言を採用した。提言は、市のサービスや資金調達に関する一連の決定についてのものであった。シドニー大都市圏にあるカナダ・ベイの市議会は、市民パネルを設置し、次のような諮問を行った。「カナダ・ベイ市ではどのようなサービスを提供すべきか、またその費用をどのように支払うべきか。」

　無作為に選ばれ人口統計学的に層化された36人の市民は、制約のある歳入環境の中で何百ものサービスを確実に提供するために必要なトレードオフを検討し、望ましいサービスのバランスと財源の変更について考えた。

　この市民パネルは、2ヶ月半の間に5回会合を開き、詳細な情報と技術的な専門知識のインプットを受けた。市議会は、2014〜2018年の総合計画で提供するサービスのレベルを市民パネルが設定すること（評議会による最終的な承認を得た上であるが）に同意した。この例は、コンサルテーションや従来の参加型予算編成を超え、市民が地方政府の運営に対して格段に大きな発言力を持つことを可能にするものである。

　より詳しい情報は以下を参照 https://www.newdemocracy.com.au/2013/03/30/city-of-canada-bay/、Thompson, Nivek（2012）,"Participatory Budgeting—the Australian Way", *Journal of Public Deliberation* 8（2）: Article 5.

ジェラルトン広域市（オーストラリア、2013）

　2013年9月、ジェラルトン広域市の議会は、2件の層化無作為選出による参加型予算コミュニティ・パネルを実施することを正式に承認した。一つは、10年間の公共事業投資参加型予算委員会で、資金を提供すべき公共事業投資の優先リストについて熟議したのちに、優先リストを提案することを任務とした（10年間でおよそ7000万豪ドルにのぼる）。これに加えて、市が将来にわたって優先順位を決定するために使用できる基準を明らかにもした。

　二つ目は、サービスの範囲とレベルに関するコミュニティ・パネルで、年間約7000万豪ドルの都市圏の運営予算の100％の配分を提案することが任務であっ

た。このパネルは、議会が採択した長期財政計画で定められた予算の制限内で、最低料金の引き上げや引き下げを実現するために、地域が望むサービスの範囲、レベル、優先度を議会に提言する任務を負っていた。

詳細は以下を参照　Hartz-Karp, Janette（2012）、"Laying the Groundwork for Participatory Budgeting–Developing a Deliberative Community and Collaborative Governance: Greater Geraldton, Western Australia"、*Journal of Public Deliberation* 8（2）: Article 6、Weymouth, Robert and Janette Hartz-Karp（2015）, "Deliberative Collaborative Governance as a Democratic Reform to Resolve Wicked Problems and Improve Trust"、*Journal of Economic and Social Policy* 17（1）: Article 4.

デアビン市（オーストラリア、2014年）

2014年、デアビン市議会は社会基盤整備基金（2014〜2016年に200万豪ドル）を設立し、この資金の使い道についての助言を得るために市民陪審のプロセスを活用した。当初より、議会は市民陪審員の提言を「オール・オア・ナッシング」で受け入れることを約束した。

デアビン参加型予算編成市民陪審は、4ヶ月間にわたり丸4日間分にあたる会合を開いた。市民陪審では、デアビンの地域社会からの提案や、参加者自身からのアイデアを検討した。そして、市長と評議員に対して、8つの具体的なインフラ整備を推奨する提言を行った。議会は全会一致で市民陪審の提言を承認した。

詳細については以下を参照：https://www.newdemocracy.com.au/2014/02/20/darebin-participatory-budgeting-citizens-jury/

メルボルン市（オーストラリア、2014年）

2014年、メルボルン市は50億豪ドルにのぼる10年間の財政計画を作成した。この計画は、記述的代表性をもつように無作為抽出された43人の市民からなるメルボルン市民パネルが、熟議を踏まえた提言を市長と市議会議員に対して行うものであった。市の業務範囲は、年間4億ドル規模である。メルボルン市は、熟議プロセスを用いて予算編成への市民参加の道を拓いた自治体としては、最大規模の予算を有する都市である。

詳細は以下を参照：https://participate.melbourne.vic.gov.au/10yearplan

●市民が抽選代表による熟議プロセスを要求することを認める規則の制定

最後に、熟議の制度化の第三のルートは、市民が十分な署名を集めることで、特定の問題について抽選代表による熟議プロセスを開始できる権利を市民に与

えることである。これは多くの場合、法律や規則の形をとり、その要求を支持する署名の数が必要署名数を満たした場合には、市民が公的機関に対して特定の問題に関する熟議プロセスの開催を要求できることを規定している。

　本章の冒頭で述べたように、異なる制度化の方法を組み合わせる方法もある。そのため、先に挙げた事例の中には、ブリュッセル首都地域議会が主導した混合熟議委員会（事例6.4）やモンゴルの討論型世論調査法（事例6.9）などのように、市民のイニシアティブの要素を含むものもある。

　これらの事例以外にも、ポーランドやオーストリアでは、市民が熟議プロセスを要求できるようなルールが導入されている例がある。ポーランドの五つの大都市では、十分な署名が集まった場合、市民が熟議プロセスの開催を要求する権利を与える条例が制定されている（事例 6.12）。ただし、この権利はまだ市民によって利用されていない。

**事例6.12　ポーランドでは、市民が地方レベルで抽選代表による
　　　　　　熟議プロセスを開始できるような規則が制定されている**

　ポーランドでは、国の法律にもとづいて、各市が、市民参加に関する地方条例を作成することができる（法律16/95/1990、第5条）。これを生かして、いくつかの都市では、利用できる市民参加の手法の種類を定めている。この国内法を利用して、グダニスク市（法律XVI/494/15）、クラクフ市（法律CXI/2904/18）、ルブリン市（法律722/XXVIII/2017）、ポズナン市（法律VIII/844/VII/2017）は、熟議参加モデルを制度化した。グダニスク、クラクフ、ルブリン、ポズナンでは、条例が市民パネル（ポーランド語で「パネル・オビワテルスキ」）に明確に言及している。

　これらのすべての都市では、市民は、イニシアティブを支持する署名を集めることによって、熟議プロセスを含む参加プロセスを開始することができる。必要署名数は都市によって異なる。例えば、グダニスクでは、このようなプロセスを提案するには1000人の署名が必要であり、5000人の署名があれば、市長はその請求を拒否することができない。ルブリンでは、参加型プロセスを請求するために必要な署名はわずか350人である。ポズナンでは、2000人の署名があれば、請求を拒否することができない。

　ルブリン市の市民参加規則は以下を参照（ポーランド語）http://bit.ly/2SfOuTA

同様に、オーストリアのフォアアールベルク州では、1000人の市民の署名に
よって州政府に市民協議会の開催を促すことができる（事例 6.13）。この権利
は2017年に初めて利用され、1400人の署名を集めた請願書によって、州内の将
来の土地利用について市民カウンシルが開催された（Vorarlberg.at, 2017）。

事例6.13　オーストリア・フォアアールベルク州の市民カウンシル

　オーストリア・フォアアールベルク州は、直接民主主義や参加型民主主義
を支持する憲法改正の長い歴史を持っている（Palermo and Alber, 2015:225-
28）。フォアアールベルク州の州憲法第1条第4項は2013年に改正され、直接民
主主義のイニシアティブ、住民投票、公開コンサルテーション、他の民主主義
の形態についての支援、特にBurgerraate（直訳すると市民カウンシル）などに
ついての記載が盛り込まれた。

　市民カウンシルは、1000人以上の市民が請願書に署名した場合のほか、州政
府の決定によって、あるいは州議会によって、という三つの方法で開始するこ
とができる。2017年に初めて市民がこの発議権を行使し、土地の取り扱いにつ
いて熟議が行われた。

　市民カウンシルは通常、無作為に選ばれた15人前後の市民で構成され、2日間
連続で開催される。最初の段階では、厳密に決められた検討課題はなく、提案
されたテーマの中で、市民カウンシルにおいて議論すべき公共の関心事を参加
者が決めることができる。

　次のステップでは、市民はファシリテートされた熟議に参加し、課題に対す
る解決策を策定し、集合的な提言を作成する（Partizipation.at, 2019）。この
プロセスは、ダイナミック・ファシリテーションという手法に依拠しており、
ファシリテーターは厳格な議題やプロセスに従うことなく、参加者が自分の考
えを話すよう促す役割に徹する。誰もが自分を表現できる安全な場が作られる
ことで、開放性、包摂性、創造的解決につながるのである（Center For Wise
Democracy, 2019）。

　その後、誰でも参加できる市民カフェで提言が発表され、広く他の市民と議
論する場がもたれる。最後に、提言は自治体に提示され、参加者のうち若干名
が、行政によって提言がどのように実施されたかをフォローアップする役割を
担う（Partizipation.at, 2019）。

　市民カウンシルの招集と実施に関する地方政府のガイドラインでは、市民カ
ウンシルをどのような目的で利用すべきか、その主な要素は何か、代議制民主
主義の制度との関係で担う役割は何か、誰がこうした熟議のプロセスを開始で

きるか、その他さまざまな重要な要素を定義している。

ガイドラインによると、市民カウンシルのプロセスの後には、市民の提案を公に発表するイベント（市民カフェ）、および意思決定者への提案が続くことが規定されている。社会に広く影響を与え、共通の利益にかかわり、幅広い社会的合意を必要とする複雑な問題を扱う場合には、市民カウンシルの活用が推奨される。熟議民主主義の実践は、代議制民主主義の制度を補完するものと考えられており、市民カウンシルの役割は提言と協議であるとされる。

市民カウンシルの開催と実施に関する地方自治体のガイドラインは以下を参照（ドイツ語）https://www.partizipation.at/fileadmin/media_data/Downloads/methoden/Buergerrat_Richtlinie. pdf

これと同様に、フランスの経済・社会・環境審議会（Conseil economique, social et environnemental, CESE）の規則でも、一定の基準を超える市民の署名があれば、討論を開始することができることになっている（事例 6.14）。現状の規定では、署名に基づいて始められるこの討論に参加するのは、市民社会組織の代表者であるCESE のメンバーである。この現状に対する一つの可能な改革は、フランスの気候市民会議のように、一定の数の市民の署名をもって熟議プロセスを組織することを認めることである。この市民会議では、無作為に選ばれた150人の市民が、2019年10月から2020年4月にかけて3日以上の休日となるロング・ウィークエンドに7回集まり、議会の審議に直接付されるかあるいは国民投票に付されることになる詳細な提言を作成する任務を担った。[訳注1]

事例6.14　フランスの経済・社会・環境審議会（CESE）

経済・社会・環境審議会は、市民社会組織、団体、その他の関係者の議論を促進する協議会である。審議会は、50万人の市民が署名した請願書、政府か議会のいずれかの提起によって、特定の公共政策について議論するために招集される。

2019年初頭の「国民大討論」の成果の一つとして、フランスのエマニュエル・マクロン大統領は、CESEを市民参加評議会（無作為に選ばれた市民からなる熟議機関）に変えると公約した。本稿執筆時点では、改革は実施されていない。詳細な情報は以下を参照：https://www.lcccse.fr/en

---

訳注 1：本章および本書全体で、制度化すること（Institutionalise）と埋め込まれた（embed）とは同じ意味で使われている。

6.6 一時的な取り組みから制度化された実践への移行
—その要件、障害、戦略

これまで、公共的な熟議を制度化するための既存のルートとして、常設または継続的な熟議機関の設置、公的機関が一定の条件の下で熟議プロセスを組織することを定める法的・規則要件の設定、市民が熟議プロセスを開始する権利を与える法的・規則上のルールの設定の三つを取り上げて議論してきた。むろん、その他の可能性もありうるため、「オープンガバメントに関する理事会勧告」（2017年）をどのように実現するかが今後のOECDの研究の焦点となるであろう。

このセクションでは、これら三つのルートがそれぞれ実施された複数の事例を取り上げながら、これらの制度化のオプションのいずれか、またはすべてを実現するためには、何が必要で、何が障害となるかを考察する。そして、アイデアを実行に移すための要件、遭遇する可能性のある困難、要件を満たし障害を克服するための戦略について検討する。

●適切な制度設計

何よりもまず、制度化を成功させるには、コンテクストに適した設計が必要である。これは、政府のレベル（国・連邦、地域・州、地方）やその他の制度的要因（三権分立のどの部門で、あるいは政策サイクルのどの段階で熟議の実践が制度化されるか）によって異なるだろう。万能のアプローチは存在しない。目下の課題は、今のところ制度化の事例が限られており、実行可能なデザインを提案する論文（ほとんどが学術論文）が数本しかなく、まだ検証もされていないことである。制度化のデザイン・ガイドはまだ存在しないが、これは、本書における初歩的な試みをさらに発展させて、OECDが将来取り組むべき領域となりうるだろう。

●政治家による支援

制度化には政治家の支持が必要である。法律や規則の制定に必要な政治家の支持だけでなく、政権が変わったときに制度を維持するための十分な党派を超えたコンセンサスが必要となる。政治的な隔たりを越えてこのような合意を得ることは困難であり、さらに持続的な合意も困難である。マドリードの市民監視委員会の事例が示すように、あるイニシアティブが特定政党のアジェンダに関連していると指摘されてしまうリスクもある（事例 6.3参照）。考えられる戦

略は、すべての関係者に影響を与えるために通常の方法では解決できない繰り返し発生する厄介な問題の解決に、市民による熟議の制度化が貢献しうることを明確にしていくことであろう。

選挙で選ばれた代表者や主要な上級公務員は、意思決定を自分の役割と考える傾向があり、これは政策決定にとどまらず、特定のトピックについて市民がいつ発言権を有するかについての決定をも左右する。制度化された例はおろか、一時的な熟議プロセスを見たり経験したりしたことのある政治家はほとんどいない。それゆえ、必ずしも馴染みがなく理解も容易ではない熟議は、利点も不明確で潜在的なリスクも大きいと認識されてしまうのである。政治家や公務員が市民の熟議に立ち会い、こうした経験を持つ別の地域の政治家や公務員と話をする機会を増やすことは、有望な出発点となり得るだろう。

選挙で選ばれた代表者や公務員は、本当に一般市民が複雑な問題に取り組むことができるのかという懐疑的な見方を克服しなければいけない。しばしば市民参加は、ある問題に対しての人々の思いつきの意見を集めるだけのデザインとなっていることが多いので、これは理解できる反応である。また、市民参加は必要であり有用であるという認識があっても、問題が複雑すぎて一般市民には無理だという議論になることも少なくない。確かに、市民が問題を理解するために必要な時間や情報が提供されなければ、その通りであろう。しかし、熟議プロセスは、こうしたパブリックコンサルテーションの典型的な欠点を克服し、市民が政策課題の多面的な側面を知ることができるように設計されているのである。

●行政職員による支援

制度化には、行政職員による支援も必要である。公的機関のトップだけでなく、こうした新しい取り組みを自分の仕事に取り入れなければならない下級レベルの「現場」職員もまた、支援を必要としている。複雑な政策課題に関する意思決定と国民との関与を担う行政職員は、新たな要件を追加せずとも、すでに困難な仕事をこなしている。しかし、考えられる解決策は、選挙で選ばれた代表者のときと同様に、熟議の制度化が行政職員の差し迫った課題の解決に役立つような状況を探し出すことかもしれない。

また、多くの人が、「公開」の会議やフォーラム(オフライン、オンライン

を問わず）といった従来形式のコンサルテーションで、嫌な思いをしたことがあるようだ。というのも、最も騒々しい人々と最も失うものが多い人々によって議論が支配される傾向があるからだ。従来のプロセスにおけるアウトプットは、制約やトレードオフを考慮しない要望の表出の形をとりがちである。これと熟議プロセスがどのように異なるのか、また、どのように他の形式の利害関係者の参加と効果的に組み合わせられるのかについて理解する必要がある。これを達成するためには、普及のためのイベント、このテーマに特化した研修、およびキャリアや給与面でのインセンティブが必要かもしれない。制度化の有望な機会は、市民参加が義務付けられており、かつ通常のプロセスが効果的で正統性のある解決策を提供するのに役立っていないような状況で生じてくるだろう。

　さらに、公共サービスにおける文化変容も必要である。少数の熱心な個人がいるだけでは十分ではなく、広く市民が公的な意思決定において役割を果たすことの重要性とそれを担えるだけの能力を自らが備えていることを認識する必要がある。市民の初期段階からの参加は、既存の代議制民主主義の制度を補完して政策を強化する方法としてではなく、脅威あるいは費用のかかる追加措置とみなされることがあまりに多い。制度化には、すべての関係者から変化に対するコミットメントを持続的に取り付けることが必要である。

●一般市民やメディアからの支持

　国民の支持を得るには、報道機関やジャーナリストが熟議プロセスを積極的に報道するような、協力的なメディア環境が必要である。OECD諸国の多くでは、メディアも国民も熟議プロセスについて十分な情報を持っていない。これは、特に注目されるような国家的イニシアティブが行われた、あるいは行われつつある国々では変わり始めてはいるが、文化を変容させるのに必要な規模にはまだ至っていない。

　パブリックコミュニケーションは、熟議プロセスを促進するだけでなく、それに対する国民の支持を高めるための戦略的ツールとして使用することができる。熟議プロセスのコミュニケーションに責任を持つ人物（プレスオフィサー、メディアアドバイザー、コミュニケーションディレクターなど）を最初から参加させることは有益である。彼らはコミュニケーション戦略の策定、記者会見

の開催、メディアからの要望への対応を支援し、結果として質の高いメディア報道の機会を最大化させることができる。

●法的整備による支援

　政治的意思・公的意思が決まれば、新たな法律や規則が必要か、あるいは既存の法律、規則、ガバナンスの仕組を修正・改定する必要があるかを検討することになる。例えば、政府は、一定の条件下（例えば、一定額の費用を要する長期プロジェクトに関する公的決定の前など）で熟議プロセスを実施したり、十分な署名を集めれば市民が熟議プロセスを開始できるようにしたりする法律や規則の草案を検討する必要があるだろう。説明責任の観点からは、ポーランドの一部の都市のように、必要署名数を超えると公的意思決定者は請求を無視できなくなるという規定が必要であろう（事例 6.12参照）。法律や規則の変更が必要とされる政府のレベルも考慮すべき点である。ポーランドの例で強調されているように、しばしば複数の政府のレベルに応じた変更が必要とされる。

　公共的な熟議のルールや要件を定めるための法改正に加え、熟議プロセスの組織化を容易にし、コストを削減し、より良い結果をもたらすために、さらなる法的支援に対処していく必要がある。例えば、シビック・ロッタリーのような無作為選出プロセスを実行するためのデータベースへのアクセスに関しては、OECD加盟国や各国内の異なるレベルの政府で規則が異なっている。可能な限り多くの人々が最初の段階で参加者として選ばれる機会を公平に与えられることを保証するために、存在する最も完全なデータベースが無作為選出手続で使用できるように法律と規則を適合させる必要がある。この際、常に包摂性に配慮する必要がある。特に、最も弱い立場にある人々の多くは市民としてのフルメンバーシップを持たないこともあり、選挙人名簿やその他のデータベースには必ずしも登録されていない可能性がある。これらの検討はすべて、欧州連合の一般データ保護規則（GDPR）などの包括的な個人データ保護規則に照らして行う必要がある。

　次の段階として、刑事陪審のときのように、雇用主が、従業員が熟議に参加するための有給休暇を提供する要件や、公的機関が雇用主に補償を行う要件を導入することが考えられる。もし、市民の時間や政策決定へのインプットが大切なのであれば、その時間やインプットを金銭的に補償することが重要である。

それは参加を確保することにつながる。熟議プロセスに参加するための有給休暇と費用補填を提供することは、包摂性についての公共的意思決定のための熟議プロセスの成功への原則（第5章参照）[注3]の実施を確実にするのに役立つだろう。また、政策決定への市民参加に対する真剣さと重要性をはっきりとした形で示し、民主的なコミュニティの市民として参加の責任を果たすことを奨励することになるだろう。

●政府内外の十分なキャパシティ

　制度化には、政府の内外における十分なキャパシティも必要である。熟議プロセスを委託する方法を知り、中立的なホストとしての役割を理解している行政職員が十分にいる必要がある。同様に、熟議プロセスを設計し、組織し、運営し、促進する方法を知っている高度に熟練した実践家も十分にいる必要がある。実践家は、委託元の当局から独立して一定の距離をとっている場合には、政府の内部にいることもできる。また、本書で分析したプロジェクトを実施した多くの組織のように、外部の事業者である場合もある。行政職員はその利点を理解し、入札、委託、そして熟議プロセスのための実践家との協力の仕方を知る必要がある。

　このような課題に対処するための戦略として、政府は、以下のような機関を設置することが考えられる。政府が熟議プロセスを常時担当する「熟議のセンター・オブ・エクセレンス（研究拠点）」といったオフィスや、オープン・ガバメント・オフィスといった熟議プロセスにも焦点を当てることができる広い権限を持つオフィスである。

　このようなセンターは、政府から資金提供を受けても構わないが、不偏不党で信頼に値する存在であるために独立した立場をとるべきである。同様の機関の例としては、フランスの市民参加センター（事例 6.15）や英国の What Works センター（事例 6.16）がある。専門スタッフの配置は、行政職員、または広く認められている公平な市民社会組織（CSOs）または大学によって、政府との契約のもとで行われる。熟議プログラムの運営のほかに、事務局の任務は以下のとおりである。

注3：包摂性に関する原則5には、次のように書かれている。「包摂の達成には、参加者の少ないグループをどのように巻き込むかが検討されるべきである。また、参加は、報酬や費用、育児や高齢者の世話をするための費用補助を通じて奨励・支援されるべきである。」

- **基準設定**　OECDの成功への原則に沿いつつ、状況に適応させた形で、公共的意思決定のための熟議プロセスの成功基準を設定する。これは、手続の腐敗や操作を避けるために重要である。プロセスの誠実性を維持することを優先する事務所や機関を持つことで、その正統性と信頼性を高めることができる。文書化された成功基準と専門的なスタッフの存在により、プロセスは公平で党派的な政治から独立した状態を維持することができる。

- **意思決定者への助言**　市民による熟議の活用を検討している意思決定者に助言を与える。

- **行政職員の養成を通じた政府内の知識基盤の構築**　賢明な実施者や中立的なホストとなる行政職員を養成することで、政府や公的機関に広く知識基盤を構築する。プロセスを開始する人、それを組織・運営する人、それを監督する人というように、明確な機能分担も必要となる。

- **熟議プロセスとそのインパクトの監視と評価**　熟議プロセスおよびそのインパクトの監視と評価により、（例えば、特定の文脈でどのプロセスがうまく機能するか、しないかについて）集合的学習を可能にし、熟議の成果が公的な意思決定に影響を与えることを確保する。

- **予算管理**　熟議プロセスのための資金を管理する。

- **市民社会組織の技術と能力への投資**　制度化によって、より多くの運営者が必要となるため、熟議プロセスの組織化、運営、および促進を担うことになる市民社会組織の技能と能力を向上させる。

- **政府と議会への報告**　抽選代表による熟議プロセスから得られた結果を、政府および議会に定期的に報告し、熟議プロセスを積み重ねて得られた結果が、議会および政府のサイクルと関係をもつようにする。

　さらに、無作為に選ばれた市民が1年または2年の任期で交代で務める市民諮問評議会は、センター・オブ・エクセレンスの活動を支援することができる。評議会の任務は二つある。一つは、継続される熟議プロセスの監視と評価をセンター・オブ・エクセレンスと並行して実施することである。もう一つは、単発の熟議プロセスで承認された提言の実施を監視することである。制度化された状況では、抽選代表による熟議プロセスが数多く実施されることになる。プロセスの評価がなされる場合はあるが（OECD加盟国282件のうち32%、第3章

参照）、インパクトは測りにくく、それが評価されることはほとんどない。市民諮問評議会は、あらゆるレベルのガバナンスにおいて、公的機関が受け入れた提言の実施状況をフォローアップする監視機能を持つことができる。

事例6.15　フランスの市民参加センター（CPC）

　2019年11月25日に発足した市民参加センターは、公共部門改革省庁間総局（DITP）によって設置され、行政府に属する。

　センターは、政策決定への市民参加と関与に関するアドバイスと専門知識を各省に提供する。市民参加センターは、リソースとスキルのセンターとして、意思決定者への戦略的アドバイスや、熟議プロセスの運営委員会への方法論上のアドバイスを提供している。また、政策立案者が市民から出された提言を実現するための支援も行っている。

　詳しい情報は以下を参照　https://participation-citoyenne.gouv.fr/

事例6.16　英国What Worksセンター

　What Works ネットワークは、公共サービスの設計と提供を改善することを目指して、蓄積されたエビデンスを活用するためのイニシアティブである。その目的は、政府やその他の公共部門が「意思決定において質の高いエビデンスを作成、共有、利用（生成、翻訳、採用）する」方法を改善することである。同ネットワークは、「国や地方レベルの公共部門全体で、より効果的かつ効率的なサービスを支援する」（GOV. UK, 2019）。

　What Worksネットワークは、9つの独立したWhat Works センター、三つの連携メンバー、一つの提携メンバーで構成されている。本書で提案するセンター・オブ・エクセレンスの設立に関連する機関はWhat Works センターである。

　センターは、以下のような形で、エビデンスに基づく意思決定の形成を支援する。

- プログラムや実践の有効性に関する既存のエビデンスを集約し、
- 質の高い統合報告書やシステマティック・レビューが現在存在しない分野ではそれらを作成し、
- 合意された成果目標に対する政策や実践の有効性を評価し、
- 新しい試験や評価を委託してエビデンス間のギャップを埋め、
- 発見をわかりやすく伝え、
- 実践家、委託者、政策立案者がこれらの発見を使って意思決定するのを支援

する（GOV. UK, 2019）。

センターは、経済社会研究会議（ESRC）やビッグロッタリー基金など、政府と非政府の資金を組み合わせて資金を得ている。また、内閣府のWhat Works National Advisorとそのチームによって支援を受けている。

詳しい情報は以下を参照　https://www.gov.uk/guidance/what-works-network

●十分な資金

制度化を実現可能な努力とするためには、ある程度の財政負担が必要となる。持続可能なインフラ（法律や規則、または事務局や同様の役割を果たす新しい機関）を確立するための初期投資が必要である。これは予算的なコミットメントを必要とするが、市民参加と熟議の公共部門の費用便益分析では、熟議プロセスが制度化された場合、単発の場合よりもコストが低いことが確認されている。

6.7　制度化の限界

本章では、制度化の可能性とこれまでに行われた試みについて主に検討してきた。しかし、制度化も常に有益とは言えないかもしれない。そのため、潜在的な限界と、それをどのように軽減するかを検討することが重要となる。

単発の熟議プロセスと同様に、制度化された市民による熟議を設計する際に考慮すべき点は、熟議プロセスがあらゆるタイプの政策課題に適しているわけではないことである。熟議プロセスは、価値対立に起因する政策のジレンマ、トレードオフを必要とする複雑な問題、選挙サイクルの短期的なインセンティブを超えた長期的な争点に取り組むのに最適である（第1章参照）。

制度化についても、一つの方法が全ての場合に適用できるという考え方を避けることが重要である。本章では、すでに三つの異なる制度化のルート（これらは様々な方法で組み合わせることができる）を示したが、他にも多くの可能性が存在しうる。政治的、法的、制度的な文脈のすべてが、公共的な熟議を制度化するかどうか、またどのように制度化するかを決定する際に重要となってくる。さらに、新たな試みのための十分な余裕を残し、評価と学習に基づいて制度設計を変更していくことも不可欠である。制約や規制が多すぎる場合に

は、制度化のせいでイノベーションや参加が阻害される可能性すらある。例えば、ポルト・アレグレの参加型予算編成（PB）を導入した活動家は、PBプロセスの成文化を必ずしも望まなかった。なぜなら、成文化によって実験、創造性、革新の可能性が失われると考えたからである（Baiocchi, 2005, as cited in Smith, 2009: 50）。しかし、成文化しないことのデメリットは、PB プロセスが政権交代に左右されてしまうことである。

　熟議プロセスが広く利用され、重要な公的決定の形成に関与するようになれば、批判や攻撃をうける可能性が高くなる。したがって、より大きな正統性を獲得する必要が生じてくる。Mansbridge（2018）が主張するように、「強固な正統性は、適切な委任からだけでなく、ミニ・パブリックスの設計と公開性そのものから得られる」のである。効果的なパブリックコミュニケーションを行うことが、熟議プロセスの参加者の代表性、参加者に提示されるエビデンスや専門知識のバランス、熟議の質と結果についての情報を、十分に周知するための重要な要素になる。これらの点は、OECDの「公共的意思決定のための熟議プロセスの成功への原則」（第5章参照）にも反映されている。

　制度化された熟議プロセスの導入は、説明責任の意味についても新たな問いを投げかける。説明責任は今日、主に選挙を通じて制裁を加える能力を意味するようである。しかし説明責任は、必ずしもこのような禁欲的な定義を持っていたわけではない。この言葉が初めて使われるようになった1960年代には、文字通り「説明すること」、つまり「責任を負うべき相手に対して自分の行動を記述し、説明し、正当化しなければならない」ことを意味していた（Mansbridge, 2019: 193-4）。したがって、代議制の補完的な制度として恒久的または継続的な熟議プロセスを導入するには、そのようなイニシアティブが既存の説明責任メカニズムをどのように強化し、参加者が互いに、そして公衆のメンバーに対してどのように説明責任を果たすことができるかを検討する必要がある。表6.1 は、このような説明責任に関する熟議側からみた見解の概要を示している。

表6.1 抽選で選ばれた参加者による熟議プロセスにおける説明責任の種類

アカウンタビリティの種類	公式度合い	
	公式	非公式
制裁に基づくもの	・贈収賄などの不正を禁止する法律	・抽選で選ばれた代表者たちが自分たちの熟議の中で、言説規範を監視し、制裁する ・市民が抽選で選ばれた代表者たちに非公式の圧力をかける
熟議的なもの	・抽選で選ばれた他の代表者または一般市民への書面での説明	・抽選で選ばれた代表者同士が互いの視点、意見、関心に耳を傾け、説明し、正当化する。 ・抽選で選ばれた代表者が、市民や特定の対象者に向けて、対面またはメディアを通じて上記と同じことをする。

出典：Mansbridge（2019）。

　最後に、本章で強調したように、制度化はまだ実験的な段階にある。したがって、制度化の努力を注視し、評価していくことが必要となる。これは集合的な学習プロセスといえるであろう。

引用参考文献

Abercrombie, Nicholas, Stephen Hill & Bryan S.Turner（1988）, *The Penguin Dictionary of Sociology*.London: Penguin Books Ltd, p.216. http://text-translator.com/wp-content/filesfa/Dic-of-Sociology.pdf, accessed on 24 February 2020.

Academy of Finland（2019）, "Maija Setälä: Citizens' Initiative Review and Finnish Local Politics"。Academy of Finland, https://www.aka.fi/en/strategic-research-funding/blogeja/2019/maija-setala-citizens-initiative-review-and-finnish-local-politics/,accessed on 27 February 2020.

Baoicchi, Gianpaolo（2005）, *Militants and Citizens*, Palo Alto: Stanford University Press.

Center For Wise Democracy（2019）, "Dynamic Facilitation" ,Center For Wise Democracy, https://www.wisedemocracy.org/2-dynamic-facilitation.html, accessed on 19 December 2019.

Chwalisz, Claudia（2019）, "A New Wave of Deliberative Democracy" ,Carnegie Europe, https://carnegieendowment.org/files/10-17-19_Chwalisz_Deliberative.pdf, accessed on 24 January 2020.

City of Melbourne, "10-Year Financial Plan"。Participate Melbourne, https://participate.melbourne.vic.gov.au/10yearplan, accessed on 2 March 2020.

Elstub, Stephen（2010）, "The Third Generation of Deliberative Democracy" , *Political Studies Review* 8,291-307.

Fenazzi, Sonia（2019）, "Swiss Town Tests Citizen Panel to Help Voters Analyse Information" ,Swissinfo.ch, https://www.swissinfo.ch/eng/directdemocracy/participatory-democracy_swiss-town-entrusts-citizenpanel-to-help-voters-analyse-information/45161616, accessed on 27 February 2020. [「民主主義の革新を推進するスイスの町,シオン」(2022年9月9日取得、https://www.swissinfo.ch/jpn/)]

Fishkin, James (2018) , *Democracy When the People are Thinking*, New York: Oxford University Press.

Gastil, John and Erik Olin Wright (2019) ,Legislature by Lot, London: Verso.

GOV.UK (2019) , "What Works Network" ,https://www.gov.uk/guidance/what-works-network, accessed on 27 February 2020.

Healthy Democracy (2019) , "Citizens' Initiative Review" ,Healthy Democracy, https://healthydemocracy.org/cir/,accessed on 9 December 2019.

Hartz-Karp, Janette and M.Briand (2009) , "Institutionalizing Deliberative Democracy: Theoretical and Practical Challenges" , *Australasian Parliamentary Review*, 24 (1) ,167-198.

Hartz-Karp, Janette (2012) , "Laying the Groundwork for Participatory Budgeting — Developing a Deliberative Community and Collaborative Governance: Greater Geraldton, Western Australia" , *Journal of Public Deliberation* 8 (2) : Article 6.

Involve (2018) , "Citizens' Assembly on Social Care: Recommendations for Funding Adult Social Care"。UK Parliament, https://publications.parliament.uk/pa/cm201719/cmselect/cmcomloc/citizens-assembly-report.pdf, accessed on 27 February 2020.

Joss, S. (1998) , "Danish Consensus Conferences as a Model of Participatory Technology Assessment: An Impact Study of Consensus Conferences on Danish Parliament and Danish Public Debate" , *Science and Public Policy*, 25 (1) ,2-22.

Lewanski, Rodolfo (2011) , "The Challenges of Institutionalizing Deliberative Democracy: The 'Tuscany Laboratory'" , *SSRN Electronic Journal*, 1-16.

Madrid City Council (2019) , "Observatorio de la Ciudad - Ayuntamiento de Madrid"。Madrid.es, https://www.madrid.es/portales/munimadrid/es/Inicio/El-Ayuntamiento/Observatorio-de-la-Ciudad/?vgnextfmt=default&vgnextchannel=38a9dec3c1fe7610VgnVCM2000001f4a900aRCRD&vgnextoid=38a9dec3c1fe7610VgnVCM2000001f4a900aRCRD, accessed on 9 December 2019.

Mansbridge, Jane (2012) , "A Systemic Approach to Deliberative Democracy" ,In John Parkinson and Jane Mansbridge, Eds. *Deliberative Systems*, Cambridge: Cambridge University Press.

Mansbridge, Jane (2018) , "Deliberative Polling Comes of Age" , *The Good Society* 27 (1-2) : 118-129.

Mansbridge, Jane (2019) , "Accountability in the Constituent-Representative Relationship" ,In John Gastil and Erik Olin Wright, Eds. *Legislature by Lot*. London: Verso.

Metrolinx Regional Reference Panel, Metrolinx, http://www.metrolinx.com/en/aboutus/inthecommunity/mrrp/default.aspx, accessed on 27 February 2020.

newDemocracy Foundation (2014) , "Darebin Participatory Budgeting Citizens' Jury"。newDemocracy Foundation, https://www.newdemocracy.com.au/2014/02/20/darebin-participatory-budgeting-citizens-jury/,accessed on 2 March 2020.

newDemocracy Foundation (2014) , "City of Melbourne People' s Panel (2014)" 。 newDemocracy Foundation, https://www.newdemocracy.com.au/2014/08/05/city-of-melbourne-people-s-panel/,accessed on 2 March 2020.

newDemocracy Foundation (2019) , "The City of Madrid Citizens' Council" ,newDemocracy Foundation, https://www.newdemocracy.com.au/2018/11/15/the-city-of-madrid-citizens-council/,accessed on 27 May 2020.

Niessen, Christoph and Min Reuchamps (2019) , "Designing a Permanent Deliberative Citizens' Assembly, " Centre for Deliberative Democracy and Global Governance Working Paper Series, 2019/6, http://www.governanceinstitute.edu.au/magma/media/upload/ckeditor/files/Designing % 20a % 20permanent % 20deliberative % 20citizens % 20assembly.pdf, accessed on 27 May 2020.

OECD (2015) , *Recommendation of the Council on Budgetary Governance*, https://www.oecd.org/gov/budgeting/principles-budgetary-governance.htm.

OECD (2017) , *Recommendation of the Council on Open Government*, https://legalinstruments.oecd.org/en/instruments/OECD-LEGAL-0438.

OECD (2019) , "Chapter 6.Open, Transparent, and Inclusive Budgeting" ,In *Budgeting and Public Expenditures in OECD Countries 2019*, Paris: OECD Publishing.

Owen, David and Graham Smith (2019) , "Sortition, Rotation, and Mandate" ,In John Gastil and Erik Olin Wright, Eds. *Legislature by Lot*, London: Verso.

Palermo, Francesco and Elisabeth Alber (2015) , *Federalism as Decision-Making: Changes in Structures, Procedures and Policies*, Brill ¦ Nijhoff.DOI: https://doi.org/10.1163/9789004274518.

Parkinson, John (2004) , "Why Deliberate ? The Encounter Between Deliberation and New Public Managers" , *Public Administration* 82 (2) : 377-395.

Parliament of the German-speaking Community of Belgium (2019) , "Was passiert beim Bürderdialog ?" Pdg.be, https://www.pdg.be/desktopdefault.aspx/tabid-5421/9372_read-56650, accessed on 9 December 2019.

Partizipation.at. (2019) , "Participation: The Citizens' Council" ,https://www.partizipation.at/buergerinnenrat.html, accessed 9 Dec.2019.

Setälä, Maija (2017) , "Connecting Deliberative Mini-Publics to Representative Decision Making" , *European Journal of Political Research* 56: 846-863.

Ravazzi, Stefania (2017) , "When a Government Attempts to Institutionalize and Regulate Deliberative Democracy: The How and Why from a Process-tracing Perspective" , *Critical Policy Studies*, 11:1,79-100.

Reuchamps, Min (2020) , "Belgium' s Experiment in Permanent Forms of Deliberative Democracy" ,Constitutionnet, http://constitutionnet.org/news/belgiums-experiment-permanent-forms-deliberative-democracy, accessed on 28 February 2020.

Smith, Graham (2001) , "Taking Deliberation Seriously: Institutional Design and Green Politics, *Environmental Politics*, 10 (3) : 72-93.

Smith, Graham (2009) , *Democratic Innovations: Designing Institutions for Citizen Participation*, Cambridge: Cambridge University Press.

Smith, Graham (2018) , "The Institutionalization of Deliberative Democracy:

Democratic Innovations and the Deliberative System" , *Journal of Zhejian University* (Humanities and Social Sciences) 4 (2) ,5-18.

Suiter, Jane, David Farrell, and Clodagh Harris (2016) , "The Irish Constitutional Convention: A case of 'high legitimacy' ?" In Min Reuchamps and Jane Suiter, Eds., *Constitutional Deliberative Democracy in Europe*, Colchester: ECPR Press.

Thompson, Nivek (2012) , "Participatory Budgeting — the Australian Way" , *Journal of Public Deliberation* 8 (2) : Article 5.

Warren, Mark E. (2007) , "Institutionalizing Deliberative Democracy" ,Chapter in *Deliberation, Participation and Democracy*, 272-288.Edited by S.W.Rosenberg, London: Palgrave Macmillan.

Weymouth, Robert and Janette Hartz-Karp (2015) , "Deliberative Collaborative Governance as a Democratic Reform to Resolve Wicked Problems and Improve Trust", *Journal of Economic and Social Policy* 17(1): Article 4.

Vorarlberg.at (2017) , "Citizens' Council: Dealing with Land in Vorarlberg" ,Vorarlberg, https://vorarlberg.at/web/land-vorarlberg/ contentdetailseite/-/asset_publisher/qA6AJ38txu0k/content/buergerrat- umgang-mit-grund-und-boden?article_id=212751, accessed on 27 February 2020.

7 その他の注目すべき 熟議の実践

イェヴァ・チェスナリティーテ／マウリシオ・メヒア・ガルバン

本章では、本書に掲載するための3つの基準を完全には満たしていない他の熟議の実践を取り上げる。3つの基準とは、影響力（公的機関による主催）と、代表性（無作為抽出と人口統計学的な層別選出）、熟議（少なくとも丸1日の対面式会議）である。本章で扱う事例は、これらの基準を完全には満たしていないものの、今回の調査も含めてOECDが市民参加に関して進める広範な活動全体にとっては、有益で関連性がある。本章の前半では、世界各地における他のさまざまなタイプの熟議のトレンドとして、アフリカにおける討論型世論調査、中南米とインドにおける熟議の諸実践、そして国際的および多国間の熟議プロセスについて紹介する。

章の後半では、熟議プロセスが創造的に活用されてきた、その他の例について検討する。具体的には、社会運動への応答や、新たな民主主義の姿のデザイン、憲法の起草に熟議プロセスが活用された事例、さらにはデモクラシーフェスティバル、21世紀タウンミーティングである。

7.1　本章の対象

　本書では、3つの具体的な基準を満たす、抽選代表によるさまざまな熟議プロセスを扱ってきた。3つの基準とは、影響力（公的機関によって主催されること）と、代表性（無作為抽出および人口統計学的な層別された形で参加者が選出されること）、熟議（少なくとも丸1日の対面式会議が行われること）である。本書では、事例同士を比較できるように、これらの要素を持つものだけを取り上げた。しかし世界中には、もっと短期間で行われたり、参加者が無作為選出されていなかったり、公的機関の支援や連携なしに研究者グループや市民団体によって企画・実施されたり、資金提供されたりした熟議プロセスも数多く存在している。これらの例は、方法論的な厳密さの観点から、前章までの記述には含めなかった。類似したプロセスの間での比較可能性を確保するためである。しかし、これらの事例も、同様に重要で価値があり有望であり、各国が

OECD「オープンガバメントに関する理事会勧告」(2017年)の第8条および第9条を実施する手段ともなり得る。

　熟議プロセスは、オーストラリアのバイロンシャイア地域の議会によるモデルのように、提案された新たな民主主義制度の不可欠な部分となったり、アイスランドやチリのように、オープンな方法で憲法を起草する複雑なプロセスの中で使用されたりするといった形でも、イノベーションを経てきた。より広範で革新的な民主主義の実験の一部である、こうした熟議プロセスの背景については、前章まででは検討しなかった。このため本章では、熟議プロセスのこうした創造的な使用方法をいくつか取り上げて説明する。

　したがって、本章で取り上げる内容は、本書のために特別に行ったデータ収集に基づくものではなく、多方面に目配りした分析とはなっていない。本章で取り上げる事例や、他の注目すべき熟議民主主義のイノベーションの取り組みは、他のところで広く取り上げられており（Elstub and Escobar, 2020: 371-449を参照）、本章はむしろ、本書の中心的な調査結果を補完する短い概要である。

7.2　世界における熟議の動向

●アフリカにおける討論型世論調査

　本書では、アフリカでの事例を取り上げていない。これは、執筆時点で筆者らが知る限り、公的機関が主催した事例が存在しなかったためである。しかし、注目すべき熟議プロセスはいくつかある。これまでに、マラウィ（2017年）とセネガル（2016年）、ガーナ（2015年）、ウガンダ（2014年）で4度の討論型世論調査が行われてきた。これらの討論型世論調査はレジリエント・アフリカ・ネットワーク（Resilient Africa Network）が、ジェームズ S. フィシュキンが主宰する熟議民主主義センターと共同で実施した（Cdd. stanford. edu, 2020；討論型世論調査については第2章を参照）。

　レジリエント・アフリカ・ネットワークは、USAID［訳注：米国国際開発庁＝United States Agency for International Development］が資金提供しているアフリカの大学間のパートナーシップである（ResilientAfrica Network, 2020）。また、2015年にはタンザニアで、より実験的な討論型世論調査が行われている。これは、研究者や市民団体が開発協力分野の複数の財団から資金提

Chapter

7

その他の注目すべき熟議の実践

供を受けて実施したものである。この討論型世論調査では、並行して、もう一つ別に無作為抽出で集めた参加者の集団が情報提供のセッションにのみ参加した。学習と熟議を行った参加者集団と、学習だけを行った参加者集団という二つのグループの意見変化を比較した結果、市民が意見形成する上で熟議が非常に重要であることが明らかになった（Birdsall et al., 2018）。

　アフリカにおける討論型世論調査は、市民が十分な情報を得た上で熟議に参加することに成功しており、地域レベル（セネガル、ガーナ）や、地方レベル（マラウィ、ウガンダ）、国レベル（タンザニア）という、すべてのレベルの政府に対して十分に考え抜かれた提言を行ってきた。これらの討論型世論調査では、洪水とコミュニティの移転、食料安全保障、水、公衆衛生、個人の衛生習慣、急速な都市化の課題、環境災害と人口増加への対応、天然資源の利用といったテーマが取り上げられてきた。

　これらアフリカで実施された討論型世論調査では、いずれも高い参加率のもと、活発な熟議が行われてきた（Fishkin et al., 2017: 151）。さらに、これらの国の中には教育水準が低い国があるにもかかわらず、それが熟議に大きな影響を与えておらず、このようなプロセスを実施する上での障害になっていないことがわかった（Chirawurah et al., 2019: 31）。結果として、複数の評価研究において、アフリカの開発政策を形成するにあたって、十分情報を得た上での熟議の重要性や可能性が明確に示されている（Chirawurah et al., 2019: 31）。ここからわかるのは、熟議プロセスには地域を越えた普遍性があることや、異なる文脈にも適用可能であること、開発をめぐる政策的課題についても応用可能であることである。しかし、外国からの援助を使って熟議プロセスを実施する場合、プロセスの透明性と説明責任を確保するために特に努力が必要であり、それが結果の正当性を高めることにつながる。

●中南米における熟議のさまざまな実践

　中南米においては、本書で紹介してきた抽選代表の熟議プロセスのモデルとは異なる形態をとることが多いものの、熟議の実践は広範に行われている。単発で実施されたものでも、制度化されたものでも興味深い例がある。

　特別の目的のために単発で行われた熟議の実験として最も有名なものを一つ挙げるなら、2012年にコロンビアで行われたものがある。ベルン大学の研究者

たちが、紛争後の状況における熟議について研究するため、コロンビアの武装勢力やゲリラ組織の元メンバーとともに、熟議プロセスを実施した。28回に及ぶ円卓会議の結果、敵対的・紛争的な環境でも実りある熟議が可能であることがわかった。また研究者たちは、熟議は対話や理解、和解を促進することから、紛争後の状況で鍵を握りうることを明らかにした（Ugarriza and Caluwaerts, 2015）。

　1989年にブラジルのポルトアレグレで生まれた、最も有名な市民参加の実践の一つである参加型予算（PB）は、中南米で広く採用され、多くの国々で制度化されている。ペルーとブラジルではPBを国の法律に組み込み、メキシコシティや、アルゼンチンのブエノスアイレスやロサリオ、コロンビアのメデジンなど多くの都市において、地方レベルで制度化されている。参加型予算には、コミュニティにおいて優先的に予算配分すべき分野についてブレーンストーミングすることから始まり、予算配分の対象となるプロジェクトを一緒に企画したり、個々のプロジェクトに対する投票に先立って議論したりすることまで、市民による熟議の段階が色々と含まれている。

　さらに熟議は、意思決定において市民や市民社会を代表するために創設された多くの制度化された組織や実践において中核的な要素となっている。こうした組織や実践は、あらゆるレベルの政府において広くみられる。その例として、コロンビアの国家計画評議会のような審議会や、ブラジルの公共政策国民会議のようなマルチレベルの政策決定メカニズムが挙げられる（Pogrebinschi, 2016: 5）。さまざまな審議会や政策会議が熟議的な性質を持っていることから、中南米における民主主義のイノベーションの実践を記録したLATINNOデータベースには、ブラジルにおける200以上の実践が登録されており、そのうち92％が熟議的なものである（Pogrebinschi, 2016: 8）。

　ラテンアメリカの国々では、地域レベルにおいては、地方議会やタウンホール・ミーティングに相当するカビルド（市参事会）における熟議が長年の伝統となっている。今日の民主主義国も、植民地時代からのこの伝統を受け継いでいる。カビルドにおいて、市民は、地域の意思決定に関する議論や意見交換を行うことができる（Ugarriza, 2012）。カビルドはその場限りの実践であり、市民に意思決定の権限を与えるものではないが、それでも議論や検討の場として

は重要な役割を果たしている。例えばチリでは、後述する2016年の熟議による憲法起草プロセスにおいて、地方レベルの熟議の伝統とカビルドのネットワークが役立った（OECD, 2017）。

　同様に、メキシコのオアハカ州では、usos y costumbresのような伝統的なガバナンスのしくみが地域レベルで実践されている。こうしたしくみでは、コミュニティの意思決定は伝統的な住民集会で行われている。ほとんどの場合、住民集会への出席は住民の義務であり、地域の諸課題や資源の配分、コミュニティの代表者の選出などについて市民が熟議する機会が与えられている（Magaloni et al., 2019: 1850）。オアハカ州に570ある自治体のうち418において、このような伝統的なガバナンスのしくみが採用されていて、広く普及しているといえる（Magaloni et al, 2019: 1846）。

　このように、中南米のほとんどの国々では、多様な形態をとった熟議の文化が幅広く存在しており、市民は、さらに体系的な方法で意思決定に参加する関心や能力を示している。こうしたことから、中南米では、本書でみてきたような熟議プロセスのさまざまなモデルが、市民とあらゆるレベルの政府の利益となる形で適用されるのに好ましい環境が存在しているといえる。

●インドの村落における民主主義

　インドにおいて、民主主義の実践として熟議を用いることは、国内で広く普及している長年の伝統である。村民総会であるグラム・サバー（gram sabha）は、インドの1992年憲法で制度化された地方統治機構の一部であり、インドの農村部にある約100万の村に住む8億4000万人に影響を与えている（Parthasarathy and Rao, 2017）。憲法では、インドのすべての農村は、選挙で選ばれた村議会と、選挙人名簿に登録されている18歳以上の村民全員で構成される村民総会（グラム・サバー）によって統治されることが定められている。村民総会の会合は、年に少なくとも2回ずつ開かれる（Parthasarathy and Rao, 2017）。

　こうした熟議の伝統は、インドの都市部にも存在する。デリー首都圏直轄地域の政府は2015年、地方議会により多くの意思決定権を与えるための地方分権政策を始めた。地方自治の最小単位であるモハラス（約1000世帯）は、「モハラ・サバー」と呼ばれる公開の会議を開くことができる。その場で市民は、地元の公共事業について提案・審議・決定し、その進捗状況を監視するとともに、年

金などの社会的給付の対象となる住民を特定することができる（Government of Delhi, n. d.）。モハラ・サバーのプロセスは、熟議の後に全体の合意または多数決による意思決定が行われるという構成である。

　グラム・サバーを通じて実践される村落の民主主義によって、性別やカーストの高低を問わず、市民はアイデアを共有して決定を下し、懸念を提起し、政府に説明責任を果たさせることができる。インドの農村で行われている地域的な熟議の実践は、資金調達や、対象範囲の明確化、市民の能力、参加者間の不平等など多くの課題（Samy, 2017）に直面しているものの、低カーストの人々や女性の社会的包摂にプラスの効果を示し、貧困削減と地域開発にも影響を与えている（Parthasarathy and Rao, 2017）。

●国際的・多国間熟議のプロセス

　本研究では、国際的（インターナショナル）な熟議プロセスと多国間（トランスナショナル）の熟議プロセスの双方を対象としているが、この2つのタイプの区別が重要である。国際的な熟議プロセスとは、例えば世界市民会議（World Wide Views）のように、複数の国々で同一の政策上の問題について同時に熟議が行われ、後でそれら各国での熟議の成果を取りまとめる形で結果が発表される実践である。こうした事例では、多くの国がプロセスに参加することができ、参加者の総数も比較的多くなる。ただ、このやり方では、異なる国の市民同士が一緒に交流したり、熟議したりする機会をつくることはできない（Smith, 2018: 8）。とはいえ、超国家的な政府や国際機関は、このようなプロセスで生み出された提言を、参加国が全体で作り出した成果として活用することができるし、また国レベルで参照することもできる。

　他方で、多国間のプロセスは、異なる国の市民が共に参加する単一の熟議プロセスとして設計されるものである。こちらは、対象となる地域（例えば欧州連合）の構成に合わせて層別で参加者を無作為に選出することにより、プロセスをより代表的なものにすることができる。そして、すべての国からの参加者が顔を合わせて熟議することができる。このようなプロセスを行うには相当しっかりした通訳・翻訳の体制が必要となるが、最近では小規模な成功例も出てきている。例えば、2019年にハーグで開催された市民ダイアローグでは、5ヶ国から無作為に選出された市民が集まって、ヨーロッパの諸問題について話し

合った。

　120人のヨーロッパ人が小グループに分かれ、各グループには多数の通訳者が配置されて参加者の話し合いを支援した（Bertelsmann-stiftung.de, 2020）。このような多国間のプロセスでは、すべての関係国から市民が参加することにより、超国家的な政府や国際機関に対して、市民の意見を強く反映した共通の提言を行うことが可能になっている。

　現状では国家を超える意思決定への市民参加が困難であることを考えれば、各種の熟議プロセスは、超国家レベルの政府に対して、情報に基づいた、有意義な市民の意見を届けるための、代表性があり、かつ持続可能な方法を提供しうるものとなる。

7.3　その他の創造的な熟議プロセスの活用例

●社会運動への応答としての熟議

　チリや香港、フランス、ボリビア、レバノン、コロンビアなど、近年、世界各地で起きている大規模なデモは、それぞれ地域や国の状況に応じてケースバイケースで研究する必要があるが、全体として一つの傾向を示している。市民は政治的エリートに失望し、政治機構に不信感を抱き、重要な政策選択に反対している。市民は抗議活動を通じて、政治参加の拡大を求める集合的な要求を表現する方法を探している。一部の国の政府は、こうした市民の要求に対して、単発的な熟議プロセスを行うことで応答しようとしている。

　フランスでは、「黄色いベスト」運動とそれに続く各地での抗議活動を受けて、エマニュエル・マクロン大統領が3ヶ月間にわたる国民参加型プロセスの開催を発表した。国民大討論（Grand Debat National）と銘打ったプロセスは、財政政策、気候変動、民主主義、公共サービスの4つのテーマをめぐって、オンラインおよび対面方式のさまざまな参加回路・方法が用いられた。2019年1月から3月にかけて、約200万件の投稿が専用のオンラインプラットフォームに投稿され、1万件以上の地域会合が開催された。この参加型プロセスの最終段階では、4つのテーマ別の全国会議と、無作為選出された市民による21の市民会議が行われた（Grand Débat National, 2019; Buge and Morio, 2019）。

　本稿執筆時点では、コロンビアでも2020年3月までの予定で同様のプロセス

が進行している。国民対話（Conversación Nacional）と名付けられたこのプロセスは、2019年11月の大規模な抗議行動やストライキに対するドゥケ大統領の応答として行われている。6つのトピックを中心として実施されるこのプロセスでは、市民はオンラインのプラットフォームと、テーマ別、地域別に開かれる熟議に招かれて参加する（Conversación Nacional, 2020）。

　熟議の取り組みにより、市民は制度化された空間の中で建設的な方法を使って自らの要求を送り届けることができるようになる。こうした場において市民の要求が表現されることで、政府にとっては、社会的動員や抗議行動に比べて耳を傾けやすくなる。熟議によって、共通理解の構築が促され、要望を書き連ねたリストではなく、情報に基づいた市民の提言がもたらされる。市民と政府の間の建設的で平和的な対話も可能になる。社会運動に対する応答としての熟議が成果を収められるか否かは、熟議の結果として立ち現れる解決策を実行するという政府の約束と、意思決定権を長期的に市民と共有しようとする姿勢とにかかっている。

●新たな民主主義の姿をデザインするための熟議

　2019年、ニューデモクラシー財団は、オーストラリアのニューサウスウェールズ州にあるバイロンシャイア自治体を対象に、新しい民主主義のモデルの共創プロセスを設計し、ファシリテーターとして運営した。このプロセスの目的は、バイロンシャイアが、持てる資源に限りがある中で、どのようにして市民やステークホルダーを永続的な形で意思決定に関わらせることができるかを明らかにすることだった。このモデルの共創もまた革新的な方法で行われた。自治体スタッフ、議員、地域住民グループ、市民参加プロセス設計の専門家、州政府機関、コミュニティパネルの市民参加者からそれぞれ二人ずつのメンバーが出て、設計のためのグループが作られた（newDemocracy Foundation, 2019）。

　コミュニティパネルというのは、無作為に選ばれた18人の市民からなる市民陪審であった。3ヶ月間に6回の会合を開き、バイロンシャイアの民主主義のモデルはどのようなものでありうるかについて話し合い、提言を出した。モデルが設計された後、（市民グループを含む）参加者による試行が行われ、意見の報告を受けてモデルが完成した。

この共創モデルが特徴的なのは、市民陪審が、情報に基づいた市民の提言や意見を得るためだけに用いられたのではないという点である。ここでは市民陪審が、モデルの設計プロセスにおいて、市民に平等な機会や明確な権限、平等な意思決定権を与えるためにも用いられている。選ばれて参加した市民たちは、設計グループにおいて他のステークホルダーと一緒にモデルについて議論したり作業したりする中で、しっかりとした根拠を持って意見を述べていた。それは、参加した市民たちの主張はコミュニティパネルのプロセスで培われたものであり、その後ろ盾があったからである。

●憲法起草プロセスにおける熟議と共創—アイスランドとチリ
アイスランド
　2008年、参加型の憲法制定プロセスに市民やステークホルダーが参加するため、熟議と共創のメカニズムを用いた革新的な枠組みがアイスランドでつくられた。これは新規性のある枠組みではあるが、その開発と設計には、（カナダの）ブリティッシュ・コロンビア州（2004年）やオランダ（2006年）、（カナダの）オンタリオ州（2007年）の先行事例を参考にしていることを、重要な背景として指摘しておきたい（Suteo, 2015）。

　アイスランドでは、2008年の金融危機と「鍋とフライパン」革命を受けて、有権者や政治家の間で憲法改正を求める声が高まっていた。2009年11月には、市民団体の「アントヒル」が、無作為に選ばれた1200人の市民と、利益団体や機関の代表者300人を集めて、1日がかりの熟議を行う1回目の国民会議を開催した（Suteo, 2015）。2010年6月、憲法に関する法律が成立し、選挙で選ばれた25人のメンバーからなる憲法評議会が設立され、この評議会が議会に提出する憲法改正草案の作成を担当することになった。その後、議会は、無作為に選ばれた950人の市民を集めて2回目の国民会議を開催し、新憲法に関して市民が優先すべきであると考えている事項について、熟議の上、決定した。この文書は、憲法評議会での審議の基礎となり、示唆を与えるべく作成されたものであった（Landemore, 2015）。

　憲法評議会が議会に提案した憲法改正案は、2012年に拘束力のない国民投票にかけられ、3分の2の賛成を得た。その上、さまざまな理由（Landemore, 2015参照）から、このクラウドソース的な方法で起草された憲法改正案は、

2013年の議会選挙の前に議会によって葬り去られた。アイスランドの憲法制定プロセスでは、市民やステークホルダーが、2回の熟議の場に参加したり、オンラインでの参加を通じて改正草案の文章にコメントや修正を加えたりする機会が設けられた。

チリ

　憲法に関する熟議を市民にオープンにすることを目的として、チリでは2015～2016年に憲法制定準備プロセスが実施された。市民団体が政府の支援を受けて主導したこのプロセスは、ピノチェト政権による独裁下で作成され施行された1980年憲法を新しいものに置き換えることを目指すものであった。1980年憲法は、度重なる改正にもかかわらず、市民や一部の政治勢力からみると、ついに十分な正統性を獲得することができなかった（Observatory of the Constituent Process in Chile, 2018）。

　2015年10月、ミシェル・バチェレ大統領は、新憲法を起草するための複数段階のプロセスを発表した。最初のステップとして、地方、県・州、国レベルでの幅広い市民の熟議の取り組みである、市民対話を実施した（OECD, 2017）。市民対話のプロセスは主に3つの段階で構成された。まず、オンラインで個人対象に実施したアンケートで、9万804件の回答が寄せられた。次に、10～30人の人々が自主的に集まるローカルな集会が開かれた。これらは主に私的な空間で行われたが、大学や学校、教会などの公共的なスペースも用いられた。そして最後に、県や州レベルでのローカルなカビルドやタウンホール・ミーティングの形で、より制度化された参加が行われた。

　この協議の仕組みは、「熟議型収束」の方法論に基づいていた。この方法論では、たとえ視点が分かれていても、協議の場を、熟議し、一緒に結論や収束に達する機会であると捉える。市民参加による議論の結果得られた「市民の基本的意見」は、行政府や立法府を拘束するものではなく、憲法に関する議論に役立つ洞察を提供することを目指したものだった（OECD, 2017）。

　先住民の声を新憲法に生かすため、先住民を対象とした協議が並行して行われた（参加者6478名）。公式発表によると、ローカルな集会への参加者は20万4000人で、並行して実施された先住民の協議には1万7000人が参加した。政府は当初、「市民の基本的意見」に基づいて、新たな憲法草案を議会に提出し、

その後、国民投票での承認を経ると公約していた。さまざまな政治的・制度的理由（Observatory of the Constituent Process in Chile, 2018）により、バチェレ大統領が提案したような形での憲法改正は行われなかった。しかし、このプロセスは前例として確立されることになった。チリにおいては憲法制定プロセスへの市民参加は依然として意味を持っている。これは、2019年の抗議行動の際に参加者が市民参加の充実を要求していたことや、政府が2020年4月の国民投票実施を決めたことが示すとおりである（France 24, 2020）。

●**デモクラシーフェスティバル**

多くの場合、非政府組織が政府と協働して主催するデモクラシーフェスティバルの重要な要素として、熟議がある。約50年前にスウェーデンのゴットランド島にあるアルメダレン公園で始まったデモクラシーフェスティバルは、現在では北欧・バルト海地域に広がり、スウェーデンやデンマーク、フィンランド、ノルウェー、エストニア、ラトビア、リトアニア、アイスランドで毎年開催されている。ドイツとオランダでも独自に立ち上がっており、英国やフランス、ウクライナ、クロアチア、ネパール、韓国でも同様のフェスティバルを始めようとしている（We Do Democracy, 2020）。

デモクラシーフェスティバルでは、市民や政府や市民団体の関係者、起業家が集まり、重要な社会問題についてじっくり議論する。テーマとしては、対象となる国や地域、都市、コミュニティの改善に関連するあらゆる問題を幅広く取り上げる。フェスティバルは参加と交流に重点を置いており、社会のすべてのメンバーが対等な立場で議論できるための非公式で包摂的な環境を得ることができる場となっている（Democracy Festivals Association, 2020）。デモクラシーフェスティバルは、政府による市民参加の取り組みを補完し、熟議文化の涵養に貢献し、人々が市民としての健全な活力を発揮する機会を提供している。

●**21世紀タウンミーティング**

21世紀タウンミーティングは、より幅広い参加を可能にすべく、熟議とデジタルツールを包含した、意思決定への市民参加のモデルである。最初、アメリカスピークスという団体が開発して商標登録したもので、今日に至るまでかなり広い範囲で用いられている（Americaspeaks. org, 2020）。21世紀タウンミーティングは、熟議の要素を含んでいるものの、通常、参加者は自薦で集まり、

また必ずしも対面での議論が行われるわけではない。このため、本書の調査対象とはしなかった。

　一般的に、関心のある市民は誰でも21世紀タウンミーティングの熟議プロセスに参加することができる。しかし通常は、代表されにくい集団の人たちが参加しやすいよう、運営者が自ら積極的に幅広く働きかける。参加者の集団が、多かれ少なかれ社会全体を代表したものになるよう、人口統計学的な層化を行う。

　参加者が情報を得て建設的な議論ができるよう、ミーティングの前に情報資料が届けられる。そして当日、参加者は10 ～ 12人のグループに分かれ、独立した立場のモデレーターの支援を受け、さまざまな政策課題について学び、議論する（Participedia.net, 2020）。

　21世紀タウンミーティングの際立った特徴として、各グループのテーブルに電子キーパッドが設置されており、参加者や書記が、主張やアイデア、意見、投票を即座に運営チームに伝えることができる。運営チームは、寄せられた情報を処理して、意見を集約したり、重要な論点に目立つ形で印をつけたり、即座にフィードバックを行ったりするとともに、1日を通じて、さまざまな問いについて参加者による投票を始めることができる（Participedia.net, 2020）。

引用参考文献

Americaspeaks.org（2020）,21st Century Town Meeting, AmericaSpeaks, http://www.americaspeaks.org/services/21st-century-town-meeting/,accessed on 3 March 2020.

Bertelsmann-stiftung.de（2020）, "EU citizens' dialogue - A Different Kind of EU Summit: Citizens' Dialogue in The Hague",Bertelsmann-stiftung.de, https://www.bertelsmann-stiftung.de/en/ourprojects/democracy-and-participation-in-europe/project-news/a-different-kind-of-eu-summit-citizensdialogue-in-the-hague/,accessed on 13 January 2020.

Birdsall, N, Fishkin, J, Haqqi, F, Kinyondo, A, Moyo, M, Richmond, J and Sandefur, J,（2018）, "How should Tanzania use its natural gas？Citizens' views from a nationwide Deliberative Poll",3ie Impact Evaluation Report 70, New Delhi: International Initiative for Impact Evaluation（3ie）.

Buge, Éric and Camille Morio（2019）, "Le Grand débat national, apports et limites pour la participation citoyenne", Revue du droit public 5, p.1205.

Cdd.stanford.edu.（2020）,Africa ― CDD, https://cdd.stanford.edu/dp-locations/africa/,accessed on 9 January 2020.

Chirawurah, Dennis; Fishkin, James; Santuah, Niagia; Siu, Alice; Bawah, Ayaga;

Kranjac-Berisavljevic, Gordana; and Giles, Kathleen (2019) , "Deliberation for Development: Ghana' s First Deliberative Poll, " *Journal of Public Deliberation* 15 (1) ,Article 3, available at: https://www.publicdeliberation. net/jpd/vol15/iss1/art3.

Conversacion Nacional (2020) ,https://www.conversacionnacional.gov.co, accessed on 26 February 2020.

Democracy Festivals Association (2020) ,Democracy Festivals Association, https://democracyfestivals.org/,accessed on 2 March 2020.

Elstub, Stephen and Oliver Escobar, Eds. (2019) , *Handbook of Democratic Innovation and Governance*, Cheltenham: Edward Elgar Publishing Limited.

Fishkin, J., Mayega, R., Atuyambe, L., Tumuhamye, N., Ssentongo, J., Siu, A.and Bazeyo, W. (2017) , "Applying Deliberative Democracy in Africa: Uganda's First Deliberative Polls" , *Daedalus* 146 (3) ,pp.140-154.

France 24,2020, "Protest-hit Chile ponders rewriting Pinochet's constitution" ,https://www.france24.com/en/20200227-protest-hit-chile-ponders-rewriting-pinochet-s-constitution, accessed on 5 March 2020.

Government of Delhi (2020) ,Mohalla Sabha, http://mohallasabha.delhi.gov. in/,accessed on 16 April 2020.

Grand Débat National (2019) ,https://granddebat.fr/,accessed on 26 February 2020.

Landemore, Hélène (2015) , "Inclusive Constitution-Making: The Icelandic Experiment" , *Journal of Political Philosophy* 23 (2) : 166-191.

Latinno.net. (2020) ,LATINNO ¦ Innovations for Democracy in Latin America, https://www.latinno.net/en/,accessed on 10 January 2020.

Magaloni, B., Diaz-Cayeros, A.and Ruiz Euler, A. (2019) , "Public Good Provision and Traditional Governance in Indigenous Communities in Oaxaca, Mexico" ,*Comparative Political Studies* 52 (12) :1841-1880.

newDemocracy Foundation (2019) , "The Byron Model: Design Together. Deliver Together.Democracy Co-design Process" ,newDemocracy Foundation Research and Development Notes, https://www. newdemocracy.com.au/wp-content/uploads/2019/01/The-Byron-Model-of-DemocracyProcess-Design.pdf, accessed on 9 January 2020.

newDemocracy Foundation. (2019) , "Byron Shire Council — The Byron Model of Democracy" ,newDemocracy Foundation, https://www. newdemocracy.com.au/2019/01/13/byron-shire-council-thebyron-model-of-democracy/,accessed on 9 January 2020.

Observatory of the Constituent Process in Chile (2018) , "An Assessment of the Chilean Constituent Process" ,RED Foundation of Studies for the Deepening of Democracy http://constitutionnet.org/sites/default/ files/2018-05/An-assessment-of-the-Chilean-constituentprocess.pdf.

OECD (2017) , *Chile Scan Report on the Citizen Participation in the Constitutional Process*, Paris: OECD Publishing, www.oecd.org/gov/public-governance-review-chile-2017.htm.

Parthasarathy, R.and V.Rao (2017) , "Deliberative Democracy in India" , *Policy Research Working Paper*, Vol.7995, http://documents.worldbank. org/curated/en/428681488809552560/pdf/WPS7995.pdf.

Participedia.net (2020) ,21st Century Town Meeting, Participedia, https:// participedia.net/method/145, accessed on 3 March 2020.

Pogrebinschi, Thamy (2016) , "Comparing Deliberative Systems: An

Assessment of 12 Countries in Latin America" ,Proceedings of the European Consortium of Political Research 2016 General Conference and Proceedings of the American Political Science Association (APSA) 2016 Annual Meeting.

Pogrebinschi, T. (2018) , "Deliberative Democracy in Latin America" ,in *The Oxford Handbook of Deliberative Democracy*, pp.828-841.

ResilientAfrica Network (2020) , "What is RAN ?, Ranlab.org, https://www.ranlab.org/about-us/what-is-ran, accessed on 9 January 2020.

Samy, P. (2017) , "Participatory Budgeting: A Case of Delhi" ,Centre for Budget and Governance Accountability, http://www.cbgaindia.org/wpcontent/uploads/2017/11/PARTICIPATORYBUDGETING.pdf.

Smith, W. (2018) , *Transnational and Global Deliberation, The Oxford Handbook of Deliberative Democracy*, pp.855-868.

Suteo, S. (2015) , "Constitutional Conventions in the Digital Era: Lessons from Iceland and Ireland" , *Boston College International and Comparative Law Review* 38 (2) ,http://lawdigitalcommons.bc.edu/iclr/vol38/iss2/4.

Ugarriza, J (2012) , "La opción deliberativa y la profundizacion de la democracia en Colombia" ,Comunicación Y Ciudadania 5, https://revistas.uexternado.edu.co/index.php/comciu/article/view/3223, accessed on 27 Feburary 2020.

Ugarriza J., Caluwaerts, D. (2015) , *Democratic Deliberation In Deeply Divided Societies: From Conflict To Common Ground*, Palgrave Macmillan, New York.

We Do Democracy (2020) , "Democracy Festivals" ,We do democracy, https://www.wedodemocracy.dk/democracy-festivals-1, accessed on 4 March 2020.

Chapter

7

その他の注目すべき熟議の実践

8 / 結　論

クラウディア・シュワリーツ

本章は、本書の概要と主な調査結果を示し、データの限界を認めた上で、熟議プロセスの開始、設計、実行、伝達、モニタリング、評価、制度化の改善方法について意思決定者に提言する。また、さらなる研究領域について考察する。

8.1　本書の目的と得られた主な知見

　本書は、公的意思決定のための抽選代表による熟議プロセスについて[注1]、初めて国際的に幅広く深い比較実証的な（事例データ）研究を行った。Pateman（1970）、Mansbridge（1983）、Fung（2003）、Smith（2009）、Elstub and Escobar（2019）などによる代表的な著作をはじめ、多くの研究と理論的思考が展開されていることは認識に値する。しかし、その多くは個別の事例や実験、小規模な比較研究に焦点が当てられており、地理的な範囲が限定されていることが多い。今回の大規模な研究の目的は、世界中の公的機関で熟議プロセスがどのように利用されてきたかをよりよく理解し、成功への原則を特定し、それらがこれまでにどのように制度化されたかを探ることである。

　収集した国際的なエビデンスを分析した結果、3つの決定的な特徴が重要であることが明らかになった。これらは、この分野の多くの学識経験者の研究に反映されている。したがって、本研究の対象として選定するための3つの原則とした。

　まず、事例には熟議が不可欠であった。これには、正確で適切な情報と多様な視点による異なる選択肢の慎重な検討、決定に至るための評価の枠組みを共有し、参加者がこれらの基準を適用してトレードオフ（異なる立場での折り合い）を念入りに検討し、グループの決定に至るための共通基盤を見出すことが

注1：本書全体を通して「熟議プロセス」は「抽選代表による熟議プロセス」の省略形として同じ意味で使用されている。

求められる（例えば、Matthew, 1999；Carson, 2017；Bone et al、2006を参照）。
熟議には時間が必要であるため、最低でも丸1日の対面の会議が行われる。

　第二に、熟議プロセスへの参加者は、社会の広い範囲を代表するものでなければならない。すべての事例において、この代表性は無作為選出（ソーティション）と人口統計学的層別化（国勢調査または他の類似のデータと照らし合わせて、グループがコミュニティの人口統計学的特徴と広く一致するようにするプロセス）によって達成されている。

　最後に、このプロセスは政策決定に影響を与えるものでなければならない。これは公的機関による開始、提言への対応、もしくは行動への意思決定者の同意を意味する（例えば、Farrell et al、2019やCarson and Elstub, 2019を参照）。

　あらゆるレベルの政府からの広範なデータ収集の結果（付属資料B参照）、763の市民陪審・市民パネル（そのうち755はOECD加盟国のもの）を含む289の事例が特定された（そのうちの282はOECD加盟国のもの）。これらはすべて、3つの原則をすべて満たしている。

　調査を通じて分かったことの中には、予想外だったものもあった。当初予想したよりも多くの事例が存在していた。これまでにも多くの事例が知られ、よく引用されてきたが、これらははるかに大規模で非常に多様な実践の一部に過ぎないことが明らかになった。データ分析の結果、熟議プロセスの目的には4つのタイプ[注2]、12の明確なモデル（第2章参照）[注3]があることが分かった。それぞれが異なる特徴を持ち、熟議プロセスの設計に万能なアプローチは存在しないという仮説が確認された。したがって、公的機関にとっては、課題、複雑さ、文脈、その他の要因に応じてモデルをどのように選択するかが重要である。また、成功への原則（第5章参照）を尊重した上で、現在の方法を実践し、進化させる余地は十分にある。オーストラリア、イギリス、スコットランドなどでは、熟議手法の促進は、より広範な開かれた政府改革のアジェンダの不可欠な部分となっている。

Chapter

8

結

論

注2：目的の4つのタイプ：①政策課題に対する十分な情報に基づく市民の提言形成、②政策課題に対する市民の意見、③住民投票にかけられる法案の評価、④常設の抽選代表による熟議機関モデル
注3：12のモデルは次のとおり。市民議会、市民陪審／パネル、コンセンサス会議、計画細胞、G1000、市民カウンシル、市民ダイアローグ、討論型世論調査、世界市民会議、市民イニシアティブ・レビュー、東ベルギーモデル、市民監視委員会

本書では公的機関によって委託された事例のみを取り上げているが、熟議プロセスはまず学識経験者や市民社会組織（CSO）が開発し、その後ようやく公的機関によって取り上げられたことも明らかにした。例えば、1971年のアメリカのNed Crosbyとジェファーソン・センターが開発した市民陪審・パネル、1970年代のドイツのヴッパータール大学のPeter Christian Dienelによる計画細胞、1988年のスタンフォード大学のJames Fishkinによる討論型世論調査などである。しかし、より最近の制度化の事例、例えば東ベルギーモデルや市民監視委員会などは、公的機関が学識経験者やCSOと力を合わせるようになったことを示している。彼らは現在、熟議プロセスの新しいモデルを革新し、開発する最前線にいる。

　データ収集に地理的な制限は設けなかった。OECD加盟国に限らず、グローバルに行われた抽選代表による 熟議プロセスを収集した。しかし、原則に合致する事例の大半は、西側諸国のものであり、ほとんどOECD加盟国ばかりであった。他の地域での熟議の実践は、3つの原則のすべてではなく、いくつかを備えていることが多い。そのため、第7章では、他の地域でも興味深い実践が行われていることを明らかにするために、それらについて概説した。

　本書で収集したデータによると、熟議プロセスを一度開催した公的機関は、多くがその後も、他のプロセスを継続的に開催しており、情報に基づいた市民の提言に価値を見出していることが示された。これは、特定の国での事例の多さを説明する一因となっている。

　調査データから得られたその他の知見は、著者らの予想に沿ったものであった。「熟議の波」は長い間かけて構築されてきた。3つの共通原則（代表性、熟議、影響力）をすべて満たした最も早い事例は、著者らの知る限り、1986年のものである。2010年以降、第二の大きな波が勢いを増している。おそらく2019年が第三の、さらに大きな波の始まりであったことを示唆する予備的なデータがある。このとき、事例が大幅に増加し、本研究のデータには、データ収集の締切日である2019年10月時点で進行中でありながらまだ完了していないプロセスは含まれていない。2019年は本書で取り上げたうち25の熟議プロセスが完了したが、OECDの推計では、さらに30~40のプロセスが10月以降に進行中または発表されたと考えられる。

このことが、本書において熟議プロセスに焦点を絞った主な理由の一つである。これらの実践はますます多く行われているが、それらがどのように機能するかをよりよく理解するために役立つ国際的に比較可能なデータはなく、また、そうしたエビデンスが明らかにした、公的機関にとって有益な結果と市民の信頼を確保するためにそれらを支持する成功への原則も欠けていた。前章まで議論したように、熟議プロセスは、OECD「オープンガバメントに関する理事会勧告」（2017年）の採択者が市民参加に関する第8条と第9条の遂行を可能とする多くの方法のひとつに過ぎない。また、代議制民主主義を強化するための特効薬のような解決策ではなく、さまざまな解決策からなるより大きな全体像の一部分である。

　さらに、抽選代表による熟議プロセスを用いて取り組む政策課題の幅が広がり、増加していることもデータから確認された（3章参照）。その中でも、市民の日常生活に直接インパクトを与え、市民が個人の意見や経験を反映しやすい課題として、都市計画や健康問題などが多く取り組まれている。地方や地域・国家レベルのプロセスは、都市計画や戦略的計画、インフラ、保健衛生などに関わるのが一般的である。国や国際的なものは、環境と技術政策の問題に関わることが多い。

　しかし、抽選代表による熟議プロセスが公共問題のより良い解決に役立つかどうかを判断する場合、市民の熟議の適切さを評価する方法として、どのような種類の問題が熟議プロセスを通じて対処するのに適しているかという観点がある。これらは、価値観に基づくジレンマや、トレードオフ（異なる立場での折り合い）を必要とする複雑な問題、短期的なインセンティブを超えた長期的な問題である傾向がある。また、政治的な行き詰まりによって阻まれた問題に取り組む際にも、特に有効である。同様に、熟議手法が有用でない場合についても明確にすることが重要である（第1章参照）。

　優良事例はあらゆるレベルの政府で見られたが、今回の調査では全体の半数

注4：オープンガバメントに関する理事会勧告の第8条および第9条は、政府への市民参加に関して、支持者は次のことを行うべきであると規定している。「8　すべての利害関係者に平等かつ公正な機会を与え、情報を提供し、意見を求め、政策サイクルのすべての段階に積極的に関与させる」「9 利害関係者と効果的に関わり、アイデアを生み出し、ソリューションを共創するための革新的な方法を促進する」

（52％）が地方レベルの事例であった。これは、市民がどの政府レベルにおいても、非常に多様で複雑な問題に取り組むことができることを示している。現在、世界中の社会が価値観に基づく長期的で、かつ複雑な集団の問題に直面しているため、国際レベルの熟議プロセスがこれまで以上に重要となっている。

　最後に、本研究では、抽選代表による 熟議プロセスの大半が、選挙で選ばれた代表者や公務員の政治的意思によって開始された一回限りのものであることを強調している。また制度化された熟議プロセスとは、政治的な変化に関わらず継続性を確保するために、法的に組み込まれ、社会規範によってサポートされているプロセスを意味し、その例はほとんどない。（第6章参照）。

　データに基づき、制度化への3つの異なるルートが特定された。①常設または継続的な熟議プロセスの確立（東ベルギーの議題設定のための市民カウンシルなど）、②一定の条件下で熟議プロセスの実施を義務化するというルールの確立（住民投票や州民投票イニシアティブの前など）、③市民が特定の問題について熟議プロセスを要求できる規則の作成（例えば、十分に署名を集めれば）である。政府、市民社会、学識経験者からなる国際的な助言機関との共同作業により、制度化のための要件、障害、戦略、そして、例えば選挙で選ばれた代表者、公務員、国民、メディアの支援、必要な法律・規制の変更、公務員や市民社会における十分なキャパシティ、十分な資金などについて考察が行われた。

8.2　データの限界

　本書のデータは、2019年3月から10月のデータ収集期間中に、OECD事務局が確認しうる限り、最低限含まれるべき原則に合致する事例を収集したものである。データベースには、締切日以前に行われた有効な事例が欠落している可能性もある。これは、特定の事例を除外しようとしたのではなく、知り得なかったことによる。英語圏とフランス語圏の事例に偏っていることは認識しているが、それ以外の国にも調査の範囲を広げるよう努めた。言葉の壁による収集漏れの可能性がある。

8.3　行動に向けた提案

　本書のために収集した広範な国際的データに基づき、抽選代表による 熟議

プロセスの開始、設計、運営、伝達、モニタリング、評価、制度化の方法を改善するための数多くの優れた実践例を確認することができる。

1. 公的機関は、意思決定のため以下の熟議プロセスの成功への原則に従うべきである（以下、「成功への原則」、第5章参照）^{注5}

すべての成功への原則は、委託元である公的機関に有益な提言をもたらし、市民が意思決定の形成に参加する有意義な機会をもたらす、質の高い抽選代表による熟議プロセスを実現するために必要なものである。これらは包括的な原則であり、文脈に応じて様々な方法で実施することができるように、意図的に簡潔なものとなっている。これらは、熟議プロセスを主催しようとする意思決定者、および熟議プロセスを設計し運営しようとする実践家ための出発点となることを意図している。また、モニタリングや評価のための基礎としても使用されるべきである。原則は以下のように要約される。

- 課題は、公共的な問題につながる問いとして明確に定義されている必要がある。
- 委託元は、適時に提言に対応し、または行動することを公に約束し、その実施の進捗をモニタリングし、定期的に報告すべきである。
- プロセスの目的、設計、方法論、参加者募集の詳細、専門家、提言、公的機関の対応、実施後のフォローアップなどの情報を、誰でも簡単に見つけることができるようにする必要がある。より良いパブリック・コミュニケーションは、市民が学ぶ機会を増やし、より多くの参加を促すことにつながるであろう。
- 参加者は一般市民の縮図であるべきである。これは、無作為抽出をした上で、抽選代表がコミュニティの統計学的プロファイルに一致するように二段階で選出されることによって実現できる。
- 報酬、費用負担、育児・介護の提供・負担など、包摂性を確保するための努

Chapter

8

結論

注5：OECD によって収集され、導き出された比較実証的エビデンスに加え、成功への原則は、OECD の革新的な市民参加ネットワーク（実務家、デザイナー、学者、研究者、公務員、および 革新的な市民参加に関する OECD の作業分野に従事している学芸員）のメンバーである政府、市民社会、学界の主要な実践者の国際グループおよびデモクラシー R&D ネットワーク（審議活動を組織、実施、研究、提唱している組織、協会、および個人の国際ネットワーク）のキュレーターとの協力からも恩恵を受けた。成功への原則は、2020 年 2 月 29 日から 3 月 20 日までのパブリックコンサルテーションを通じてコメント受付と議論のため共有された。協議に対する OECD の回答は 2020 年 5 月 20 日に公開され、oe.cd/innovative-citizen-participation で入手できる。

力が必要である。

- 参加者は、正確で適切、かつアクセスしやすい証拠と専門知識を幅広く利用でき、追加情報を要求する能力を有するべきである。

- グループ討議では、共通の話題を見つけることが必要である。そのためには、注意深く積極的に耳を傾け、複数の視点を考慮し、すべての参加者に発言の機会を与え、さまざまな形式を組み合わせ、熟練したファシリテーションを行う必要がある。

- 十分なバランスの取れた情報と熟議に基づく提言をもたらす質の高いプロセスのためには、参加者は少なくとも丸4日間、直接会う必要がある。熟議には、参加者が学び、証拠を検討し、集合的な提言を作成するための十分な時間が必要だからである。

- プロセスの完全性を確保するために、独立した運営チームによって実施されるべきである。

- 参加者を望ましくない注目から守り、彼ら／彼女の独立性を保つために、プライバシーを尊重すべきである。

- 熟議プロセスは、学習を確実にし、将来の実践を改善し、影響力を理解するために、これらの原則に照らして評価されるべきである。

2．意思決定のための抽選代表による熟議プロセスは、より広範な市民参加戦略の一環として、他の参加方法と一緒に使用されるべきである。

　熟議プロセスには、世論調査、パブリック・コンサルテーション、タウンホールミーティング、円卓会議など、より広範なステークホルダーが参加する要素が含まれる（第4章参照）。この組み合わせは、社会調査、協議、タウンホールミーティング、または座談会がどのように熟議プロセスに反映されるかが明確な順序で設計される必要がある。多くの場合、これは利害関係者の参加が最初に行われ、そのアウトプットが熟議プロセスの参加者の代表グループによる議論における証拠資料の一部となることを意味する。例えば、通常、ステークホルダーからの証拠の提出を求める公募があり、企業、学識経験者、アドボカシーグループ、労働組合、その他のアクターが参加することができる。熟議プロセスのセッションの合間にパブリックミーティングや円卓会議を開催し、参加者自身が一般市民との議論をリードすることもある。このような方法は、参加を

より広い一般市民に広げ、コミュニティからのインプットを熟議プロセスに反映させることができる。

3. 抽選代表による熟議プロセスに関する情報は、透明性を持って公開されるべきである。

　本書のデータ収集で浮き彫りになったのは、熟議プロセスに関する重要な情報を見つけることが困難な場合が多いということである。市民やメディアが、目的、設計、方法論、どのように人を集めたか、参加者がどの専門家から話を聞いたか、専門家はどのように選ばれたか、市民提言はどのように作られたか（例えば、参加者の言葉で書かれているか）などの詳細に関する情報を簡単に見つけることができるようにしなければならない。これは、人々のプロセスに対する信頼や正当性の認識にインパクトを与える。また、メディアが正確に報道するためにも必要なことである。

4. より良いパブリック・コミュニケーションを活用して、市民の学習の機会を増やし、プロセス、提示された証拠、成果、実施について市民に知らせ、市民の参加を促すべきである。

　効果的なパブリック・コミュニケーション活動により、抽選代表による熟議プロセスは、より広い一般市民が問題について学び、より広い議論を促す仕組みとなりうる（第4章参照）。また、公的機関は、一度限りの熟議プロセスの中で参加者との関係を維持するために、「フィードバックのループ」を完結させるようにする必要がある。参加者の最終的な提言が公的機関に届けられたら、公的機関はそれに応え、提案を受け入れるか否かの根拠を説明する責任がある。

　熟議プロセスでの提言がどのように実施されているかを参加者や広く一般に知らせることは、市民と公的機関の関係を育み、双方向の信頼にプラスの影響を与える可能性がある。また、市民が参加することで、自分たちの提案が真剣に受け止められ、時間を費やす価値があることが示されれば、他の形態や他の政策課題への市民参加をより促すことにもつながる。

5. 意思決定のための抽選代表による熟議プロセスの制度化を支援するために、適切な法律の制定及び/または規制変更の必要がある。

　政府は、一定の条件下（例えば、一定額の費用や国民生活に大きな影響を与える長期的なプロジェクトに関する意思決定がなされる前）で熟議プロセスを

義務化し、十分な署名を集めれば市民が熟議プロセスを開始できるようにする法律や規則の草案を検討すべきである（6章参照）。説明責任の観点から、一定の基準値以上であれば、意思決定者は請願を無視することができないという規定を設けるべきであろう。立法や規制の変更が必要とされる政府のレベルも考慮すべき点である。変更は複数のレベルで必要となる可能性がある。法律や規制の変更が制定された場合、熟議の質を低下させないようにするために、明確な基準や原則と明確に関連付ける必要がある。

6．公共的な熟議のルールや要件を定めるための法改正のほかに、熟議プロセスの組織化を容易にし、コストを削減し、より良い結果をもたらすために取り組むべき法的支援の問題がある。

　シビック・ロッタリーのような無作為選出プロセスを適切に実施するためのデータベースの利用に関しては、OECD加盟国間だけでなく、各国内の異なるレベルの政府間でもルールが異なっている。最初の段階で、可能な限り多くの人々が参加者として選ばれる公平な機会を持つことを保証するために、存在する最も完全なデータベースが無作為選出手続きに使用できるように、法律と規制を適合させるべきである。これらは、EUの一般データ保護規則のような包括的な個人データ保護規則に照らして検討されるべきである。

7．次の段階として、刑事陪審のように、熟議に参加するための有給休暇を雇用主が提供することが考えられる。

　市民の時間と政策決定へのインプットが評価されるのであれば、そのために必要な時間に対して正当な対価を支払うことで、包括性を確保することが重要である。熟議プロセスに参加するための有給休暇を提供することは、包括性という成功への原則（第6章参照）[注6]の実施を確保するのに役立つだろう。また、政策決定への市民参加の真剣さと重要性を示し、地域社会の市民としての責任を果たす方法として、市民が参加することを奨励することになる。包括性を確保するために、特別なニーズを持つ人々への対応を含め、失業中の人を支援するための規定も設けなければならない。

注6：包含性に関する原則6は以下の通りである。「社会の幅広い層を積極的に取り込むよう努力すべきである。参加は、報酬、費用、及び／又は育児や高齢者介護の提供や費用負担を通じて奨励され、支援されるべきである。場合によっては、手を差し伸べるのが難しいグループを過剰に参加させようとすることが望ましい。」

8. 制度化を可能にするために、公的機関は、抽選代表による熟議プロセスを委託して実現するために、公務員と市民社会における十分なキャパシティと、十分な資金を確保するための投資を行うべきである。

　政府は、熟議プロセスを常時担当する機関（「熟議民主主義センター」など）を設置するか、熟議プロセスに焦点を当てることができるより広い権限を持つ機関（オープンガバメント部局や「熟議民主主義センター」など）を設置することができる。

　このようなセンターは、政府から資金提供されるかもしれないが、公平で信頼できる存在であり続けるために独立している。同様の機関が存在する例として、フランスの市民参加センター（CPC）（図6.15）や英国What Worksセンター（図6.16）などがある。スタッフとなる専門人材は、公務員が務めることも考えられるし、幅広い評価を得ている中立的な市民社会組織や大学が政府との契約のもとで供給することも考えられるだろう。そのような事務所の権限は以下の通りである。

- 意思決定のための熟議プロセスについて、文脈に適応した成功への原則を設定する。これは、手続きの腐敗や操作を避けるために重要である。プロセスの完全性を維持することを優先する事務所や機関を持つことで、その正統性と信頼性を高めることができる。文書化された優れた実践と専門的なスタッフにより、プロセスは公平で党派的な政治から独立した状態を保つことができる。
- 市民の熟議の活用を考えている意思決定者にアドバイスをする。
- 賢い熟議プロセスの委託者や中立的なホストとなる公務員を育成することで、より広く政府や公的機関の知識を構築する。プロセスを開始する者、それを組織・運営する者、そして監督する者という機能の明確な区分けが必要である。
- 継続的な熟議プロセスとそのインパクトの独立したモニタリングと評価により、集団的学習が行われるようにする（例えば、特定の文脈でどのプロセスがうまく機能するか、しないかについてなど）。これは、政策変更に関する提言の影響や、市民同士の信頼や政府に対する市民の信頼に与える影響、プロセスに参加したことによる参加者自身の態度や行動への影響を測定す

る上でも重要である。モニタリングと評価は、熟議プロセスと委託する公的機関に対する信頼と市民の信用を築くのに役立つ。評価結果の信頼性を高めるために、熟議民主主義に精通した中立的な立場の人が評価を行うことが推奨される。

- 熟議プロセスの資金調達に特化した予算管理をする。
- 制度化はより多くの運営者を必要とすることを意味するため、熟議プロセスを組織し、運営し、ファシリテートする能力を持つ市民社会組織の技能と能力に投資する。
- 抽選代表による熟議プロセスから得られた知見を政府や議会に定期的に報告し、熟議プロセスの累積的な利益が政府や議会のサイクルに確実に関連づけられるようにする。

8.4　今後の検討課題

本書では、意思決定のための熟議プロセスを今後、国際的に比較研究するための基盤を提供してきた。しかし、多くの点において深く掘り下げた調査はできていない。データ収集は広範囲に及んだが、データの欠落が多いことも明らかになった。OECDは、各事例について60項目に及ぶ（付属資料B参照）情報を収集しようとしたが、すべての事例について全項目を満たす情報を見つけることができたわけではない。本書とともに提供されるオープンアクセスのデータベースは、他の研究者がこれをさらに発展させるための基盤となるべきものであり、成功すればアクセスしにくい熟議プロセスの側面に光を当てることができるだろう。

また、本書はすべてを網羅したものではなく、また、網羅しようとしたものでもない。例えば、今後の研究では、デジタルツールによる市民の熟議が対面熟議とどのように異なるかを探ることができるだろう。2020年初頭の執筆時点では、COVID-19のパンデミックが発生したばかりで、抽選代表による熟議プロセスをデジタルツールでどのようにサポートできるかについて、新たな疑問が投げかけられているところである。今、新たな実験の時が始まろうとしている。そこでは、いくつかの市民議会のように、すでに実施の予定が発表されていたり、進行中だったりする熟議プロセスが、この新たな状況に合わせて展開

しようとしている。

　パンデミック以前から、オンライン熟議の試みは数多く行われていたが、そのほとんどは従来から文書ベースのやりとりに依存していた。熟議とは、共通認識を得るために証拠を吟味し、長い時間をかけて議論するもので、背景には人と人との信頼関係がある。多くの研究は、信頼は対面で時間をかけてこそ築かれるものであることを示唆している（Green, 2007）。オンラインプラットフォーム、特に文書ベースのやりとりに依存するものは、多くの理由で確かに便利だが、それらは必ずしも熟議ではない。

　最近では、参加者が顔の表情や声の調子を確認できるビデオを使った熟議プロセスの実験が行われており、有望な方法であることが示唆されている。しかし、デジタルツールへのアクセスやスキルの問題など、新たな課題も出てきている。バーチャルリアリティの実験はまだ行われていないが、将来的には行われる可能性がある。

　オンライン熟議と対面熟議の違い、オンライン熟議の中でも、文書ベースのプラットフォームとビデオベースのプラットフォームの違い、ある方法を選択した場合に実現できなくなることは何か、ある方法が他の方法よりも望ましいと思われる理由を探ることは有用である。このような研究は、オープンガバメントに関する提言（2017）の支持者が、ステークホルダー参加において、デジタルツールの活用に関連する第9条の要素を導入するのにも役立つだろう。OECDは、オンライン・プラットフォーム「パーティシッポ（Participo）」の一連の記事において、デジタルツールが抽選代表による 熟議プロセスの支援にどのように役立つのか、またその限界についても探っている（https://medium. com/participo/digitalfordeliberation/ 参照）。

　また、影響についての理解も必要である。市民の提言に対する公的機関の対応に関する情報を見つけることは比較的容易であったが、その実施に関する情報を見つけることは非常に困難であった。これは、実施に時間がかかることが多く、熟議プロセスが終了してから、数年とは言わないまでも、数ヶ月後に実施されることがあるなど、多くの理由がある。本書の限られたデータの範囲では、ほとんどの場合、公的機関は市民の提言の大部分を実施している。しかし、この主張を確固としたものにするには十分なデータがなく、さらなる調査が必

要である。

　さらに、こうしたプロセスの成果を、信頼性、公平性、有効性に対する市民の認識と関連付ける研究も不足している。また、公的機関が別の政策課題に取り組む際に再び熟議プロセスを利用するかどうか、プロセスを制度化するかどうかなども、影響を考える際のポイントになるだろう。測定がはるかに難しいが、影響という点では同様に重要なのが、第6章の制度化で述べた幅広い文化的変化である。新しい民主的制度が定着するためには、社会規範も必要である。

　同様に、熟議プロセスを評価するための枠組みは、政府、実践家、市民社会組織にとって有用であろう。現在、進行中のプロセスから学ぶために、熟議プロセスの設計とそれによって及ぼされる影響の両面から十分な評価が行われているとは言えない。この2つは関連している。現在、様々な場所で研究者が異なる評価アンケートや方法を用いている。意思決定のための熟議プロセスを評価するための標準的なアプローチを開発することは、毎回ゼロから始める必要性を回避し、またさらなる分析に使用できる国際比較データのプールにつながるだろう。OECDは、このような抽選代表による熟議プロセスの評価枠組みを開発する予定である。

　最後に、熟議プロセスの制度化に関する章は、市民の熟議を意思決定手続きや制度にどのように組み込むかについて、より創造的な考察を行うための出発点として見ることができる。本書では、ごく限られた事例をもとに、これまでに行われた制度化の経路を明らかにするにとどまった。しかし、この章を構成する政府、市民社会、学界の実践家からなる国際諮問グループのメンバーとの議論では、まだ試されていない他の数多くの可能性が指摘されている。OECDは、近刊のワーキングペーパーで、無作為選出（ソーティション）と熟議を組み込んだ他の民主主義の改革の選択肢を探っているところである。

　市民の熟議の制度化については、より多くの実験が必要である。どの部分がうまくいっていて、どの部分がうまくいっていないのか、目的を達成するために制度設計をどのように調整すべきなのか。こうした点を明らかにするには、これから行われる多くの実験を観察し、評価していく必要があるだろう。本書のデータを通じて明らかになったのは、目的が明確で重要であれば、市民は多くの時間を割くことを厭わないこと、またそうした市民の貢献はより良い政策

形成につながることである。制度化とは、情報に基づいた市民のインプットが、公的な意思決定において「普通」に行われるようにするための継続的な機会を創出することである。なぜ制度化するのか、いかに制度化するのかという問いこそが、ここでの核心である。それは、これらの問題が、代議制民主主義を強化し、市民がより有意義に意思決定に参加できるような形で民主主義の制度を刷新するために起こっている、より根本的な変革に関わるものだからである。

引用参考文献

Bone, Z., Crockett, J., & Hodge, S.(2006), "Deliberation Forums: A Pathway for Public Participation", in R.J.Petheram, & R.Johnson (Eds.), *Practice Change for Sustainable Communities: Exploring Footprints, Pathways and Possibilities* (pp.1-16,.Beechworth, Australia: The Regional Institute Ltd.,https://researchoutput.csu.edu.au/en/publications/deliberation-forums-a-pathway-for-publicparticipation, accessed on 6 March 2020.

Carson, Lyn and Stephen Elstub (2019), "Comparing https://www.newdemocracy.com.au/wpcontent/uploads/2019/04/RD-Note-Comparing-Participatory-and-Deliberative-Democracy.pdf, and deliberative democracy", newDemocracy Research and Development Note, newDemocracy Foundation, accessed 6 March 2020.

Elstub, Stephen and Oliver Escobar (2019), *Handbook of Democratic Innovation and Governance*, Cheltenham, UK: Edward Elgar Publishing.

Farrell, David, Nicole Curato, John S.Dryzek, Brigitte Geifssel, Kimmo Grönlund, Sofie Marien, Simon Niemeyer, Jean-Benoit Pilet, Alan Renwick, Jonathan Rose, Maija Setälä, and Jane Suiter (2019), "Deliberative Mini-Publics Core Design Features", Working Paper Series No.2019/5, Centre for Deliberative Democracy & Global Governance, University of Canberra, https://www.governanceinstitute.edu.au/magma/media/upload/ckeditor/files/Deliberative%20Mini-Publics%20Core%20Design%20Features.pdf, accessed on 6 March 2020..

Fung, Archon (2003), "Survey Article: Recipes for Public Spheres: Eight Institutional Design Choices and their Consequences", *Journal of Political Philosophy* II(3): 338-367.

Green, Melanie C.(2007), "Trust and Social Interaction on the Internet", In Joinson, Adam, Katelyn McKenna, Tom Postmes, Ulf-Dietrich Reips, Eds., *The Oxford Handbook of Internet Psychology*, Oxford: Oxford University Press.

Mansbridge, Jane (1983), *Beyond Adversarial Democracy*, Chicago: Chicago University Press.

Matthews, D.(1999), *Politics for People*, Urbanna, IL: University of Illinois Press.

newDemocracy Foundation and United Nations Democracy Fund (2019),

Chapter

8

結

論

Enabling National Initiatives to Take Democracy Beyond Elections, Sydney: newDemocracy Foundation, https://www.newdemocracy.com.au/wp-content/uploads/2018/10/New-Democracy-Handbook-FINALLAYOUT-reduced.pdf, accessed on 6 March 2020.

OECD (2017), *Recommendation of the Council on Open Government*, https://legalinstruments.oecd.org/en/instruments/OECD-LEGAL-0438.

Pateman, Carol (1970), *Participation and Democratic Theory*, Cambridge: Cambridge University Press.

Smith, Graham (2009), *Democratic Innovations: Designing Institutions for Citizen Participation*, Cambridge: Cambridge University Press.

熟議モデルの諸原則

　市民参加全般に関する原則や基準はすでに非常に多く存在しているが、本章では、特に公共的意思決定のための熟議プロセスに関する原則や基準に焦点を当てる。2019年9月にOECDが熟議に関する原則を策定するために共同作業を開始した時点では、熟議に関する原則や基準には以下のものが存在していた。

- ジェファーソンセンター『市民陪審ハンドブック』(*Citizens' Jury Handbook*)（2004年）
- インボルブ『熟議による幅広い市民の参画：9つの原則』
  （*Deliberative Public Engagement: Nine Principles*（2008年）
- モザイクラボ『熟議による幅広い市民の参画の原則』
  Deliberative Engagement Principles（2016年）
- ニューデモクラシー財団『研究・開発ノート（随時更新）[訳注1]』
- MASS LBP：『シビック・ロッタリーの運営方法』（2017年）、
  『市民議会やリファレンス・パネルの委託方法』（2019年）
- マルシン・ガーウィン
  『市民議会：機能する民主主義の実現に向けた手引き[訳注2]』（2018年）
- ヘルシー・デモクラシー
  『市民イニシアティブ・レビューの質保証のための主要な基準』（2018年）
- デビッド・ファレルほか
  『熟議型ミニ・パブリックス：コア・デザインの特徴』（2019年）

既存の原則の比較

　OECDの調査によって明らかになった、抽選代表による熟議プロセスの開催における既存の原則の間の共通点と相違点は表8.1の通りである。

訳注1：研究・開発ノート（https://www.newdemocracy.com.au/research-and-development-notes/）は随時更新されているが、2017-2018年時点の5つの原則が表8.1作成時に参照された。
訳注2：『市民議会：機能する民主主義の実現に向けた手引き』の付録として「「市民議会を開催するための基本的な基準」が記載されている。

表1 これまでに提案されている熟議プロセスの成功のための原則の比較：共通点と相違点

（「×」は当該文献にその原則が記載されていることを意味する）

既存の文献に書かれている原則	ジェファーソンセンター（2004年）『市民陪審ハンドブック』	インボルブ（2008年）『熟議による幅広い市民の参画：9つの原則』	モザイクラボ：（2016年）『熟議による幅広い参画の原則』（2016）	ニュー・デモクラシー財団（2017-2018年）『研究・開発ノート』	マスLBP（2017）『シビック・ロッタリーの運営方法』と（2019年）『市民議会やリファレンス・パネルの委託方法』	マルシン・ガーウィン（2018）『市民議会：機能する民主主義の実現に向けた手引き』	ヘルシーデモクラシー（2018年）『市民イニシアティブ・レビューの質保証のための主要な基準』	デビッド・ファレルほか（2019年）『熟議型ミニ・パブリックス：コア・デザインの特徴』

目的と使命

既存の文献に書かれている原則	ジェファーソンセンター	インボルブ	モザイクラボ	ニュー・デモクラシー財団	マスLBP	マルシン・ガーウィン	ヘルシーデモクラシー	デビッド・ファレルほか
参加者は、典型的にはトレードオフや妥協を必要とする問題について、公的機関に助言するという明確な使命を有する。		×		×	×	×		
熟議プロセスは状況に合わせて調整される（目的と目標、意図する結果、関与すべき人、文脈）。		×						×
熟議プロセスの任務や権限は、広すぎても狭すぎてもいけない。	×				×			
熟議は、コミュニティを動かすために、さまざまな人やグループが行動しなければならない場合に適している。		×		×				
任務や権限が明確でわかりやすい言葉で書かれており、トレードオフについて議論するための強力でオープンな場を提供している。			×					
市民による熟議が適切なのは、コミュニティ内で幅広い人々から関心がもたれており、市民がさまざまな行動方針とその長期的な影響を検討する機会がそれまでになかったこと、そして、公共のリーダーの意思決定には、専門家の意見だけでなく、市民の判断が必要な場合である。				×				
一般的には、熟議プロセスに与えられる使命には、3つの責任がある。議論の対象の問題を知ること、その問題に関するさまざまな視点を検討すること、最善の解決策について合意に達し、詳細な提案を行うことである。					×			
参加者には、自分たちのコミュニティのニーズを理解し、それが自分の関心事や好みと異なる場合でも、代弁することを求められる。					×			
参加者は、自分のタスクや権限を越えても構わない。ただし、その場合は詳しく理由を説明しなければならない。	×							

無作為選出

	1	2	3	4	5	6	7	8
参加者の無作為選出	×		×	×	×	×	×	×
代表性：参加者の構成は、コミュニティの人口構成に合わせた構成にすること。小規模でも自分たちに似たコミュニティを作ることが目的である。	×		×	×		×	×	×
多様性と包括性：多様な人々、社会から疎外されたグループやめったに意見が聞かれることのないグループの人々を巻き込むための努力		×		×				×
排除の防止：参加に対する報酬を用意することや、費用の負担、託児サービスなどの参加へのインセンティブを提供することが考えられる。	×	×				×	×	
平等性：誰もが熟議プロセスの参加者として選ばれる可能性が平等にあるという感覚						×	×	×
参加者は、特別な利害関係者（特に裕福で強力な利害関係者）からの影響を受けにくく、より幅広い公共の利益を代表している。				×	×			
参加者の選定プロセスを中立的な立場の第三者が監視している。							×	

運営の独立性

討議テーマの対象となる問題に精通し、さまざまな視点や意見を代表する人たちで構成される諮問委員会を設置するとよい。諮問委員会は、熟議プロセスの誠実性と公正性の実現を目指すものであり、特定の結果を求めてはならない。	×			×	×		×	×
運営の独立性：公平な事務局または運営組織が無作為選出の準備、アジェンダの作成、ファシリテーターと専門家の招聘といった熟議プロセスの運営を担当する。				×	×	×	×	×
熟議プロセスは、対話やグループワーク、合意形成に特化した専門的な知識を持つ専門家チームが主導すべきである。				×	×	×	×	

学習、専門知識、エビデンス

参加者が情報を得て、エビデンスを吟味することが可能であること	×		×	×	×	×	×	×
公平性：あらゆる組織、インフォーマル・グループ、機関にはエビデンスを提出する権利がある。	×		×	×		×	×	×
参加者は、疑問点に対する回答を得るために専門家やステークホルダーとの対話をすることができる。	×	×		×		×	×	×
視点の多様性／バランスを確保するために、専門家を選ぶ際のガイダンスがある。	×			×		×		×

開放性：人々がインプット（コメント、提案、提言）を提供できること／一般の人々のより幅広い関わり・参加があること				×	×	×		×
参加者が討議テーマについて学習をする段階では、各参加者が十分な情報に基づいた提言を行うために、プロセス、関連する文脈、および主題に関する専門知識について共通の理解を得られるようにする。			×	×	×	×		
参加者が専門家を招待したり、話を聞きたい専門家を指定することができる。				×		×		
クリティカル・シンキング（批判的思考）のトレーニングや実践、熟議プロセスに組み込まれていなければならない。参加者は、批判的思考の個人的な実践から、共同での探究や討議における討議テーマに対する批判的な関わりに移行しなければならない。				×				
専門家には、学術的な専門用語や略語、それに類する言葉を多用しないように促すガイドラインを提供している。				×		×		
参加者は約半分の時間を討議テーマの学習に費やす。					×			
熟議								
ディスカッションには心を込めて相手の話を聞くことを含む。	×	×	×	×	×	×		×
小グループと全体ディスカッションの組み合わせ：多様な形式（リズムの変化、適切な人数の小グループへのグループ分け、グループ替え、異なる学習スタイルへの配慮、個人での熟慮のために参加者間では話をしない静かな時間を設けること）を使用する。	×	×	×	×	×	×		×
専門的なスキルを持ったファシリテーターがディスカッションの司会を務める。	×	×		×	×	×	×	×
熟議プロセスでは、学習、熟議、提言の起草という道筋を辿る。		×	×	×	×	×		×
期間								
振り返りのために十分な時間があり、必要に応じて会議の長さを延長したり、会議回数を増やしたりすることができる。				×		×		
熟議のための十分な時間（ただし、長すぎてメンバーが過度に仲良くなったり、参加機会の平等性に影響を与えたりしないこと*）	×							×*
参加者は少なくとも40時間以上参加する。					×			

インパクト（影響力）

政策プロセスとの結びつき：熟議プロセスを主催した機関が提言をどのように扱うべきかの明確なガイドラインがある。		×	×	×	×	×	×	×
参加者は、一連の詳細な提言について合意に達するよう努力する。	×		×	×	×	×	×	×
提言の文言は、参加者自身が作成し、承認したものでなければならない	×		×	×	×		×	
提言は公開される報告書に反映させ、参加者の提言に対する一般の人々の理解を深めるべきである。	×			×	×	×		×
提言は、参加者が公の場で政府関係者に発表するべきである。利害関係者や報道陣の前で発表する形でも良い。	×				×	×		
合意に基づく提言に加えて、参加者はプロセスや結論に対する懸念を伝えるために少数意見を書くことができ、その少数意見も最終報告書に記載される。					×	×		
提言と報告書は、意思決定者に直接提示されるべきである。			×					
「ここまでは合意した」と参加者の支持を得た提言は、拘束力のあるものとして扱われるべきである。							×	
「市民の声明」は、予算やコミュニケーション手段を確保して、できるだけ多くの有権者に届くように配布される。							×	

透明性の確保

透明性：すべての資料（プログラム、専門家によるブリーフィング、専門家、利益団体、一般市民による提供資料や意見書、音声記録、本会議の記録）はオンラインで公開されるべきである。		×		×		×		×
参加者の最終報告書には、プロジェクトや方法論についての説明を添えて、一般に公開されるべきである。	×			×		×	×	
読み書きの能力や言語の違い、聴覚や視覚に障害がある場合などを考慮し、すべての参加者が情報にアクセスできるようにする。			×					

可視性（Visibility）とパブリックコミュニケーション

可視性（Visibility）：熟議プロセスの全体を通して広報活動を行う；熟議プロセスを開始すると公表し、熟議プロセス終了後は討議結果も広く伝える。	×	×		×	×	×	×	×

市民のエネルギーを尊重し、活用する

参加者は大切にされ、尊重されるべきである。運営者は、参加者をサポートするための配慮義務を果たすべきである。運営者および意思決定者は、熟議プロセスへのコミットメントとして、熟議プロセスに真剣に取り組み、参加者を尊重することを表明するべきである。	×	×		×	×	×		
参加者には、会議、イベント、オンラインで行われる取組の開催前、開催期間中、開催後を通して、熟議プロセスに関する明確な情報が提供される。		×		×		×	×	
イベント終了後も参加者同士が連絡を取り合うことを奨励し、ボランティア活動やキャンペーン、討議テーマに関連する団体の活動を通じて参加者が継続的に参加できるような情報や、他の参加型の取組に関する情報を提供する。		×						

評価

達成されたことを評価し、将来の実践をより良いものにするために、熟議プロセスを振り返り、評価する。		×		×		×	×	
参加者には、プロジェクトの評価（熟議プロセス、アジェンダの各項目、プロジェクトのスタッフ、運営上のバイアスの有無についての認識）を記入してもらい、個人的な感想などを書く機会が与えられる。	×			×			×	
参加者による評価の結果は最終報告書に記載される。	×							
熟議プロセスの公正さと有効性が評価される							×	
可能であれば、熟議の質を測定し、バイアスがかかっていないことを確認するために、評価は独立した学術研究チームによって行われるべきである。							×	
市民の声明の配布がうまくいっているかを評価するために、また予算などの面で可能であれば、市民イニシアティブ・レビューの有用性に関する有権者の反応を評価するために、調査計画を立てる。							×	

出典：Jefferson Centre（2004）, Involve（2008）, Mosaic Lab（2016）, newDemocracy Foundation（2017-18）, MASS LBP（2017, 2019）, Marcin Gerwin（2018）, David Farrell et al（2019）, Healthy Democracy（2018）

以下では、既存の文書のすべて、あるいはほとんどすべてに見られる原則を概説している。これらの原則は、本書を作成するために収集した事実とそれによって明らかになった原則や成功例に加えて、「成功に向けた原則」の策定や、これらの情報収集や原則策定のプロセスに重要な情報を提供してくれた専門家、公務員、実務家の国際的なグループとの議論の出発点としても役立った。

- 参加者に対して明確に概説されるタスクや任務の目的は、トレードオフ（両立できない関係にある異なる利害や価値）の評価を伴う明確に設定された公共の問題に関連している。
- 政策策定プロセスと明確に結びついていることによって熟議プロセスが公共の意思決定に及ぼす影響には、提言に対して意思決定機関がどのように対応するかについて最初に決められたガイドライン、有権者の情報の広範な利用、内部の実施体制、あるいはレファレンダム（国民投票・住民投票）を主催したり政策を直接制定したりする権限などが含まれる。
- 参加者が熟議プロセスに費やした時間と努力を評価し、尊重する。
- 無作為選出と人口統計学的層別化により、参加者の代表性（「一般の人々の縮図」）を確保する。
- 慎重かつ積極的に耳を傾ける「熟慮」、そして、小人数のグループディスカッションと全体ディスカッションを交互に行う形式には様々な組み合わせ方法がある中で適したものを選択する。加えて、熟練したファシリテーションが行われる。
- 参加者が幅広い専門家や利害関係者から専門知識やエビデンスを学び、評価するための十分な時間と資源を提供することで、十分な情報に基づいた議論を行う。
- 主催する公的な政府当局から独立した立場で運営され、熟議プロセスの独立性が確保されている。
- 熟議プロセスの設計、アジェンダ、説明に用いられた文書、提出物、音声・映像記録、報告書、方法論についての説明など、一般に公開されるべきすべての資料の透明性が確保される。
- 提言は公開される。すなわち、（多くの場合、参加者自身の言葉で書かれている）最終報告書、および、提言に対する公的機関の対応が広く公表されている。

付属資料

B 調査方法

本書の収録基準

　本書において実証的比較分析の基礎を形成する分析対象に含めるため、抽選代表による熟議プロセスは、OECDの分析を通じて特定された3つの特徴を満たす必要があった。

1. 熟議（熟議プロセスは、少なくとも丸1日の対面による会議が必要である）

　熟議には、異なる選択肢を慎重に検討することが不可欠で、そのためには、正確で適切な情報と多様な視点、意思決定に至るための評価枠組みの共有、参加者がこれらの共有基準を適用してトレードオフ（異なる立場での折り合い）を検証し、グループの意思決定に至る共通基盤を見出すことが求められる（例えば、Matthew, 1999；Carson, 2017；Boneetal, 2006を参照）。熟議には時間がかかるという事実に基づいて本書での事例収録基準を運用するため、丸1日の会議という基準を設けた。

2. 代表性（熟議の参加者は無作為に選ばれ、人口統計学的に層別化されている）

　代表性は、無作為選出（sortition）と人口統計学的層別化（国勢調査やその他の類似データに照らして、グループが地域社会の人口統計学的プロファイルとほぼ一致するようにするプロセス）により達成される。

　この研究の目的は、革新的な参加形態を探求することであるため、人口統計学的層別化による無作為選出は、各事例で共通するテーマでもある。無作為選出の歴史は古代アテネに遡り、歴史上様々な時期に世界中の多くの場所で用いられてきたため、それ自体は新しいものではないが、その現代版は全く新しいものである。特に、参加者の代表性、多様性、包括性など、ステークホルダー参加のデザインに関わる重要な課題を克服するのに役立つ。

3. 影響力（熟議プロセスは公的機関から委託される）

　影響力とは、意思決定者が提言に対して応答し、提言に基づいて行動することに同意することを意味する（例えば、Farrell et al, 2019；Carson and Elstub,

2019参照）。

　なお、公共的な意思決定に直接結びつかない、純粋に学術的・実験的な目的で行われる熟議プロセスは除外している。最終的に政策課題の決定力を持っている主体に提言が届くことは、参加を決定する人、回答率、脱落率など多くの要因に影響を与える。意思決定権を持つ人・組織との結びつきがなくなると、参加する意味がなくなり、そのテーマに強い関心を持つ人だけが参加を選択する可能性が高くなる。実験が平均より回答率が低く、脱落率が高いのもそのためと思われる。だからといって、実験が研究など他の目的に有用でないとは言い切れない。しかし、そのような事例を本研究に含めると、ガバナンスへの利用に関する分析や結論に歪みが生じる。

事例収集

　本報告書の事例収集は、机上調査、革新的市民参加ネットワークおよび熟議に関する実践家の国際的ネットワークであるデモクラシー R&Dへの呼びかけ、およびOECD「オープンガバメントのためのツールキットと事例ガイド」を通じた公募によって行われた。（この収集に関する詳細は、以下を参照。）

　事例収集はOECD加盟国に限定しなかったが、非OECD加盟国での事例は7件にとどまった。そこで、比較可能性の観点から、OECD加盟国に絞って分析を行った。

　事例収集は、2019年3月6日から10月31日まで行われた。2019年10月末までに終了している案件を対象とした。その時点で進行中の案件は、分析基準に公的機関の対応やプロセスとインパクトの評価などが含まれるため、比較可能性の観点から対象としなかった（ただし、進行中の常設型熟議機関による案件は例外とする）。

●机上調査

　まず、この研究のためにできるだけ多くの熟議プロセスの事例を収集するために、広範な机上調査を実施した。熟議プロセスの包括的な先行研究、書籍、特定のモデルや特定の事例を分析した論文など、幅広い学術文献を参照した。

　また、熟議プロセスの原則や優れた実践方法に関するガイド、ハンドブック、その他の文書も参考にした。その多くは、複数の熟議プロセスの実践家や主催

付属資料 B

227

者、研究機関（Mass LBP、国連民主主義基金、ニューデモクラシー財団、ジェファーソン・センター、デモクラシーR&Dなど。ただし、これらに限らない）によって発行されたものである。

　熟議プロセスを実施した主要な組織の事業のアーカイブから、特定の事例に関する広範な文書が提供された。これには、無作為選出の募集方法、参加者の人数と属性、参加した専門家や利害関係者などの詳細を説明した、熟議プロセスのオンラインで閲覧できる報告書が含まれていることが多い。

- デンマーク技術財団：http://tekno.dk/projects/?lang＝en
- ベルテルスマン財団：
  https://www.bertelsmann-stiftung.de/de/unsere-projekte
- デモクラシー＆Co：https://www.democracyco.com.au/our-projects/
- デモクラシーR&D：https://democracyrd.org/work/
- G1000：https://g1000.nu/projecten/
- ヘルシー・デモクラシー：https://healthydemocracy.org/cir/
- インボルブ：https://www.involve.org. uk/our-work/our-projects
- ジェファーソン・センター：https://jefferson-center.org/projects/
- MASS LBP：https://www.masslbp.com/work-panels
- ニューデモクラシー財団：
  https://www. newdemocracy. com. au/category/library/our-work/
- ネクサス研究所データベース：http://pzdb. jazzpis. space/cells
- シェアードフューチャー：
  https://sharedfuturecic.org.uk/service/citizen-inquiries/
- 熟議民主主義のためのスタンフォードセンター：
  https://cdd. stanford.edu/deliberative-polling-timeline/

　さらに、オンラインニュース記事などのメディアを利用して、データベースに登録される可能性のある熟議プロセスを特定した。

　オンラインデータベースを参照し、本調査の基準に合致する事例を特定するために抽出を行った。

　これらは以下の通りである。

- アクション　カタログ：http://actioncatalogue.eu/search

- ラッティーノ：https://www.latinno.net/en/
- ロカ研究所：http://www.loka.org/TrackingConsensus.html
- OECDのオープンガバメントのためのツールキットと事例ガイド：
  https://www.oecd.org/gov/open-government-toolkit-navigator.htm.
- パーティシペディア：https://participedia.net/
- パーティシパティオン：
  https://www.partizipation.at/praxisbeispiele.html
- ソーティション財団：
  https://www.sortitionfoundation.org/sortition_around_the_globe

●革新的市民参加ネットワークとデモクラシー R&Dへの呼びかけ

机上調査と並行して、革新的な市民参加実践のイノベーターと実践家からなる革新的市民参加ネットワークのメンバーを対象に、事例募集を行った。ネットワークのメンバーのリストは、末尾に掲載されている。

同様の事例募集の呼びかけはデモクラシー R&Dネットワークのメンバーに対しても行われた。このネットワークは、意思決定者が難しい決断を下し、熟議プロセスを通じて国民の信頼を築けるよう支援する組織、団体、個人の国際的なネットワークである。

デモクラシー R&Dネットワークの詳細（https://democracyrd.org/）。

両ネットワークのメンバーが実践した熟議プロセスの事例について、より詳細な情報を収集することを目的として質的インタビューを行った。これらは、詳細がオンラインで容易に入手できない状況において特に重要であった。インタビュー回答者は、デンマーク技術財団、ヘルシー・デモクラシー、ミッション・ピュブリック、G1000、ネクサス研究所、東京都立大学の代表者と、ポーランド市民陪審/パネル、東ベルギーモデルの主催者であった。

●OECDツールキットと事例ガイドを通じた公募

OECD ツールキットと事例ガイドを対象とした募集に加えて、2019年7月4日〜8月31日の期間、OECDのオープンガバメントのためのツールキットと事例ガイドのプラットフォームで公開された事例募集があった。この公募の目的は、事例収集をオープンにして、広く一般からの意見を求めることであった。プラットフォームはこちら（https://www.oecd.org/gov/open-government-toolkit-navigator. htm）

データの精査と検証プロセス

　収集されたデータは、精査と検証のプロセスを経た。収集された事例が1986
年からのものであり、これらの事例の委託者や主催者を正確に特定できなかっ
たり、彼らがその立場から退任していたりするため、検証作業は最新の事例に
集中された。2018年から2019年にかけて行われた収集事例はすべて、その実施
に携わった組織に連絡を取り、各データ要素の正確性を確認することで検証を
行った。また、2018年から2019年の事例を実施・検証したのと同じ組織が企画
したものであれば、それ以前の事例も一部検証している。合計で、282ケース
のうち81ケースのデータが検証された。

　質的なデータ、特に文書による説明が提供された変数については、ほとんど
の事例で再現する重要な情報を特定し、分析に使用した。例えば、変数26は、
参加者の無作為選出プロセスの詳細に関する記述である。

　その結果、招待状を受け取った市民の数、層別化の基準、市民への連絡に使
用したデータベースなど、いくつかの要素が繰り返し使用され、重要であると
認識された。そこで、これらの要素を用いて、さらに分析を進めた。

分析に使用した変数

　OECDは、本調査の対象となる3つの基準を満たした熟議プロセスについて、
入手可能性に基づいて、60の異なる変数に関するデータを収集した。変数は、
熟議プロセスの組織化および準備のプロセス、参加者、主催者、委託者、資金
提供者、成果、および学んだ教訓に関する詳細なデータを収集することを意図
して設定されたものである。変数の全リストは表8.2にある。

表2 OECDの抽選代表による 熟議プロセス・制度に関するデータベースの変数（2020年版）

変数	成果物
1. 事業名	熟議プロセスの名称
2. 熟議モデル（OECDによる分類）	調査で紹介された12のモデルのうちの1つに分類される熟議プロセスのモデル
3. 熟議モデル（主催者が命名）	主催者が示した熟議プロセスのモデル。

4. アドホックか制度化か	熟議プロセスの性質（アドホックな取り組み、または恒久的な制度化されたプロセス）。
5. 制度化されている場合、その機能を規定する法的文書があるか。(例:職務権限)	制度化されたプロセスについては、熟議プロセスの機能を規定する法的文書の存在。
6. 制度化に関する規定 URL	熟議プロセスの機能を規定する法的文書へのウェブリンク。
7. 事業名	熟議プロセスの原語名（原語、または熟議プロセスが関係する広義の事業のタイトル）。
8. 事業の内容	熟議プロセスの目標
9. 熟議プロセスに関連して設置された専門委員会/グループの有無(例：専門家グループ、諮問委員会)	熟議プロセスに関連して設置された専門委員会／グループ（例：専門家グループ、諮問委員会）の有無。
10. 諮問委員会のメンバー	熟議プロセスに関連して設置された専門委員会／グループのメンバー（公務員、専門家、市民団体、学者、企業、市民）。
11. 諮問委員会の役割	熟議プロセスに関連して設置された専門委員会/グループの役割（監督、会議設計、ファシリテーション、バランスのとれた情報の確保、専門知識の提供）。
12. 事業URL	熟議プロセスの説明へのウェブリンク（委託元の公的機関または実施機関のウェブサイトのいずれか）。
13. 事業の実施年	熟議プロセスの実施年
14. 国名	熟議が行われた国。
15. OECD加盟国か	データ収集時に OECD 加盟国であったかどうか。
16. 政府のレベル	熟議が行われた政府のレベル。
17. 場所（国／州／地域／市町村）	政府レベルに応じて、熟議が行われた国、州・地域、都市のいずれか。
18. 実施組織	熟議プロセスを実施するために、公的機関から委託された／割り当てられた組織。
19. 組織のURL	熟議プロセスを実施するために公的機関から委託/任命された組織へのウェブリンク。
20. 組織タイプ	公的機関から委託を受け、熟議プロセスを実施した組織のタイプ（学術機関、市民団体、民間企業、公的機関）。
21. 課題カテゴリー	熟議プロセスで扱われた政策課題のテーマ。
22. 市民陪審／市民議会／市民パネルの参加者の市民は、その手続き規則を設定する権限を持ち、独立しているか	熟議プロセスの独立性、手続き規則の設定権限。
23. 熟議プロセスのパネルの数	熟議プロセスにおける熟議パネルの数。同じ熟議プロセスの前の分科会に参加していない異なる人々で構成されている場合、分科会は別個のものとみなされる。ただし、異なる地域レベルのパネルの参加者の一部が、地域または国レベルのパネルに集められる場合は例外で、これも別のパネルとみなされる。
24. 参加者の総数	一つの熟議プロセスのすべてのパネルにおける参加者の総数。
25. 参加者選出方法	参加者の無作為選出に用いた方法（一段階無作為選出、二段階無作為選出、三段階無作為選出、ターゲット抽出、無作為選出（正確な無作為選出の手順が不明な場合）、その他）。

付属資料

B

26. 参加者選出方法の詳細	参加者の無作為選出がどのように行われたかの詳細な説明（段階、招待された市民の数、層別基準など。）
27. 参加者選出の手段	無作為選出された参加者を招待するために使用されたツール（郵便、電話、電子メール、リーフレット、調査、直接訪問、その他）。
28. 参加者募集の案内の送付元	参加者招待の発信者（大臣、国会議員、市長、首相、大統領、地方議員、総理大臣、公的機関の長、特定の政府部門、その他）。
29. 招待状に対する回答率	無作為選出された市民のうち、熟議プロセスへの参加に同意した人の割合。
30. 参加選定期間	参加者の無作為選出のプロセスの長さ（週単位）。
31. 第1回会議までの準備・計画・議題設定段階の所要時間	参加者選定を除く、熟議プロセスの準備・計画・議題設定に要した期間（週単位）。
32. 参加者への報酬	熟議プロセスの参加者に報酬が支払われたかどうか（報酬あり、報酬なし、交通費支給、経費負担あり）。
33. プロセス設計には、どのようなステークホルダーが関与したか。	熟議プロセスの設計に関わったステークホルダー（学者、市民、市民社会組織、政府関係者、民間企業、なし）。
34. プロセス設計に関与したステークホルダーは、何をもたらしたか。	熟議プロセスの設計に対するさまざまなステークホルダーの貢献度。
35. 参加者に最新情報を提供し、連携させるために、専用のオンラインプラットフォームやツールを使用したか。	参加者に最新情報を提供し、プロセス中のつながりを維持するために、専用のオンラインプラットフォーム／ツールが使用されたか。（はい／いいえ）
36. 参加者とのコミュニケーションのためのプラットフォームの名称	使用したオンラインプラットフォームの名称。
37. プロセスはどのように一般市民に広報されたか	より広い一般市民への熟議プロセスに関するコミュニケーションに関連して展開されたコミュニケーション活動。
38. パネルに含まれる公選公職者（議員）	熟議プロセスの参加者の一部が議員であったかどうか。
39. パネルに参加した公選公職者（議員）の人数	熟議プロセスの参加者のうち、議員の数。
40. 対面式会議の総開催期間（単位：日）	熟議プロセスにおける参加者の対面会議の期間（日）。
41. 第1回目の参加者会議開催日から最終会議開催日までの総期間（単位：週）	熟議プロセスの期間（最初の会議から最後の会議まで、単位は週）。
42. 参加者の意見・考えを測定するための開始時点調査の有無	熟議プロセスの開始時に、参加者の意見・考えを測定するための調査を実施したかどうか（はい／いいえ）。
43. プロセスにおける学習要素	熟議プロセスにおける学習要素（初回会議前の導入学習資料、会議と会議の間の読書資料、会議中に専門家がプレゼンテーションや質問に対応、参加者が情報を要求できる、特定の学習セッションがあった）。
44. 他の参加形態との接続性の有無と具体的内容	熟議プロセスに関連した他の形態の市民参加の有無とその内容（調査、協議、座談会、その他から選択）。
45. 他の関与形態についての詳細	熟議プロセスに関連した他の関与形態の詳細な説明。
46. 成果	熟議プロセスの結果（投票、勧告など）。
47. 成果（ファイル番号）	成果文書データベースに登録されている、熟議プロセスで発見された提言・意見をまとめた報告書・論文・その他の文書番号。

48. 最終勧告は公的機関と対面で議論されたか	熟議プロセスの参加者が、勧告を委託した公的機関と対面して議論したかどうか。
49. 公的機関の対応とフォローアップ	提言に対する公的機関の対応（提言の実施、参加者やより広範な市民への対応）。
50. 熟議が行われた期間中に政権交代があったか	熟議プロセスを委託した公的機関において、プロセスの実施中に権力の移行があったかどうか。
51. 勧告の実施状況のモニタリング	熟議プロセスで作成された勧告の実施状況がモニタリングされているかどうか。
52.「はい」の場合、勧告の実施はどのように51でモニタリングされていたか	熟議プロセスの実施状況がどのようにモニタリングされているか。
53. 熟議プロセスの評価は行われたか	熟議プロセスの評価が行われているかどうか。
54. 熟議プロセスを評価した場合、どのように評価したか	どのような評価を行ったか（学術的分析、参加者に対する事後調査、その他）。
55. 熟議プロセスの評価 URL	熟議プロセスの評価報告書/研究/調査結果/論文へのウェブリンク。
56. 直面した課題	熟議プロセスの主催者が審議過程の設計、実施、評価中に直面した課題、およびその後の課題。
57. 得られた教訓	熟議プロセスの主催者がその経験から得た教訓。
58. 総費用（記入必須ではない）	熟議プロセスの総費用。
59. 通貨	費用が表示されている通貨。
60. 資金源（複数可）	熟議プロセスに資金提供/委託した組織、および熟議プロセスの費用支払いに使用した資金源。

●一部の事例の再分類

　まず、抽選代表による熟議プロセスのモデル（変数3）を、プロセスの主催者が示したもの、またはプロセスのタイトルに現れる名称（例:気候変動に関する市民陪審は「市民陪審」に分類される）として、各ケースについて挿入した。OECDは、この完全なデータセットを用いて、12の熟議プロセスのモデルを特定した（第2章）。

　12種類の熟議プロセスを定義した後、データベース内のすべての熟議プロセスを、その特徴に基づいて12種類のカテゴリーのいずれかに分類し直した。したがって、変数2は、本研究で特定した12のモデルに対応する熟議プロセスのモデルを示している。例えば、コミュニティ・パネル、リファレンス・パネル、市民パネル、市民陪審は、市民陪審/パネルという包括的な用語でまとめられている。以下は、再分類に使用した表である。

付属資料

B

表3 熟議プロセスのモデルの分類

モデル	含まれるもの
1.市民議会	市民議会
2.市民陪審／パネル	市民陪審、市民パネル、リファレンスパネル、コミュニティ・パネル
3.コンセンサス会議	コンセンサス会議
4.計画細胞	計画細胞、市民討議会
5.G1000	G1000
6.市民カウンシル	市民カウンシル
7.市民ダイアログ	市民サミット、市民フォーラム、市民ダイアログ、市民ワークショップ、市民ヒアリング、熟議イベント
8.討論型世論調査	討論型世論調査、討論型サーベイ
9.世界市民会議	世界市民会議、ヨーロッパ市民会議
10.市民イニシアティブ・レビュー	市民イニシアティブ・レビュー
11.東ベルギーモデル	東ベルギーモデル
12.市民監視委員会	市民監視委員会

出典 OECD 抽選代表による 熟議プロセス・制度データベース（2020年版）。

　抽選代表による 熟議プロセスのタイトルに登場するモデルが、OECD事務局が特定した対応するモデルの特性と一致しない事例が5件あった。例えば、「社会的養護に関する市民議会」というタイトルのプロセスは、データをもとに事務局が特定した市民議会の特徴に合致せず、名称以外はすべて市民陪審／パネルのモデルに適合していた。これは、実践家と学識経験者の間で用語に関する議論が続いており、混乱していることが一因である。政治的背景の違いにより、同じ用語が異なるプロセスに適用されている。

　OECDはこうした違いを認めた上で、国際比較分析のために、呼び名にかかわらず、類似の設計特性を持つプロセスをグループ化することを試みている。このため、「市民議会」と呼ばれていた5つのプロセス（英国の3つとカナダの2つ）は、より正確な比較分析を可能にするため、本研究の熟議モデルの分析では「市民陪審／パネル」に分類し直した。[注1]

OECD革新的市民参加ネットワークメンバー

　この研究の一環として、OECDは実務家、公務員、学者、研究者、デザイナー

注1：レスブリッジ市民議会（評議員の雇用と報酬について）、プリンスエドワード郡市民議会、社会的養護に関する市民議会、カムデン市民議会（気候危機について）、ウェールズ国民会議

などのネットワークと協力し、研究テーマと範囲を確定し、継続的に研究への
フィードバックとインプットを集め、これらの重要なアクターグループ間の結
びつきを強化してきた。OECD事務局からは、クラウディア・シュワリーツ、イェ
ヴァ・チェスナリティーテ、アレクサンドロ・ベラントニがこのネットワーク
を共同運営している。

　革新的市民参加ネットワークは、2019年6月に終日会議を開催し、リサーチ
クエスチョンの特定と事例収集源の提案に協力し、2020年1月には報告書の予
備調査結果に関して豊富なコメントとフィードバックを提供した。これらの会
議は、王立芸術・製造・商業協会（RSA）、選挙制度改革協会（ERS）、オープン・
ソサエティ財団（OSF）の支援により実現したものである。

メンバー紹介

Yago Bermejo Abati、デリバラティバ、共同創設者
Eddy Adams、URBACT、ソーシャルイノベーション＆ヒューマンキャピタル部門、テーマティックポールマネージャー
Alberto Alemanno、グッドロビー、創設者、HECパリ校、ジャン・モネ教授
Jon Alexander、ニュー・シチズンシップ・プロジェクト、共同創設者
Sarah Allan、インボルブ、エンゲージメント部門責任者
Graham Allen、英国民主主義に関する市民会議、共同コーディネーター
Theo Bass、英国リサーチ＆イノベーション、プログラム・マネージャー
Tonu Basu、オープン・ガバメント・パートナーシップ、テーマ別エンゲージメント・リード
Luca Belgiorno-Nettis、ニューデモクラシー財団、創設者
Javier Bikandi、バスク州政府、イノベーション担当部長
Jessica Blair、ウェールズの選挙制度改革協会、ディレクター
Jan Boele、カールスルーエ造形大学、学長、アトリエ・ルマ、ディレクター
Stephen Boucher、ポリティカル　クリエイティビティ、創設者
Eric Buge、フランス議会、議員
Didier Caluwaerts、ブリュッセル自由大学、助教授
Elizabeth Canovan、アイルランド内閣官房副長官
Damian Carmichael、産業・科学・エネルギー・資源省、オープンガバメント・リード
Lyn Carson、ニューデモクラシー財団、研究部長
Ed Cox,、王立芸術・製造・商業協会（RSA）、理事
Nicole Curato、キャンベラ大学 熟議民主主義とグローバルガバナンスセンター、准教授
Fiona Curran、アイルランド内閣官房、社会政策・公共サービス改革担当官
Yves Dejaeghere、G1000、組織ディレクター
Natalia Domagala、英国デジタル・文化・メディア・スポーツ省、データ倫理政策担当官
Laurie Drake、MASS LBP、リサーチ＆ラーニング ディレクター
Kezia Dugdale、ジョン・スミス・センター、ディレクター
Zakia Elvang、ウィードゥーデモクラシー、共同創設者
Oliver Escobar、エディンバラ大学、教授
Gorka Espiau Idoiaga、マックギル大学、CRIEM実践教授 2016-2019
David Farrell、ユニバーシティ・カレッジ・ダブリン、教授
Jessica Feldman、パリ・アメリカン大学、助教授
Jim Fishkin、スタンフォード大学、教授
Frances Foley、英国民主主義に関する市民会議、プロジェクト・ディレクター
Paulina Fröhlich、プログレッシブセンター、「民主主義の未来」、プログラム代表

Karin Fuller、カナダ財務省事務局、アウトリーチ＆エンゲージメント・リード
Jessica Garland、電子リフォームソサエティ、政策研究部長
Marcin Gerwin、気候市民議会センター
Doreen Grove、スコットランド政府、オープンガバメント部局長
Dominik Hierlemann、ベルテルスマン財団、シニア・エキスパート
Lauren Howard、カナダ財務省事務局、アウトリーチ・エンゲージメント・スペシャリスト
Tim Hughes、インボルブ、ディレクター
Darren Hughes、選挙制度改革協会、チーフ・エグゼクティブ
Amelie Klein、ヴィトラ・デザイン・ミュージアム、キュレーター
Helene Landemore、エール大学、教授
Aline Lara Rezende、リュブリャナ・ビエンナーレ・オブ・デザイン、アシスタント・キュレーター
Panthea Lee、リブート社、社長
Dimitri Lemaire、パティシティズ、ディレクター
Josef Lentsch、イノベーション・ポリティクス研究所、マネージングパートナー
Juha Leppanen、デモス・ヘルシンキ、最高責任者
Miriam Levin、英国デジタル・文化・メディア・スポーツ省
Rose Longhurst、オープン・ソサエティ財団、プログラム・オフィサー
Peter MacLeod、MASS LBP、社長
Arantxa Mendiharat、デリベラティバ・スペイン 共同創設者
Geoff Mulgan、ロンドン大学公共政策・社会イノベーション学部、教授
Paul Natorp、サガー＆サムラー（市民変革）、共同設立者、リシンク・アクティビズム・フェスティバル、創設者
Beth Noveck、ガバメント研究所、共同創設者兼ディレクター、ニュージャージー州政府、チーフ・イノベーション・オフィサー
Arild Ohren、ノルウェー科学技術大学博士課程
Reema Patel、アダ・ラブレイス・研究所＆ヌフフィールド財団、パブリック・エンゲージメント部門責任者
Lex Paulson、UM6P 集合知の学校、創設ディレクター
Teele Pehk、エストニア民主主義、アーティスト＆アーバニスト
Tiago Peixoto、世界銀行、技術・市民参加リード
Sophie Pornschlegel、欧州政策センター、シニア政策アナリスト
Alice Rawsthorn、デザイン評論家、「態度としてのデザイン」著者
Kyle Redman、ニューデモクラシー財団、プログラム・マネジャー
Gaëtane Ricard-Nihoul、欧州委員会、市民対話ユニット副代表
Sam Roberts、英国デジタル・文化・メディア・スポーツ省、オープンデータ・オープンガバメントポリシー責任者
Cassie Robinson、ナショナル・ロッタリー・コミュニティ基金、英国ポートフォリオ担当、シニアヘッド、ザ・
    ポイント・ピープル、共同設立者
Stefan Roch、ベルテルスマン財団、プログラム・マネージャー
Matt Ryan、ガバメント研究所、非滞在フェロー
Vera Sacchetti、TEOK Basel、共同クリエーター
David Schecter、デモクラシー R&D、コーディネイター
Typhanie Scognamiglio、フランス公共部門改革省参加センター、参加担当ディレクター
Graham Smith、ウエストミンスター大学、教授
Paolo Spada、コインブラ大学、研究員
Ellen Stewart、アイルランド内閣官房、社会政策・公共サービス改革担当官
Jane Suiter、メディア・ジャーナリズム研究所、ディレクター
John Tasioulas、キングス・カレッジ・ロンドン ヨー・ティオン・レイ哲学・政治・法学センター、所長
Matthew Taylor、RSA、最高経営責任者
Riley Thorold、RSA、グローバル・プログラム・マネジャー
Clifton Van der Linden、ヴォックス・ポップ研究所、創設者
Van Reybrouck、作家、G1000、創設者
Stefaan Verhulst、ガバメント研究所、共同創業者兼最高研究開発責任者
Kitty Von Bertele、ルミネイト、ヨーロッパ担当役員
Iain Walker、ニューデモクラシー財団、マネージング・ディレクター
Alex Way、MASS LBP、マネージング・ディレクター
Niamh Webster、スコットランド政府デジタル・リード
Richard Youngs、カーネギー・ヨーロッパ、シニア・フェロー
Anthony Zacharzewski、民主主義協会、ディレクター
Katharina Zuegel、デシディ・アサンブレ、共同ディレクター

付属資料 C

熟議プロセスに関する参考資料

本書では、政府および市民社会の実務担当者向けに、さまざまな有用なリソースを紹介している。このリストは、以下のTrelloボードで最新版に更新していく予定である。

https://trello.com/b/FypHueG9/resources-for-representative-deliberative-processes

一般的なハンドブック

表4 一般的なハンドブック

著者名（敬称略）	タイトル	内容説明	リンク
UN Democracy Fund and newDemocracy Foundation	選挙を超える民主主義ハンドブック（2019）	政治家、部門長、プロジェクトリーダー、ファシリテーター向けの様々な項目からなる包括的なハンドブック	https://www.newdemocracy.com.au/wpcontent/uploads/2018/10/newDemocracy-UNDEF-Handbook.pdf
MASS LBP	リファレンス・パネル・プレイブック（2019）	リファレンス・パネル設計のための8つのステップ	https://www.masslbp.com/the-reference-panel-playbook
David M. Farrell, Nicole Curato, John S. Dryzek, Brigitte Geißel, Kimmo Grönlund, Sofie Marien, Simon Niemeyer, Jean-Benoit Pilet, Alan Renwick, Jonathan Rose, Maija Setälä, and Jane Suiter.	熟議型ミニ・パブリックス：コア・デザインの特徴（2019）	熟議型ミニ・パブリックスの主要な設計上の特徴に関する学術的分析。Centre for Deliberative Democracy & Global Governanceのワーキングペーパーシリーズの一部として公開されている	https://www.governanceinstitute.edu.au/magma/media/upload/ckeditor/files/Deliberative%20Mini-Publics%20Core%20Design%20Features.pdf
Marcin Gerwin	市民議会：機能する民主主義の実現に向けた手引き（2018）	政府や市民社会の実務者を対象とした、ステップ・バイ・ステップのハウツーガイド。6ヶ国語で提供。	https://citizensassemblies.org/download/
Healthy Democracy	市民イニシアティブ・レビューの質保証のための主要な基準（2018）	質の高い市民イニシアティブ・レビューの運営に必要な主要な要素についての説明	https://healthydemocracy.org/cir/kqe/

著者名（敬称略）	タイトル	内容説明	リンク
ｎｅｗＤｅｍｏｃｒａｃｙ Foundation	研究・開発ノート（随時更新）	抽選代表による熟議プロセスの様々な側面について、学術的な研究に裏打ちされた平易な言葉で書かれた短文レポート。	https://www.newdemocracy.com.au/research-and-development-notes/
Jefferson Center	市民陪審ハンドブック (2004)	ジェファーソン・センター・モデルによる市民陪審を組織化するための包括的なガイド	http://www.rachel.org/files/document/Citizens_Jury_Handbook.pdf

抽選代表による熟議プロセスの委託

表5 抽選代表による熟議プロセスの委託

著者名（敬称略）	タイトル	内容説明	リンク
MASS LBP	市民議会やリファレンスパネルの委託方法（2019）	独立したコーディネーターの入札やパブリックコミュニケーションを準備する際に役立つ資料	https://static1. squarespace. com/static/55af0533e4b04fd6bca65bc8/t/5caf519c19 05f447b2b701a1/1554993566709/MASSLBPProcurementGuide. pdf 05f447b2b701a1/1554993566709/MASSLBPProcurementGuide.pdf

シビック・ロッタリー

表6 無作為選出と層化の実施方法（例：シビック・ロッタリー）

著者名（敬称略）	タイトル	内容説明	リンク
MASS LBP	シビック・ロッタリーの運営方法(2017)	無作為選出と人口統計学的な層化のプロセスを分解して説明している。38ページからは、招待状とそれに付随するFAQページの例も掲載されている	https://static1.squarespace.com/static/55af0533e4b04fd6bca65bc8/t/5aafb4b66 d2a7312c182b69d/1521464506233/Lotto_Paper_v1.1.2.pdf
Marcin Gerwin	市民議会：機能する民主主義の実現に向けた手引き(2018)‐第7章〜第12章(32〜50頁)	無作為選出と層化のプロセスについての章を含む、ステップ・バイ・ステップのハウツーガイド。6ヶ国語で提供。	https://citizensassemblies.org/download/
Lyn Carson	ミニ・パブリックスのサンプル数(2018)	適切なサンプルサイズを選ぶためのロジックを説明したショートペーパー。	https://www.newdemocracy.com.au/wp-content/uploads/2019/02/RD-Note-Sample-Size-Updated.pdf

抽選代表による熟議プロセスのための専門家やステークホルダーの選択

表7 抽選代表による熟議プロセスのための専門家とステークホルダーの選択

著者名（敬称略）	タイトル	内容説明	リンク
Lyn Carson and David Schecter	専門性をもつ講演者の選定（2017）	専門家の選定は誰がどのように行うべきかについてのショートペーパー	https://newdemocracy.com.au/wpcontent/uploads/2017/05/docs_researchnotes_2017_May_nDF_RN_20170 515_ChoosingExpertSpeakers.pdf
Lyn Carson and Tyrone Reitman	ステークホルダーを公共的意思決定に建設的に取り込むために（2018）	ステークホルダーを抽選代表による熟議プロセスに組み込むためのアプローチ	https://newdemocracy.com.au/wpcontent/uploads/2018/05/docs_researchnotes_2018_May_RampD-Note-Incorporating-Stakeholders.pdf
Marcin Gerwin	市民議会：機能する民主主義の実現に向けた手引き（2018）第15章（54～60頁）	抽選代表による熟議プロセスの学習段階を支援するための、専門家や利害関係者を選ぶための手引き。6ヶ国語で提供	https://citizensassemblies.org/download/

市民による熟議の制度化

表8 市民による熟議の制度化

著者名（敬称略）	タイトル	内容説明	リンク
Min Reuchamps	ブリュッセル市議会の市民・議員混成熟議委員会の説明（2020）	新しい委員会とその設立の経緯について、広く一般に向けた記事を掲載	http://constitutionnet.org/news/belgiums-experiment-permanent-formsdeliberative-democracy
Brussels Parliament	混合委員会を可能にする法改正の概要（2019）	市民と議員の混合熟議委員会設置法案に含まれる変更点の概要	http://www.parlement.brussels/dynamisme-participation-citoyenne-coeur-dereforme-reglement/
G1000 Organisation	東ベルギー・モデルのプレスリリース（2019）	東ベルギー・モデルの成立の経緯と仕組みの概説	https://www.foundationfuturegenerations.org/files/documents/news/2019022 6_dgpermanentcitizensassembly_pressrelease.pdf。
ParticipaLab	未来の民主主義：市民監視委員会（P.87）（2019）	マドリード市の市民監視委員会の運営状況について	https://archive.org/details/FutureDemocraciesLCPD/page/n85/mode/2up
Lyn Carson and Marcin Gerwin	ポーランドにおける熟議民主主義の定着化（2018）	ポーランドで市民が抽選代表による熟議プロセスを要求できるルールがどのように確立されたかについてのショートペーパー	https://newdemocracy.com.au/wpcontent/uploads/2018/05/docs_researchnotes_2018_May_nDF_RN_201805 08_EmbeddingDeliberativeDemocracyInPoland.pdf

著者紹介　OECD（経済協力開発機構）Open Government Unit

OECDパブリックガバナンス局にてパブリックセクターの透明性・アカウンタビリティ向上や市民参加などを所管する。本書に続き、政府・自治体の意思決定における熟議プロセスの実施、評価、そして制度化の各ガイドラインを発刊している。（https://www.oecd.org/governance/innovative-citizen-participation/）

【翻訳者】日本ミニ・パブリックス研究フォーラム
[代表運営委員：坂野達郎（東京工業大学名誉教授）、篠藤明徳（別府大学名誉教授）、田村哲樹（名古屋大学大学院法学研究科教授）]

■翻訳ワーキンググループ（※は担当部分）
長野基（東京都立大学都市環境学部都市政策科学科准教授）*ワーキンググループ代表
　※本書の概要、Chapter1
三上直之（北海道大学高等教育推進機構高等教育研究部准教授）
　※はじめに、謝辞、読者への手引き、Chapter7
前田洋枝（南山大学総合政策学部総合政策学科教授）　※Chapter3、5、付属資料A
坂井亮太（中央学院大学法学部法学科准教授）　※Chapter4、6、付属資料C
竹内彩乃（東邦大学理学部生命圏環境科学科准教授）　※Chapter2、8、付属資料B

世界に学ぶミニ・パブリックス
くじ引きと熟議による民主主義のつくりかた

2023年5月1日　第1版第1刷発行

著　者……OECD（経済協力開発機構）Open Government Unit
訳　者……日本ミニ・パブリックス研究フォーラム
　　　　　坂野達郎・篠藤明徳・田村哲樹・長野基・三上直之・前田洋枝・坂井亮太・竹内彩乃

発行者……井口夏実
発行所……株式会社**学芸出版社**
　　　　　京都市下京区木津屋橋通西洞院東入
　　　　　電話075-343-0811　〒600-8216
　　　　　http://www.gakugei-pub.jp/　info@gakugei-pub.jp
編集担当…岩崎健一郎

装丁……金子英夫（テンテツキ）　　　DTP……神原宏一（デザインスタジオ・クロップ）
印刷……イチダ写真製版　　製本……山崎紙工
©日本ミニ・パブリックス研究フォーラム 2023　　　　　　　　Printed in Japan
ISBN 978-4-7615-2852-2